Segredos
que a vida oculta

AMADEU RIBEIRO

Dedico este livro à minha querida e amada prima, Neusa Alves Valeriano.

Prólogo

Enquanto voltava da escola, Felipe caminhava feliz, sem saber que aqueles eram os seus últimos minutos de vida.

Ao longo dos seus nove anos, na opinião dele muito bem vividos, Felipe aprendeu muitas coisas, como distinguir o certo do errado, diferenciar as coisas boas das coisas ruins. Era um garoto muito esperto, criativo e inteligente, que costumava conquistar as pessoas à sua volta. Não havia quem não gostasse de conversar com ele, e algumas pessoas se sentiam tão bem em sua companhia que desejavam tê-lo como filho.

Felipe era um menino um tanto alto para sua idade. Havia quem jurasse que ele tinha doze anos. Tinha a pele clara e muitas sardas espalhadas pelo rosto. Seus cabelos eram cor de ferrugem e seus olhos castanhos exibiam toda a sua peraltice. Sua beleza e sua inteligência seriam um dos principais motivos pelos quais ele morreria.

Filho único, Felipe sempre se sentiu bem sem irmãos por perto. Na verdade, nunca sentiu falta de ter um irmão, já que cresceu rodeado por outras crianças de sua idade, desde primos e vizinhos até amigos de escola. Para ele, tudo estava bem da forma como estava. Afinal, para que mudar?

Ele estudava no período vespertino. Não morava muito longe da escola. Enquanto cursava a primeira e a segunda série, sua mãe ia levá-lo e buscá-lo, mas, depois de ingressar na terceira série, ela achou que ele poderia ir e vir sozinho. O percurso era tranquilo e nada de errado poderia acontecer com o menino.

A partir do mês de maio, a noite começava a cair mais cedo. Felipe saía da escola às seis horas da tarde, e no mês de junho já estava bastante escuro nesse horário. Ele garantiu para sua mãe que poderia continuar fazendo seu trajeto de sempre sem problema algum, mesmo porque ele vinha acompanhado quase todos os dias por Renan, seu colega de sala, e pela mãe dele. Como Renan era vizinho de Felipe, sua mãe não via problema em permitir que os meninos viessem juntos com a mãe de Renan.

Porém, naquele dia, Renan adoeceu e não foi à escola. Assim, Felipe teve de voltar sozinho para casa.

Ele percorria seu caminho tranquilamente, sem pensar nos problemas do mundo. Em sua inocência infantil, tudo o que ele mais queria era poder chegar em casa, tomar um bom banho e, após o jantar, assistir ao jogo do Corinthians com seu pai. Ambos eram torcedores fanáticos e seu pai lhe garantiu que o time do coração marcaria pelo menos três gols naquele jogo. Felipe estava empolgado para ver se o pai acertaria o palpite.

Distraído, pensando na emoção do jogo, ele não percebeu que estava sendo observado.

Felipe e seus pais moravam em uma cidade do interior, que tinha sido pequena, mas agora estava bastante desenvolvida, localizada no centro do Estado de São Paulo. Os índices de criminalidade ali eram baixíssimos e as pessoas podiam se dar ao luxo de dormir com as janelas de suas casas abertas.

Entretanto, o que estava para acontecer naquela noite mudaria a rotina da cidade.

Felipe tinha de atravessar uma pequena praça e subir por uma trilha de terra até alcançar a rua de sua casa. Ele cruzou a praça e começou a pequena subida no caminho de terra. Havia algumas árvores nas laterais do caminho.

O par de olhos atentos continuava à espreita. Analisava detidamente o rosto de Felipe, como já vinha fazendo nos dias anteriores. Chegou a duvidar se Felipe seria a criança certa, mas agora não restavam mais dúvidas. Era aquele menino e tudo teria de acontecer muito rápido.

Agilmente, saiu do meio das árvores, aonde estava se escondendo, e pulou sobre Felipe. Dois livros que o menino trazia nas mãos escapuliram e caíram na terra. Ele mal teve tempo de reagir quando mãos rápidas o arrastaram para trás das árvores. No instante seguinte, as mãos enluvadas apertaram-lhe os lábios, impedindo-o de gritar ou pedir socorro.

— Quantos anos você tem? — sussurrou a voz, tensa e assustadora ao mesmo tempo. — Fale rápido a sua idade.

— Tenho nove... — Felipe conseguiu dizer nos breves instantes em que as mãos afrouxaram o aperto.

Em seus últimos segundos de vida, o menino conseguiu levantar seu olhar apavorado e encontrou os olhos que o fitavam ensandecidos. Não tinha forças suficientes para lutar, portanto se deixou matar, enquanto as mãos enluvadas apertavam-lhe o pescoço, com mais força a cada segundo. Somente depois de Felipe ter parado de se debater, foi que as mãos soltaram o pescoço dele.

Felipe ficou caído no chão, jogado por cima de sua mochila que continuava presa às suas costas. Quando encontraram seu corpo, o assassino já estava bem longe dali.

Capítulo 1

Nicolas Bartole gostava das coisas boas da vida. Achava que tudo deveria ser bem aproveitado, já que a vida era curta. E mais uma vez ele reiterava seu ponto de vista enquanto analisava o corpo do menino que foi estrangulado no momento em que retornava do colégio.

A cena do crime foi isolada pelos peritos. Quatro viaturas policiais estavam estacionadas ao redor com seus giroflex vermelhos refletindo sobre os rostos dos policiais. Por trás da faixa de segurança, viam-se dezenas de curiosos e desocupados. Nicolas se perguntava o porquê de as pessoas gostarem de presenciar tragédias de perto.

Nicolas Bartole tinha completado trinta e três anos no verão. Havia sete anos era investigador de polícia. Gostava do que fazia. Sua função era levantar provas para incriminar suspeitos, principalmente quando eles cometiam assassinato. Ele era adepto da justiça e sempre acreditou que se um ser humano tirava a vida de outro teria de pagar por isso.

Alguém assassinou de forma brutal um garoto inocente, portanto, teria de arcar com as consequências.

— Podem ensacar o corpo após os peritos terminarem seu trabalho — ordenou Nicolas, afastando-se dali com ar cansado. Aproximou-se da viatura que o levou até ali e um policial de farda impecável lhe ofereceu café. Ele recusou com a cabeça e não conteve um profundo suspiro.

Tinha diante de si o corpo de um menino de nove anos que foi identificado como Felipe de Lima. Segundo as poucas informações levantadas até o momento, Felipe fazia aquele caminho diariamente. Era visto por ali voltando da escola no início da noite. Às vezes, vinha acompanhado por um amigo da classe. Outras vezes, a mãe do amigo também os acompanhava. No entanto, no momento do crime ele estava sozinho.

Segundos as informações dos peritos, o assassinato ocorreu por volta das seis e vinte da tarde. Já eram nove da noite e o corpo ainda permanecia no local. Dali seria ensacado e levado para uma perícia minuciosa no necrotério.

O corpo do menino foi descoberto por um homem identificado como Bertoldo Buarque. Ele disse que estava subindo a ladeira que liga dois bairros, pela qual Felipe passava para ir e vir da escola, quando notou dois livros caídos próximos a uns arbustos. Bertoldo tinha acabado de fechar sua banca de jornal e estava voltando para casa. Ele contou que, embora já estivesse escuro, se aproximou para recolher os livros. Foi quando notou a mão do menino entre algumas folhas. Imediatamente, chamou a polícia.

Nicolas conversou pessoalmente com Bertoldo, que havia localizado o corpo cerca de vinte minutos após o crime. O homem parecia sincero e dois policiais já haviam conseguido testemunhas de que ele ainda estava em sua banca às seis e vinte da tarde. Nicolas descartou a possibilidade de que Bertoldo fosse culpado.

Exalando o ar com força, ele entrou na viatura e se sentou no banco traseiro. Estava acostumado a lidar com assassinatos, mas, quando envolvia crianças, a situação era outra. Todos os policiais pareciam sentir uma nuvem negra pairando sobre suas cabeças e o desejo de colocar as mãos no assassino era coletivo. Quem matava uma criança inocente como Felipe merecia um castigo severo, na opinião da polícia. Era uma pena que as leis do Brasil fossem facilmente contornáveis pelos bandidos.

— Sabe se os pais do garoto já foram avisados? — perguntou Nicolas, olhando para um policial magricela que estava parado à porta do veículo.

— Sim, senhor. Eles já foram avisados e seguiram diretamente para a delegacia.

— Ótimo, obrigado — agradeceu Nicolas, fechando os olhos. A noite seria bastante longa.

Ele estava gostando daquela cidade. Fazia duas semanas que tinha saído da casa de sua família, no Rio de Janeiro, e se mudado para lá. Já fazia algum tempo que ele vinha buscando sua independência e, quando surgiu a oportunidade de transferência, Nicolas não hesitou em aceitá-la. Já sabia que em uma cidade do interior o índice de criminalidade era quase noventa por cento menor do que no Rio de Janeiro. Ele percebeu que, de certa forma, era exatamente isso que vinha buscando.

Quando chegou ali, mal pôde acreditar no que via. A cidade vinha crescendo bastante, mas a maior parte dos moradores ainda se tratava pelo nome e passava os fins de semana nas casas uns dos outros jogando truco ou dominó. Nas casas com varandas, os moradores esticavam redes aconchegantes e se deitavam nelas, esquecendo-se da vida. Era como se a violência não existisse, ou fizesse parte de outra realidade.

As janelas pernoitavam abertas e os portões viviam destrancados. Ninguém temia ninguém. Os poucos bandidos que havia mal passavam de ladrões pé de chinelo, cujos delitos mais graves eram roubos de toca CD de automóveis ou de roupas penduradas no varal. Ainda assim, em geral, tudo era sossego e tranquilidade. Por isso, Nicolas Bartole achava que tinha ido para o lugar certo, já que queria ficar longe do estresse e da rotina sufocantes do Rio de Janeiro.

Contudo, a morte de Felipe mudou toda a rotina da cidade e a vida de Nicolas também, embora a notícia ainda não tivesse se espalhado. Ele sabia que no dia seguinte iriam surgir comentários e indagações. A população estaria desejosa de informações sobre o suspeito do crime e os pais ficariam abalados e apavorados, temendo que seus filhos ou outras crianças saíssem às ruas desacompanhados.

Nicolas estava na delegacia. O delegado permitiu que ele conversasse com os pais de Felipe, embora ambos estivessem chocados e abalados demais para colaborar com a polícia. Ele fora nomeado investigador oficial do caso momentos antes. E não gostava de perder tempo quando se tratava de levantar pistas que o levassem ao verdadeiro culpado. Seu lema pessoal era: uma vez aberto, um caso obrigatoriamente tem de ser encerrado. Em sete anos na polícia, Nicolas jamais deixou de concluir um caso e aquele não seria o primeiro, principalmente porque atuaria em uma cidade do interior, o que deveria deixar tudo mais fácil. Ou mais difícil.

Ele ajeitou alguns papéis em sua sala, na delegacia, e ergueu-se da cadeira, defrontando-se com sua imagem em um espelho que o refletia de alto a baixo. Seu reflexo mostrava um homem de pele clara, medindo um metro e oitenta e cinco de altura. Os olhos eram azuis escuros e os cabelos, castanhos. Quando adolescente, Nicolas os matinha compridos, mas agora os usava no estilo militar, cortados com máquina dois.

Os braços eram fortes e robustos, capazes de derrubar dois homens de uma só vez. Os dentes eram brancos e perfeitamente alinhados. O queixo era quadrado e tinha uma imperceptível cicatriz próxima ao lábio inferior. O conjunto todo resultava em um homem atraente, com expressão séria. Contudo, quem olhasse profundamente em seus olhos azuis veria justiça e honestidade.

Ele caminhou firmemente até a sala em que os pais de Felipe o aguardavam. Assim que entrou, três pessoas se voltaram para ele.

Com expressão desconsolada, o homem que estava em pé se adiantou. Delegado Oswaldo era um homem gordinho e calvo, muitos centímetros mais baixo que Nicolas. Os olhos castanhos exibiam a vivacidade conquistada devido aos longos anos de trabalho na corporação policial. Na opinião de Nicolas, o delegado se parecia com o personagem Mario Bros, dos games que ele jogava quando garoto.

Sentados à mesa estavam os pais de Felipe, Julieta e Flávio de Lima. A mãe chorava com a cabeça entre as mãos e o pai estava com o rosto quase translúcido, como se não tivesse mais sangue passando em suas veias.

— Este é o investigador Nicolas Bartole, que ficará responsável pelo caso de Felipe — apresentou o delegado Oswaldo. — Sei que os senhores estão passando por um momento muito difícil, mas seria de grande ajuda se pudessem colaborar conosco respondendo a algumas perguntas que o investigador Nicolas lhes fará.

Flávio assentiu com a cabeça e o delegado cedeu passagem a Nicolas, que se sentou diante dos pais do garoto. Oswaldo permaneceu em pé, pois participaria do breve interrogatório.

— Boa noite. Como o delegado Oswaldo já comunicou, meu nome é Nicolas Bartole e eu ficarei responsável pelo caso do seu filho. Como também já foi dito, os senhores não estão psicologicamente preparados para responder a indagações. Podemos remarcar este interrogatório para outro dia, porém os alerto para o fato de que, quanto mais rápido os senhores puderem nos auxiliar, mais rápido chegaremos ao assassino.

— Estamos aqui para ajudar no que for preciso — respondeu Flávio com a voz fraca. — Tudo o que queremos é que o senhor encontre essa pessoa amaldiçoada que tirou a vida do nosso filho.

Nicolas assentiu, olhando atentamente para os olhos de Flávio. Depois virou o rosto e analisou detidamente a expressão de Julieta.

— Antes de iniciar, devo lembrá-los de que têm direito à presença de um advogado — Flávio e Julieta sacudiram a cabeça negativamente. — Alerto-os ainda para o fato de que não são obrigados a responder às perguntas que possam constrangê-los — eles assentiram. — Gostaria de começar minhas indagações pedindo que os senhores informassem onde se encontravam no momento do crime.

— Um momentinho, senhor Nicolas. Acaso está achando que nós...

— Peço-lhes apenas que respondam à minha pergunta, senhor.

— Assim dá a entender que o senhor está nos acusando de alguma coisa — retrucou Flávio, carrancudo e choroso. — Eu estava no meu trabalho. Sou mecânico e costumo chegar em casa por volta das sete da noite. Julieta estava em casa, esperando Felipe chegar. Antes, ela o buscava na escola, mas agora concordamos em deixá-lo vir sozinho... — a voz de Flávio ficou embargada.

— Não posso acreditar que meu filho simplesmente deixou de existir. Por que alguém o mataria, senhor Nicolas? Por quê?

— Isso é o que vou descobrir — Nicolas se virou para encarar Julieta. — Por que a senhora não buscava seu filho na escola?

— Porque não víamos problemas em permitir que ele viesse sozinho. Nunca houve nada parecido na cidade. Todo mundo dorme com as portas destrancadas. Quem poderia imaginar que isso iria acontecer justo com o meu Felipe? — incapaz de continuar, Julieta caiu em um pranto convulsivo e Flávio a abraçou.

— Eu tinha combinado com meu filho que assistiríamos ao jogo do Corinthians hoje. Deus, que tragédia! — desesperou-se Flávio.

— Às vezes, uma amiga minha, que tem um filho que estuda com o Felipe, levava-o para casa, porque somos vizinhas. Contudo, Renan, o filho dela, ficou adoentado e não foi à escola — Julieta ergueu o olhar e Nicolas viu ali todo o sofrimento que ela estava sentindo pela morte do filho. — Que tipo de ser humano estrangularia uma criança de nove anos? Ninguém o odiava, ele não tinha inimigos.

— Parece que alguém tinha seus motivos. Ainda não recebi o laudo da necrópsia. Creio que logo terei um parecer mais detalhado — prometeu Nicolas.

Ele não quis se prolongar em muitas perguntas, pois os pais de Felipe estavam abalados demais com o crime. Nicolas trocou um rápido olhar com Oswaldo, autorizando a liberação do casal. Pouco depois eles partiram.

— O que vai fazer agora, Bartole? — perguntou o delegado.

— Bem, como já está um pouco tarde, irei para o meu apartamento. Acredito que amanhã teremos um dia movimentado.

— É verdade. Eu ia mesmo sugerir que você fosse descansar.

Nicolas assentiu, despediu-se do delegado e de outros dois policiais solenemente e partiu em seguida. Precisava de um bom banho para relaxar.

O apartamento para o qual ele havia se mudado era espaçoso e aconchegante. O aluguel não era caro e, se ele realmente fosse permanecer na cidade, pretendia conversar futuramente com o proprietário para discutir a possibilidade de comprar o imóvel. A vizinhança era tranquila e, mesmo que não fosse, todos passariam a ficar bem pacíficos, tendo um policial morando na porta ao lado.

Nicolas tomou um banho demorado. Quando terminou, enrolou-se em uma toalha e caminhou para o quarto, onde vestiu uma camiseta regata e uma bermuda. Já passava das dez da noite e ele não gostava de dormir tarde. Faria uma rápida refeição e logo em seguida cairia na cama, preparando-se para o exaustivo dia seguinte.

Seguiu para a cozinha e uma sombra branca passou entre suas pernas. Ele olhou para baixo e viu a gata angorá, peluda e macia como um tapete. A gata soltou um miado fraco, pulou na mesa e encarou seu dono fixamente, com seus belos olhos azuis.

— Érica, por que sempre que você me vê vindo para a cozinha, subitamente se torna minha melhor amiga?

A gata lançou um olhar de desprezo para Nicolas, como uma rainha encarando seu súdito. Ele se lembrava muito bem de como aquela gata metida fora parar ali. Quando ele ainda morava no Rio, sua mãe a encontrou abandonada na praia de Copacabana. Ela levou a felina para casa e a deu de presente para Ariadne, irmã caçula de Nicolas. Como Ariadne parecia viver em outro mundo, a gata ficou sob os cuidados do irmão mais novo de Nicolas, Willian. Entretanto, o rapaz não tinha tempo para cuidar da bichana e a mãe de Nicolas praticamente o intimou a cuidar do animal.

Assim que ele fixou os olhos na gatinha, filhote na época, foi ódio à primeira vista. Esse ódio se intensificou com o passar dos anos. Érica demonstrava carinho a qualquer outra pessoa, menos a ele. E foi justamente para irritar a gata que ele decidiu levá-la consigo quando deixou o Rio de Janeiro.

— Érica, você mora com minha família há cinco anos. Já deveria estar acostumada comigo. Sua ração está no prato, então pare de me encher a paciência — repreendeu Nicolas, olhando para a gata com cara feia.

Ignorando-a, ele abriu a geladeira e apanhou a manteiga e a jarra de suco. Algumas bolachas de água e sal completariam sua breve refeição noturna. Ele estava passando manteiga nas bolachas quando o telefone tocou na sala. Ajeitou tudo sobre o balcão da cozinha e caminhou rapidamente até a sala.

— Alô? — ele atendeu.

— Meu filho, é você? — perguntou uma voz alegre.

— Olá, mãe. Tudo bem por aí?

— Está tudo ótimo — respondeu a mãe no momento exato em que se pôde ouvir ao fundo o barulho de vidro quebrando.

— O que eles quebraram desta vez? — quis saber Nicolas, sorrindo ao ouvir as vozes alteradas dos irmãos discutindo perto da mãe.

— A Ariadne foi despedida do novo emprego — contou Lourdes. — Ela bateu o recorde. Sua irmã caçula está se tornando uma profissional porque conseguiu se manter por seis dias no serviço. Isso não é o máximo?

— Ora, se é... — riu Nicolas.

— Sabe que Ariadne nunca dura muito num emprego. Aí quando ela chegou e contou a boa-nova, seu irmão a ofendeu, dizendo que ela não para em emprego nenhum por ser incompetente. Então começou o bate--boca. Sabe como é...

— Sei. Só tome cuidado para que eles não quebrem nada de valor.

Mais algumas coisas foram quebradas e Nicolas ouviu gritos e xingamentos.

— Se eles extrapolarem, eu bato nos dois — riu Lourdes.

— Como se eles ainda fossem criancinhas.

— E são. Ariadne só tem vinte e cinco anos, e Willian, vinte e oito. Até você, Nicolas, que está com trinta e três, ainda é um bebê para mim. Já a Marian é mais madura, mas ainda é muito ingênua. Vive mergulhada naqueles livros da faculdade.

A terceira irmã de Nicolas completara trinta anos no mês retrasado. Ele adorava a forma de a mãe enxergar os quatro filhos como eternas criancinhas.

— Eu não liguei para falar dos seus irmãos e sim para saber de você. Está gostando de morar nessa cidade? Tem se alimentado bem?

— Ora, mãe, por favor.

— Por favor, digo eu. Não é porque você se mudou para longe das minhas vistas ou porque é um investigador policial que eu perdi meu controle sobre você. Sou sua mãe e, enquanto eu estiver viva, você me deve satisfações...

Lourdes recitou o repertório da obediência que sempre disse para seus filhos desde que eles eram pequenos. Nicolas, por ser o mais velho, foi o que mais ouviu o discurso. A mãe sempre encheu os filhos de mimos. Queria todos debaixo das suas asas protetoras, mesmo quando eles já eram adultos e independentes.

— Já sei, mãe. Estou bem. Eu ia comer agora para me deitar.

— O que você vai comer tem bastante nutriente?

— Bolachas de água e sal com manteiga e suco de laranja.

— Um policial forte e treinado não pode comer essas besteiras.

— É só para enganar o estômago, mãe.

— Você pode enganar seu estômago, mas não pode enganar sua mãe. Se eu souber que você desmaiou de fome, vou até aí pessoalmente e enfrento todos os seus chefes. Pensa que eu tenho medo, é? Ninguém vai deixar meu filhinho doente de fraqueza, morrendo de inanição.

Nicolas suspirou e implorou por paciência, enquanto ouvia outro discurso sobre uma alimentação saudável. Por fim, ele se despediu e mandou um beijo para os irmãos. Prometeu que logo que terminasse de arrumar o apartamento convidaria toda a família para conhecer seu novo lar.

Porém, quando desligou o telefone, já tinha se esquecido da família e estava pensando no caso de Felipe. Voltou lentamente à cozinha e mal conteve o assombro ao ver a gata deitada sobre as bolachas que ele pretendia comer.

— Bruxa em forma de gata. Você fez isso por pura ruindade.

Érica se ergueu, lambeu os pelos onde havia grudado manteiga e se afastou com graça e destreza, levando um brilho suave de vingança em seus olhinhos azuis. Olhou para Nicolas com pouco caso e desapareceu no corredor.

Ele jogou as bolachas fora e preparou outras. Novamente seus pensamentos se concentraram no assassinato do garoto. Segundo todas as informações que apurou até então, Felipe fazia sempre o mesmo percurso para ir e vir da escola. Às vezes era acompanhado pelo seu amigo Renan e pela mãe dele, às vezes ia sozinho. Nunca se desviava nem ficava fazendo hora para ir embora. Ele não se detinha por nada e as pessoas que o conheciam sempre o viam subindo a ladeira rapidamente a caminho de casa.

Entretanto, naquele dia, alguém, por motivos ainda desconhecidos, ceifara a vida da criança. O que Felipe teria feito para que o assassino o matasse estrangulado? Seria alguma rixa entre amigos na escola? Ele andava com más companhias? Teria sido apenas uma infeliz coincidência?

Como Nicolas não aceitava coincidências, ele incluiu mentalmente entre suas tarefas do dia seguinte fazer uma visita à escola em que o menino estudava. Quem sabe a professora, a direção ou os colegas de classe tinham mais informações? Afinal, para começar a buscar pistas, era preciso partir de algum lugar.

Ele escovou os dentes e se deitou. Estava cansado e sabia que na noite seguinte estaria ainda mais exausto. Justo ele que esperava ter sossego naquela cidadezinha. Agora tinha uma missão pela frente: desvendar o mistério daquele crime. Pretendia descobrir tudo o que pudesse o mais rápido possível para concluir aquele caso. E foi com esses pensamentos na mente que Nicolas adormeceu.

Capítulo 2

No dia seguinte, Nicolas se levantou antes das sete. Tomou um banho, sorveu uns goles de café preto e comeu duas torradas. Enquanto prendia o revólver por dentro do cinto da calça, conferiu se o pratinho com a ração da gata estava abastecido. Embora ele não gostasse dela, Érica era sua única companhia e tinha de ser bem tratada.

Quando saiu à rua, já eram quase oito horas. Ele consultou o relógio de pulso e entrou em seu carro. A delegacia não ficava muito longe, mas, como tinha muitas coisas a serem feitas, a economia de tempo era indispensável.

No percurso, parou o carro no semáforo e avistou os jornais em uma banca. Um deles, com letras garrafais, anunciava:

CRIME MISTERIOSO OCORRIDO NO INÍCIO DA
NOITE DE ONTEM CHOCA A CIDADE

Contendo a impaciência, Nicolas saltou do carro e se aproximou da banca. Viu que outros jornais também comentavam o crime. Com um breve olhar, percebeu que nenhum deles sabia ainda quem era a vítima. O delegado Oswaldo providenciou para que a imprensa obtivesse o menor número possível de informações.

— Vou querer um jornal desses — avisou Nicolas, apanhando o exemplar escolhido.

— Para ler sobre o crime, não é mesmo? — o jornaleiro sorriu, exibindo falhas nos dentes. — É engraçado como as pessoas gostam de ler sobre mortes.

— É verdade, enquanto existem outras que ganham dinheiro divulgando notícias sobre mortes — rebateu Nicolas, pagando o jornal e caminhando de volta para o carro, fazendo o jornaleiro matutar sobre sua resposta.

De fato, a matéria dizia que a vítima ainda não havia sido identificada, o que era muito bom. Quanto menos a imprensa soubesse e interviesse, melhor seria para o trabalho da polícia e mais sossego os pais de Felipe teriam para chorar a morte do garoto.

Nicolas sabia que as polícias civil e militar trabalhariam em parceria, tentando solucionar o crime o mais depressa possível para que a notícia não se espalhasse nas cidades vizinhas, o que parecia ser muito provável, uma vez que a mídia local já estava parcialmente inteirada do assunto.

Ele estacionou seu carro de civil entre duas viaturas, na porta da delegacia. Entrou, cumprimentou dois policiais que ainda cobriam o plantão da madrugada e seguiu para sua sala. Logo que entrou, serviu-se de um copo de chá que Fátima, a copeira, já havia deixado preparado para ele. Sentou-se em sua mesa, abriu uma gaveta e espalhou sobre o tampo de vidro algumas fotos que os peritos haviam tirado de Felipe pouco antes de ensacá-lo.

O rosto do menino estava bastante arroxeado e a língua pendia para fora da boca. Os olhos estavam muito arregalados, expressando todo o terror que ele devia ter sentido ao perceber que iria morrer. Em uma das fotos dava para ver a alça da mochila escolar presa em um dos seus ombros. Uma criança inocente que teria tudo para ser um cidadão de bem, mas que teve a vida arrebatada por mãos desconhecidas e por motivos igualmente desconhecidos.

Uma leve batida à porta fez Nicolas erguer a cabeça. Um policial negro, fardado e bastante corpulento abriu a porta e espiou dentro da sala.

— Você é o Bartole? Quer dizer, o senhor Nicolas Bartole? — ele falava demonstrando ansiedade e nervosismo.

— Sim, e você é o...?

— Michael, mas todo mundo me chama de Mike. Faz soar muito americano, não é mesmo? — ele sorriu com seus dentes branquíssimos e adentrou a sala. — Os brasileiros gostam de se sentir meio americanos às vezes. A gente se sente mais chique.

— Discordo. Eu, pelo menos, me sinto mais brasileiro a cada dia. Se eu nasci aqui, tenho de me sentir um brasileiro nato. Fingir ser outra coisa gera certa dependência e eu, particularmente, não gosto de nada que possa me viciar.

— Eu não tinha pensado nisso — o enorme policial negro e sorridente se sentou pesadamente na cadeira em frente à mesa de Nicolas e ergueu os pés, colocando-os sobre a mesa do investigador. — O delegado Oswaldo pediu que eu viesse aqui porque... — ele parou de falar e fixou seus olhos pretos nos olhos azuis de Nicolas. — O que foi?

— Os pés — apontou Nicolas.

— Arre égua, foi mau! — desculpou-se Mike, nervoso, corando enquanto tirava os pés de cima da mesa. — Me perdoe mesmo, por favor.

— Está tudo bem — tranquilizou Nicolas. Se fosse outro policial, teria lhe passado um grande sermão pela falta de profissionalismo, mas algo em Mike o agradava.

Embora o estivesse conhecendo agora, tinha a leve sensação de que entre eles nasceria uma grande amizade. — Só espero que você não coloque os pés sobre a mesa do delegado Oswaldo.

— Não, isso não. Nem fale isso, seu Bartole.

— Há quanto tempo está na polícia, Mike?

— Bem... eu saí da academia de treinamento há um mês e o delegado me designou para trabalhar com o senhor. Este será meu primeiro caso como policial oficial. Nunca tive o gostinho de prender um vendedor de CDs piratas.

— E existem muitos pirateiros por aqui? — perguntou Nicolas, divertindo-se com a sinceridade de Mike.

— Quase nenhum. Talvez seja por isso que eu nunca tenha prendido um deles, não é?

Nicolas soltou uma gargalhada que o fez se sentir mais leve, e Mike subitamente relaxou, soltando um profundo suspiro.

— Bem, se o senhor riu assim, estou aprovado?

— Pode ser.

— O doutor Oswaldo disse que tenho apenas que me colocar à sua disposição, como um guarda-costas. Se precisar ir a algum lugar e estiver com medo, basta me chamar.

Nicolas sorriu e pensou que, se Mike soubesse os lugares por onde ele já tinha passado no Rio de Janeiro e os buracos nos quais entrou à procura de assassinos, ele ficaria sem dormir por uma semana. Para não assustar o policial novato, decidiu ficar calado. Ainda sorrindo, ele tocou na própria cabeça. Mike, sem entender muito bem, repetiu o gesto.

— Estou mandando você arrumar seu quepe — ordenou Nicolas, satisfeito com seu novo auxiliar.

— Ah, sim... Por um momento achei que o senhor estivesse perguntando se eu tenho piolhos.

Nicolas tornou a rir e logo depois começou a contar para Mike as poucas informações de que dispunha sobre o caso até aquele momento.

———

Ema Linhares gostava do que fazia. Trabalhava com autópsias havia mais de dez anos e agora quase nada a deixava abalada. Poucas pessoas que vissem a simpática e gorduchinha Ema Linhares, mãe de trigêmeos, imaginariam que ela era médica-legista.

Assim que concluiu o trabalho com o corpo de um senhor que bebeu até infartar, Ema foi atender Nicolas. Já haviam comentado que um investigador de polícia recém-chegado do Rio de Janeiro estava morando e trabalhando na cidade. Ema só não esperava que o investigador se parecesse mais com um modelo de roupas íntimas masculinas ou com um conquistador de mulheres, um dom-juan.

— O senhor é Nicolas Bartole ou o filho dele? — brincou Ema, estendendo a mão para cumprimentar Nicolas.

— Obrigado pelo elogio. Sou eu mesmo. Não tenho filhos e meu pai morreu quando eu ainda era pequeno — respondeu Nicolas, apertando a mão de Ema.

— O senhor ficará responsável pelo caso do garoto Felipe?

— Isso mesmo. O corpo dele já foi trazido para cá?

— Sim, mas eu ainda não comecei a trabalhar nele — Ema sacudiu a cabeça negativamente. — Estou nesta área há mais de dez longos e exaustivos anos, mas lidar com crianças sempre me deixa abalada. Não estou acostumada a lidar com vítimas infantis, muito menos quando são assassinadas. Nunca aconteceu algo assim nesses dez anos. Estou absolutamente transtornada.

— Todos nós estamos — concordou Nicolas.

Ema o guiou por um corredor mal iluminado e Nicolas avistou alguns corpos cobertos com lençóis brancos sobre mesas frias. Não teve dúvidas de que era Felipe quando viu um pequeno corpo coberto.

— Aí está ele — anunciou Ema, puxando o lençol.

Nicolas encarou o rosto de Felipe. Tocou no corpo do menino e sentiu a pele gelada. No pescoço viam-se nitidamente as manchas escuras decorrentes do estrangulamento.

— E pensar que até ontem esta criança estava na escola estudando — lamentou Ema. Imaginou que a mãe do garoto deveria estar sofrendo muito, assim como ela sofreria se algo acontecesse com um dos seus trigêmeos.

— O que pode me adiantar olhando-o assim? — perguntou Nicolas.

— Vejo claramente marcas de dedos no pescoço dele. Posso afirmar que o estrangulamento não ocorreu por meio de objetos como cordas ou cintos. Alguém usou as próprias mãos para matá-lo.

Nicolas assentiu. Era o que ele havia previsto desde o início. Também já tinha visto as marcas de dedos no pescoço do menino na noite anterior e a médica-legista confirmava seu parecer inicial.

— Claro que eu preciso analisá-lo minuciosamente para que possa montar um relatório e entregá-lo ao senhor — continuou Ema —, porém, minha experiência nesta área me permite dizer que o crime aconteceu muito rápido, como se o assassino tivesse pressa em terminar logo o serviço.

— Ou não quisesse ser visto — atalhou Nicolas.

— Pode ser. Esta criança foi achada em um local público, portanto o assassino usou de rapidez para matá-la.

— Quando acha que poderá me dar um relatório mais preciso, doutora Ema?

— Pode ser amanhã à tarde? Como o senhor pode ver — ela indicou os corpos ao redor —, estou com a casa cheia hoje.

Ela mesma riu da própria piadinha sem graça e pouco depois Nicolas se despediu dela. A próxima parada seria na escola em que Felipe estudava.

Capítulo 3

Não houve aulas naquele dia por causa da morte de Felipe. Mesmo assim, Nicolas foi informado de que o corpo docente e a direção estavam na instituição. A escola era particular e atendia do berçário ao último ano do Ensino Fundamental.

A inspetora sorriu amavelmente para Nicolas e pediu que ele a seguisse, enquanto o levava à direção. Ela aproveitou para intensificar seu rebolado, tentando chamar a atenção dele, que olhava atentamente para as paredes onde estavam pregados diversos murais com os trabalhos dos alunos. Quando ele parou diante da sala da diretora, nem reparou no olhar decepcionado da inspetora.

Ela bateu à porta e, quando ouviu a autorização, abriu-a lentamente, pondo a cabeça para dentro. Cochichou algo ininteligível e em seguida cedeu passagem a Nicolas.

Dentro da sala bem organizada, ele viu um homem em pé e uma mulher sentada em frente a uma mesa cheia de papéis. Ambos traziam no rosto expressões de aborrecimento e cansaço.

— Já sabemos quem é o senhor, portanto, vamos pular a parte de sua apresentação — cortou o homem.

— Meu nome é João Menezes e sou o coordenador desta escola.

— E eu sou Sheila Arruda, a diretora — apresentou-se a mulher, com uma voz assustadoramente grossa. Se Nicolas ouvisse aquela voz sem ver a pessoa que falava, diria com certeza que se tratava de um homem.

— Como eu gosto de apresentações — interveio Nicolas, somente para irritar o coordenador —, devo dizer que me chamo Nicolas Bartole e sou o investigador responsável pelo caso de Felipe de Lima, aluno desta escola, morto no início da noite de ontem.

— Como o senhor pode ver, nossa escola está fechada hoje em respeito à memória de nosso aluno — tornou João.

— Como o senhor pode ver, estou aqui tentando levantar informações que possam me ajudar a elucidar o caso — respondeu Nicolas no mesmo tom. — E, apesar de a escola estar fechada, vocês estão aqui e, pelo que eu soube, todos os professores também.

— Sim, é verdade — Sheila suspirou profundamente. — Desculpe-nos se estamos nervosos. Creio que o senhor compreenda nossa situação. Desde que comprei esta escola, há oito anos, nada parecido me aconteceu. Estou confusa e apavorada. Telefonei para todos os meus funcionários na noite de ontem, assim que eu soube o que aconteceu com Felipe, para que nos reuníssemos aqui hoje de manhã, visando adotar medidas urgentes de segurança em nossa instituição.

— O crime não aconteceu aqui dentro — lembrou Nicolas.

— Sim, mas como podemos saber se o criminoso não está sondando a escola?

— Ou se o assassino já estava aqui dentro — atalhou Nicolas.

— Como assim, investigador? — cortou o coordenador, furioso. — Está sugerindo a hipótese de que o assassino seja um de nós?

— Posso me sentar? — retrucou Nicolas calmamente, ignorando a fúria crescente de João.

A diretora assentiu e ele se sentou lentamente. Por fim, virou o rosto e encarou João nos olhos.

— Todas as possibilidades devem ser consideradas até que surjam provas que levem ao contrário. Isso não quer dizer que eu esteja acusando esta ou aquela pessoa. Apenas considero a ideia de que o assassino poderia estar aqui, na escola.

— O senhor quer dizer um dos meus alunos? — perguntou a diretora, ficando tão nervosa quanto o coordenador.

— Ou um dos seus funcionários. Eu presumo que...

— Por que não diz diretamente que acha que eu sou o assassino? — indagou João, quase ofegante. — O senhor entrou por essa sala olhando diretamente para mim, como se me acusasse. Vou telefonar para o meu advogado e contar tudo o que o senhor está fazendo. Já ouviu falar em abuso de poder?

— Eu ia informá-lo sobre seus direitos antes de começar minhas perguntas e entre eles está a presença de um advogado. Por favor, pode chamá-lo — vendo João discar nervosamente no telefone celular, Nicolas provocou: — Apenas me diga por que o senhor está tão nervoso. É comum ficar tão tenso na presença da polícia?

— O senhor não está agindo com profissionalismo — interveio a diretora com sua voz grave. — Está intimidando o coordenador João.

— Senhora Sheila, minha função aqui é descobrir pistas que possam me levar ao assassino. Não confio nem desconfio de ninguém até que alguma prova me faça pensar diferente. Assim, volto a dizer: quero analisar cada canto, cada envolvido, até que eu tenha certeza de que não estou ao lado de um possível criminoso.

João não conseguiu contato com o advogado e ficou ainda mais nervoso. Era um homem magro e alto, embora menor do que Nicolas. Usava óculos grossos e seus olhos escuros reduzidos pelo grau das lentes demonstravam frieza e inquietação.

— Não consegui falar com o doutor Galos — disse ele, olhando para Sheila. Virou-se para Nicolas: — Por isso, senhor investigador, vou autorizá-lo a fazer perguntas, mas, se eu me sentir desmoralizado de alguma forma, pode se preparar, porque vou abrir um processo contra o senhor. Lembre-se disso.

Nicolas se ergueu bem devagar e esse gesto fez João estremecer. Fitou o coordenador por alguns segundos, somente para deixá-lo ainda mais nervoso.

— O senhor não precisa autorizar minhas perguntas, pois, do contrário, estaria obstruindo uma investigação policial, além de atrapalhar o trabalho de busca a um assassino que continua à solta. De fato, o senhor não é obrigado a responder minhas perguntas sem seu advogado estar presente, mas, se tornar a me ameaçar com um processo, não terei sossego até colocá-lo em cana.

— Nunca vi um policial trabalhar dessa forma — interpôs Sheila, já preocupada com o rumo que a conversa estava tomando. — Além disso, senhor Nicolas, esta conversa pode estar sendo gravada e poderei apresentar aos seus superiores a gravação, mostrando-lhes que o senhor não sabe trabalhar, senão intimidando as pessoas.

Os olhos azuis de Nicolas se desgrudaram do apavorado João para se fixarem na diretora.

— É mesmo? Pois eu espero que, além de a senhora estar gravando essa conversa, a esteja filmando também. Assim, meus superiores irão questionar o fato de uma diretora e um coordenador estarem bloqueando a função de um investigador policial responsável pelo assassinato de um aluno desta escola, morto de forma violenta. O que a senhora me diz sobre isso?

Sheila lançou um olhar de desprezo para Nicolas. Por fim, indicou a cadeira para que ele voltasse a se sentar. Ele se sentou, sem parar de falar:

— Não vim até aqui para arranjar inimigos, ao contrário, preciso do maior número possível de informações. Desconheço a causa da morte até este momento e quero agilizar minha investigação. Os senhores deveriam ser os primeiros interessados em saber por que um aluno de sua instituição, com nove anos de idade, foi assassinado enquanto voltava das aulas.

— Talvez tenha sido um assalto? — sugeriu a diretora, usando um tom de voz mais brando.

— Como eu disse, nenhuma possibilidade pode ser descartada. Particularmente, não acredito que tenha sido um assalto. O assassino já havia planejado o crime, tenho certeza. Contudo, minhas suposições não vêm ao caso e não convém discuti-las aqui — Nicolas se virou para João, que continuava de pé, segurando o celular com uma mão e a outra apoiada sobre o encosto de uma cadeira. — O senhor, como coordenador, pode me informar quem é a professora de Felipe?

— É um professor — respondeu João, de má vontade. — O nome dele é Alex dos Santos.

— Ele está aqui na escola agora?

— Todos os professores estão — respondeu a diretora.

— Quantos professores trabalham aqui ao todo?

— Trinta, se contarmos os períodos matutino e vespertino. Não temos aulas à noite.

— Esse professor Alex ministra aulas de manhã e à tarde?

— Somente à tarde. Nenhum professor trabalha nos dois turnos.

— Ele dá aulas em outras classes, além da sala de Felipe?

— Não.

— Outros professores dão aulas para a turma de Felipe?

— Sim. O professor de Educação Física e a professora de Artes. A professora de Inglês está adoentada e ainda não encontramos uma substituta.

— Preciso conversar com todos os que estão presentes. É possível fazer isso agora? — quis saber Nicolas, olhando para a diretora.

— Sim. João irá acompanhá-lo até a sala dos professores. Não pretende se demorar com cada um deles, não é?

— De forma alguma. Sempre digo que tempo jogado fora é desperdício — concluiu Nicolas, levantando-se para acompanhar João. Antes de partir, agradeceu Sheila por ora, pois pretendia voltar a falar com ela em outro momento.

— Ouça, o que eu disse lá dentro... — começou João, assim que eles se viram a sós no corredor.

— O que o senhor disse ficou dentro daquela sala — cortou Nicolas. — Não estou com tempo para picuinhas.

— Sim, eu sei. Fiquei nervoso, mas agora já estou mais calmo — alegou João, forçando um sorriso apagado.

No entanto, Nicolas notou que as mãos dele ainda tremiam.

"Por que você está tão assustado, João?", pensou Nicolas. "Está escondendo alguma coisa de mim?"

João o guiou até uma sala grande e retangular com uma imensa mesa no centro, à qual se sentavam os professores. Todos viraram a cabeça quando viram João entrar em companhia do desconhecido. Os professores, na maioria, eram mulheres, mas havia alguns homens também.

— Pessoal, este é o senhor Nicolas Bartole, investigador de polícia.

Quase todos os professores se levantaram e ficaram na expectativa, olhando atentamente para Nicolas. Ele se virou para João e cochichou:

— Como se chamam os três professores que ministravam aulas para Felipe?

João assentiu e, em vez de responder a Nicolas, disse em voz alta:

— Professores Alex, Cíntia e Vagner. O senhor Nicolas precisa fazer algumas perguntas aos senhores.

— Gostaria de conversar em particular com cada um — acrescentou Nicolas, olhando para os professores. Virou-se para João e perguntou se havia uma sala disponível em que pudesse conversar a sós com eles. O coordenador assentiu. — Bem, eu gostaria que a professora Cíntia se apresentasse, por favor.

Uma moça jovem e bonita se aproximou timidamente. Ela era professora de Artes e dava aulas da primeira à quarta série. Tentou sorrir para Nicolas, envergonhada, e pouco depois eles se fecharam na sala reservada que João indicou para ele.

— Creio que a senhorita saiba o motivo de nossa conversa.

— Sim, senhor. Todos nós soubemos o que aconteceu com nosso aluno Felipe. Ainda estou chocada — ela sacudiu a cabeça para os lados. — Por que alguém o mataria?

— Isso nós iremos descobrir. Quantas aulas você ministra para a turma de Felipe por semana?

— Três. Duas na segunda-feira e uma na quinta.

— Qual sua opinião sobre ele?

— Felipe sempre foi um excelente aluno. Boas notas, bom comportamento. Ele adorava Artes e se dava muito bem com os colegas. Em minhas aulas, nunca tive problema algum com ele — ela voltou a balançar a cabeça e derramou duas lágrimas. — Quem teve coragem de fazer uma coisa assim com uma criancinha inocente?

— Sabe se Felipe tinha algum inimigo na escola? Um colega mais velho, de séries superiores, que gostasse de ofendê-lo ou algo parecido? Ele era dado a encrencas e confusões?

— Não que eu saiba, mas o professor Alex poderá esclarecê-lo melhor sobre isso. Como eu disse, dentro da sala de aula, Felipe nunca me deu trabalho. Fora dela eu não sei informar muito bem.

— Sabe alguma coisa sobre a relação que Felipe mantinha com os pais?

— Isso eu também não sei. Eu não era a professora direta dele e nunca tive reuniões com os pais. O professor Alex também saberá dar mais informações sobre isso.

— Felipe era um aluno presente, pelo menos nas suas aulas?

— Sim, neste ano ele nunca faltou. Gostava de pintar e de desenhar. Sempre que eu passava pintura livre, ele desenhava o símbolo do Corinthians ou jogadores de futebol em campo. Ele gostava muito de jogar futebol nas aulas de Educação Física.

— Nas últimas semanas Felipe vinha demonstrando algum comportamento estranho? Fazia algo diferente de sua rotina habitual?

— Olha, eu não percebi nada. Mas o professor Alex...

— Já sei — cortou Nicolas educadamente. — Ele irá me informar melhor sobre isso.

— Desculpe se não o estou ajudando. Já disse tudo o que eu sabia sobre Felipe. Se quiser, posso lhe mostrar meu diário de classe com as notas dele.

— Acho que não será necessário — Nicolas se ergueu e Cíntia o imitou. — Pode voltar, professora. Obrigado pela atenção.

— De nada. Qualquer coisa, pode voltar a me chamar — ela respondeu, mal contendo o alívio ao deixar a sala.

Capítulo 4

— O senhor é o professor de Educação Física, correto? — perguntou Nicolas, encarando o moreno forte e musculoso à sua frente, na sala reservada. — O que pode me dizer de Felipe de Lima, professor Vagner?

— Ah, ele era dez. Manjava tudo de futebol e todos os meninos o queriam no time, porque ele sempre marcava vários gols. Toda a galerinha gostava dele.

— Suas aulas sempre acontecem na quadra?

— Sim, a não ser quando está chovendo — explicou Vagner. — Aí ocupamos uma sala vazia. As crianças não gostam muito e reclamam quando têm de ficar em sala — ele sorriu sem humor. — Felipe era demais. Além de futebol, gostava muito de basquete também. Eu ia sugerir ao pai colocá-lo em uma escolinha de futebol ou de basquete, porque o garoto tinha futuro... tinha futuro — repetiu Vagner, desgostoso. — Puxa vida, até agora ainda não consegui concatenar meus pensamentos. Dei aula para ele ontem e hoje o menino está morto.

— Ele não tinha rivais aqui dentro, correto?

— De jeito nenhum. Até os meninos maiores, da quinta à oitava série, gostavam de chamá-lo para se divertirem nas horas livres, apesar de os horários dos intervalos serem diferentes. Nunca vi Felipe ir para a diretoria por causa de uma briga ou algo assim.

— Ele se dava bem com os professores?

— Comigo, sim. Não sei muito sobre seu relacionamento com o professor Alex, porque ele é um cara bastante reservado e discreto. Somente ele poderá ajudá-lo melhor.

— Está bem. Obrigado pelas informações, professor. O senhor pode se retirar, por favor.

— Eu que lhe agradeço. Se eu pegasse o cara que fez isso com Felipe, iria esmagá-lo com minhas próprias mãos — garantiu ele, salientando os bíceps e abrindo a porta para sair.

— Não duvido disso — sorriu Nicolas.

Finalmente o professor Alex adentrou a sala. Aparentava cerca de quarenta anos. Era bastante moreno, quase mulato. Media mais de um metro e noventa e chegava a ser meio corcunda, talvez devido à altura. Os cabelos eram escuros e crespos, e ele os usava esticados para trás com o auxílio de creme para pentear. Os olhos, igualmente escuros, eram vivos e velozes, atentos a tudo que se passava ao seu redor.

— Professor Alex? — perguntou Nicolas. Vendo-o assentir, ele prosseguiu: — Sente-se, por favor.

Alex se sentou e Nicolas repetiu todos os seus direitos, inclusive sobre exigir a presença de um advogado. Alex apenas assentiu em silêncio.

— Eu gostaria que o senhor me contasse um pouco sobre a rotina de Felipe de Lima dentro da classe.

— Ele foi um dos meus piores alunos — disparou Alex, contradizendo as informações que os professores anteriores haviam passado sobre o garoto.

— Ele era um mau aluno? — questionou Nicolas. — Em que sentido?

— Em todos. Era malcriado, respondão e preguiçoso. Não fazia os deveres e ainda incitava os outros alunos a copiar seu exemplo.

"Tem alguma coisa errada aqui", pensou Nicolas, fitando atentamente os olhos do professor.

— Só queria falar em futebol durante a aula. Quando eu o repreendia, ele me chamava de coqueiro falante e de professor Girafales, por causa da minha altura — um brilho de revolta surgiu nos olhos escuros do professor Alex. — Às vezes, até me mandava calar a boca.

— Ele fazia isso?

— Muitas vezes. Eu conversava com os pais dele, mas eles pareciam achar muito bonito o que o filho fazia. Eu estava aturando a situação, com Felipe se tornando cada vez mais insuportável. Pedi à direção que ele fosse transferido para outra sala, mas meu pedido foi negado. Então só me restou aguentá-lo, me ofendendo e me discriminando.

— Por que o senhor diz que Felipe o discriminava?

— Porque... — ele hesitou, desviou o olhar. — Porque ele sabia de minhas preferências particulares.

— Preferências por...?

— É que Felipe descobriu que eu sou homossexual — confessou Alex, sem encarar Nicolas nos olhos. — Embora eu seja muito discreto, principalmente por morar em uma cidade do interior, Felipe me viu ao lado do meu companheiro no fim da semana retrasado.

— Em alguma situação embaraçosa?

— Para mim era. Estávamos... abraçados na parte alta da cidade. Ninguém mora ali e por quase todos os lados só se vê mato. Nunca esperava que pudesse ser descoberto, principalmente à noite.

— Que horas isso aconteceu?

— Por volta das oito horas. Aqui, nesse horário, muitas pessoas já estão se recolhendo.

— O senhor sabe o que Felipe fazia na parte alta da cidade nesse horário? — Nicolas estava ficando mais intrigado a cada minuto.

— Ele estava voltando de uma partida de futebol, pois tem um campinho lá perto. Ele estava com a bola embaixo do braço. Thierry e eu não estávamos fazendo nada de mais. Estávamos encostados em uma árvore, ocultos pela escuridão das sombras da noite, abraçados nos beijando — admitiu ele com voz sumida.

Nicolas tinha muita experiência na polícia para se abalar com aquilo. Na verdade, casos envolvendo homossexuais eram tão comuns para ele quanto quaisquer outros.

— E o que Felipe fez quando os viu?

— Primeiro ele chutou a bola, que atingiu a cabeça do Thierry. Depois olhou para mim com aquele sorriso de demônio mirim e começou a debochar: "O professor Alex é biba, o professor Alex gosta de homem". Aquilo me encheu de revolta e eu tive vontade de estapeá-lo. Se não fosse o Thierry para me conter, não sei o que teria feito com ele. Eu o mandei calar a boca, mas ele disse que contaria para todos os seus colegas na escola, no dia seguinte.

Alex entrelaçou os dedos das mãos, disparando as palavras:

— Fiquei tão apavorado com a possibilidade de a notícia se espalhar que tive diarreia, e não pude vir trabalhar no outro dia. Quando voltei, dois dias depois, Felipe havia cumprido sua promessa. Não só a sala toda sabia do meu segredo, mas também as outras classes e meus colegas professores — ao dizer isso, o ódio despontou nos olhos dele. — Pensei até que fosse ser despedido por isso, porém a diretora evitou o assunto e nunca conversamos sobre esse fato abertamente.

— Os outros professores me disseram que Felipe mantinha uma boa relação com eles em suas aulas.

— Deve mesmo ser verdade. Ele tinha bronca de mim, em especial. Parecia que ficava feliz em me atacar com suas palavras depreciativas, fazendo piadas jocosas sobre minha vida íntima. Como eu me sentia mal com isso, não conseguia sequer castigá-lo por medo de represálias.

— Represálias da parte de quem?

— De todos. Dos pais, dos professores, dos alunos. Eu seria visto como um professor gay revoltado e vingativo — Alex encarou Nicolas por alguns instantes e desviou o olhar de novo. — Apesar de tudo isso, eu lhe garanto que não o mataria. Confesso que tive vontade de lhe dar umas boas palmadas, mas um crime está muito além da minha bronca por Felipe.

— Onde o senhor estava no início da noite de ontem?

— Não tenho álibi, se é isso que o senhor quer saber. Saí daqui às seis e cinco da noite. Estava indo a pé para minha casa. Fui jantar em um restaurante com Thierry. Pode confirmar com ele, se quiser.

— Farei isso. Onde posso encontrá-lo?

— Thierry tem uma floricultura que fica em frente à praça principal, lá no centro. A floricultura dele se chama *Que amores de flores*. Não vai ter erro.

— Sim, vou conversar com ele mais tarde. O senhor sabe se Felipe tinha rivais em outras salas?

— Não. Apesar de estar na terceira série, todos queriam ser como ele. Felipe era uma espécie de líder entre seus amigos. Devido a isso, todos gostavam dele.

— O senhor não gostava.

— Não. Nem como aluno nem como criança. No entanto, volto a afirmar que não o mataria. Jamais faria isso.

Nicolas meneou a cabeça e dispensou Alex logo depois. Dispunha de poucas informações até o momento, mas já dera um passo, ainda que pequeno. Até agora, o único suspeito em potencial era o professor Alex, que poderia ter assassinado o garoto para se vingar das ofensas e piadas que ouvia na escola depois que Felipe contara a todos sobre sua orientação sexual. Alex não tinha nenhum álibi e não pareceu estar preocupado com isso.

— Bem — disse Nicolas em voz baixa, falando consigo mesmo, enquanto se levantava da cadeira e saía à procura do coordenador —, por enquanto, o professor Alex vai para o topo da minha curta lista de suspeitos.

Quando voltou para a delegacia, já passava da uma da tarde e ele ainda não tinha almoçado. Encontrou Oswaldo e o pôs a par das descobertas. Ao final, o delegado perguntou:

— Você acha que o culpado pode ser um funcionário da escola ou o próprio professor Alex?

— Não sei. É cedo para falar. Peço-lhe, por gentileza, que levante informações pessoais sobre a vida do professor Alex, e também do coordenador João Menezes e da diretora Sheila Arruda.

— Você também os achou suspeitos?

— O coordenador ficou muito nervoso quando me viu e tentou um contato imediato com o advogado, mas não conseguiu. Respondia às minhas perguntas com rispidez e ainda ameaçou me processar. Já a diretora chegou a insinuar que nossas conversas estariam sendo gravadas. De qualquer forma, quero saber mais sobre a vida deles.

Oswaldo coçou a careca e perguntou:

— Você acha que uma mulher seria capaz disso?

Nicolas olhou para ele com estranheza.

— Quando atuava no Rio de Janeiro, prendi assassinas que cometeram crimes assustadores, alguns muito bem elaborados. Não subestime a capacidade de uma mulher, seja para coisas boas, seja para coisas ruins.

Oswaldo concordou em silêncio. Suspirou profundamente e perguntou:

— Você já almoçou?

— Ainda não. Pretendia comer alguma coisa agora, porque preciso falar com o tal namorado do professor, que tem uma floricultura, e com a vizinha de Felipe, cujo filho estuda na mesma sala em que ele estudava. Às vezes eles voltavam juntos da escola. Quem sabe a mãe desse menino, ou o próprio garoto, saiba de alguma coisa?

— Boa ideia. Enquanto isso, vou tentar descobrir alguma coisa sobre os pais de Felipe — informou Oswaldo.

— Acho que é muito importante descobrirmos se eles mantinham uma boa relação com o filho. Você descobriu o valor da mensalidade da escola em que Felipe estudava?

— Sim, mas ele tinha bolsa integral de estudo — comentou Nicolas, sentindo o estômago roncar.

— Menos mau — tranquilizou-se Oswaldo. — Você vai precisar do Mike ou posso levá-lo comigo?

Nicolas sorriu, lembrando-se do bem-humorado policial.

— Pode ir com ele. Vou almoçar e depois vou dar continuidade aos interrogatórios.

— Nesse caso, vamos almoçar os três juntos e depois nos separamos, o que acha? — perguntou Oswaldo, descontraído.

Nicolas concordou. Eles chamaram Mike, que aceitou o convite de imediato. Durante o almoço, no restaurante, Mike falou o tempo todo, como um monologuista. Nicolas e Oswaldo apenas tinham de sacudir a cabeça, concordando ou discordando.

— E aí eu falei para a Bruna... — contava Mike todo animado, referindo-se a uma ex-namorada — "Se você vai ter medo de namorar um policial, é melhor ir parando por aqui. Estou saindo da academia policial e vou entrar de vez no mundo da polícia. Vou trabalhar nas ruas e enfrentar qualquer dificuldade. Se você está com medo do nosso futuro, temos de acabar nosso namoro neste minuto" — Mike fez uma rápida pausa para engolir duas garfadas de arroz com frango frito. — Aí ela disse: "Ou eu ou seu trabalho", e eu disse que ficava com meu trabalho. Acham que agi errado? — ele quis saber, enquanto virava o copo de suco de laranja garganta abaixo.

Oswaldo lançou um olhar aflito para Nicolas, torcendo para que ele tivesse prestado atenção a tudo o que Mike havia dito. Nicolas limpou os lábios com o guardanapo e respondeu:

— Você agiu certo, pois escolheu o que é melhor para você. Namorada tem aos montes por aí, mas a carreira é uma só.

— É por isso que eu gosto desse cara — riu Mike, dando um tapa nas costas de Nicolas que quase o fez se engasgar com um pedaço de linguiça. — Bartole sabe das coisas. Aliás, o senhor tem namorada ou também escolheu a profissão e resolveu viver como um padre, longe de sexo?

— Ser policial não significa que tenhamos de deixar nossa vida social de lado — explicou Nicolas. — Eu trabalho como investigador há sete anos e nesse período namorei várias moças. Com duas delas o relacionamento ficou sério e quase nos casamos.

— E por que não se casaram? O que foi que houve? — indagou Mike, enquanto mastigava a comida rapidamente.

— Mike, que falta de discrição! — repreendeu Oswaldo, olhando para o soldado com cara feia.

— Está tudo bem, Oswaldo. Não faço segredo da minha vida — atalhou Nicolas, complacente. — Mike, essas duas moças que pedi em casamento gostavam muito de mim e eu delas. A primeira delas, Selena, não tinha família. Eu a levei para conhecer a minha, mas ela achou que não combinaria muito com minha mãe. Sabe como são as mulheres... Minha mãe também não gostou dela. Disse-lhe na cara dura que ela estava lhe roubando seu filhinho.

Nicolas suspirou, lembrando-se da vergonha que passou naquele dia, mas continuou:

— Um ano e meio depois, estava namorando a Aninha. Essa era bem sapequinha e minha mãe e ela se deram bem. Mas quando Aninha bateu os olhos no meu irmão Willian ficou toda assanhada. Aí minha mãe a botou para correr, dizendo que ela acabaria colocando chifres em mim. Depois da Aninha, namorei mais algumas, fiquei com outras, mas nada muito sério. Como você falou, Mike, as mulheres sempre ficam um pouco apreensivas quando sabem que o namorado trabalha na polícia.

— Sua mãe deve ser o demônio, hein? — riu Mike.

— Mike, que modos são esses? — Oswaldo o advertiu. — Onde está o respeito com o investigador Bartole?

— Arre égua, foi mau — desculpou-se Mike. — Desculpa aí, cara, não quis ofender a senhora sua mãe.

Embora Mike não soubesse que comparar Lourdes Bartole com um demônio era muito pouco, Nicolas se segurou para conter o riso.

— Minha mãe protege os filhos com escudos de fogo. Isso é o que dá ser descendente de italianos — explicou Nicolas.

A programação transmitida pela pequena tevê pendurada na parede do restaurante cedeu lugar ao jornal local. Uma moça belíssima, de cabelos negros, repicados e com comprimento um pouco abaixo das orelhas, apareceu na tela com um microfone na mão. Os olhos eram amendoados, quase cor de mel. Tinha o rosto arredondado, o que lhe conferia a aparência de uma menininha. Seu nome apareceu na parte de baixo do visor, mas Nicolas não conseguiu lê-lo, porque estava longe do aparelho. Ela dizia:

— Embora a polícia ainda não tenha se manifestado, acredita-se que a vítima do crime de ontem à noite tenha sido uma criança. Comenta-se que há uma grande possibilidade de que um aluno da escola *Paraíso do saber* seja a vítima em questão. Ainda não sabemos exatamente como essa criança foi morta, mas, assim que tivermos novas informações, voltaremos ao ar.

— Filha da mãe — xingou Oswaldo. — Estava demorando para que ela entrasse em cena. Como sempre, é a primeira a obter mais informações.

— É filha da mãe, mas eu me casaria com ela neste minuto — alegou Mike, com olhos sonhadores fixos na tevê.

— Posso saber quem é ela? — perguntou Nicolas, desgrudando os olhos da imagem da moça na tela e fixando-os em Oswaldo.

— Miah Fiorentino. Trata-se da repórter mais bisbilhoteira desta cidade. Não me espantaria se ela soubesse até mesmo a cor das nossas cuecas.

— Se ela não souber a cor, pode vê-las, se quiser... — brincou Mike.

— Hoje Mike está impossível — tornou o delegado, sem saber se o repreendia mais uma vez ou se apenas sorria.

— Espero que a imprensa não caia matando em cima de nós depois dessa notícia. Quanto menos informações vazarem, melhor será para nossa investigação — comentou Nicolas. — Bem, estou satisfeito. Agora, se me dão licença, preciso dar continuidade aos meus afazeres.

Eles chamaram o garçom, dividiram a conta e pouco depois se separaram. Nicolas entrou em seu carro. Oswaldo e Mike foram para a viatura policial que os aguardava no meio-fio.

Capítulo 5

Nicolas já estava com o endereço da vizinha de Felipe. A mãe do menino chamado Renan morava duas casas depois da de Felipe. Quando Nicolas bateu à porta, ela, pessoalmente, foi atendê-lo.

— Meu nome é Nicolas Bartole — ele se apresentou, mostrando o distintivo policial. — Estou investigando o assassinato de Felipe de Lima. Pelas informações que tive, ele era amigo do seu filho Renan.

— Sim, eram mesmo muito amigos — confirmou a moça, esfregando as mãos no avental. — Entre, por gentileza. Só não repare na bagunça.

Nicolas entrou, mas foi impossível não reparar naquilo que ela modestamente chamava de bagunça. Parecia que dois países haviam travado guerra dentro daquela casa. Cadeiras viradas, brinquedos espalhados por todos os lados, tevê ligada, uma música tocando ao fundo, almofadas jogadas no sofá, sapatos, chinelos e tênis atirados sobre o rack e sobre a mesinha de centro.

— A senhora estava arrumando a casa? — perguntou Nicolas.

— Ah, não. Eu já a arrumei ontem — ela sorriu. — Se o senhor visse a bagunça que estava aqui ontem, ficaria assustado. Agora eu estava terminando o almoço.

Ele ergueu uma sobrancelha e resolveu ficar calado. A moça era bonita, os cabelos eram naturalmente ruivos e em seu rosto havia algumas sardas espalhadas. Ela se apresentou:

— Meu nome é Graziela de Freitas — ela tirou o avental e o jogou sobre o sofá, para completar a bagunça. — Tenho somente um filho, que é o Renan. Ele está no quarto, assistindo a um filme — Nicolas olhou para a tevê da sala, que estava ligada, embora não houvesse ninguém naquele cômodo da casa. — Na verdade, Renan está choroso e abatido com a morte do amigo. E quem não está, não é?

— Concordo. Eu posso me sentar? — perguntou Nicolas, olhando para o sofá atulhado de tranqueiras.

— Ah, sim. Desculpe minha falta de educação — rapidamente Graziela apanhou os objetos que estavam no sofá e os jogou no tapete. — Pode se sentar agora.

Nicolas se sentou sobre uma almofada, que emitiu um ruído semelhante a um pum. Ele olhou para baixo, enquanto Graziela corava.

— Jesus! Desculpe-me mais uma vez — ela tirou a almofada debaixo de Nicolas. — Meu filho Renan costuma usar essa almofada para brincar com os amigos, porque ela imita o som de um pum. Santo Deus, que vergonha...

— Não se preocupe. Sei como é essa idade. Também já fui menino um dia — tranquilizou-a Nicolas. — Agora me diga, dona Graziela, o que a senhora achava de Felipe?

— Um amor de criança. Bonzinho, educado, amável, gentil, inteligente e divertido. Ele sempre vinha aqui em casa brincar com meu filho e Renan ia brincar na casa dele.

"Contrariando as palavras do professor Alex, mais uma vez", pensou Nicolas. "Todos dizem que Felipe era uma ótima criança, menos ele. Será que o ódio que sentiu pelo garoto ter descoberto seu segredo seria motivo para assassiná-lo?"

— Ontem seu filho não foi à escola.

— Renan estava com a garganta inflamada. Ele ainda não melhorou muito. Como alguém poderia pensar que uma coisa dessas ia acontecer, não é? — Graziela parecia angustiada.

— E seu marido?

— Sou viúva. Ricardo morreu quando Renan tinha oito meses. Então decidi cuidar do meu filho sozinha. Moramos apenas ele e eu.

— Entendo. Eu poderia falar com seu filho? Prometo ser rápido e não fazer perguntas que possam abalá-lo.

Graziela hesitou, mas assentiu. Chamou o filho e pouco depois Renan apareceu. Fisicamente não se parecia com a mãe, com exceção dos olhos.

— Então você é o grande Renan? — perguntou Nicolas.

— Sim. Só não sou grande.

— É amigo de Felipe?

— Eu era. Agora não sou mais. Ele morreu.

— É verdade, e todos nós estamos muito tristes com isso, não é? — vendo Renan assentir, Nicolas prosseguiu: — Você saberia me dizer se Felipe havia feito alguma coisa de errado na escola nos últimos dias?

— Ele foi para a diretoria na sexta-feira passada.

— É mesmo? Você sabe por quê?

— Sei. Ele chamou o professor Alex de bicha no meio da aula. Todo mundo deu risada, mas o professor ficou muito bravo e mandou o Felipe falar com a diretora — contou Renan, falando baixinho.

— E depois?

— Depois ele voltou para a sala de aula. Disse que a diretora ia dar uma suspensão para ele na próxima vez que ofendesse o professor.

— Ele parou de falar mal do professor Alex?

— Não. Depois do recreio ele... — Renan corou e olhou para a mãe. Não havia contado aquilo nem mesmo para ela. — Ele disse uma coisa muito feia para o professor.

— O que ele disse?

— Não posso falar. Dá vergonha — Renan enrubescia a cada instante.

— Não precisa ter vergonha de mim, porque sou seu amigo e ninguém vai saber dessa nossa conversa, tudo bem?

Renan assentiu. Olhou para a mãe novamente, que o fitava com curiosidade. Por fim, contou:

— Felipe se levantou e ficou em pé ao lado da mesa do professor. Aí ele... ele... colocou o... — timidamente, Renan tocou o órgão genital — para fora da calça na frente de todo mundo. Olhou para o professor e disse: "Quer pegar, professor? Eu sei que o senhor gosta disso".

— Meu Deus! — exclamou Graziela, horrorizada. — Não conhecia essa face de Felipe.

— E o que seu professor fez? — quis saber Nicolas. — Mandou que ele voltasse para a diretoria?

— Não. O professor o mandou levantar a calça e todo mundo riu de novo. Aí o professor abaixou a cabeça e chorou. Felipe foi se sentar na cadeira tranquilamente e a sala toda o aplaudiu por isso. Eu gosto do professor Alex, mas às vezes ele é meio chato. Depois a Roberta me contou o que o professor falou, mas eu não acreditei muito não.

— Quem é Roberta? O que ela lhe contou?

— É a menina que senta na primeira fileira, pertinho da mesa do professor. Ela disse que ouviu quando ele falou bem baixinho: "Uma praga dessa... só matando para dar sossego".

Graziela levou as mãos aos lábios. Nicolas não se alterou. Continuou fazendo perguntas, mas não obteve mais nenhuma informação interessante. Despediu-se, agradecendo a atenção de Graziela e de Renan. E, antes de sair, ele ouviu o menino perguntar:

— Seu Nicolas, o senhor acha que foi o professor Alex quem matou o Felipe?

— Eu não sei, meu amigo. Mas, assim que descobrir, prometo que venho lhe contar — garantiu Nicolas, sorrindo. Pouco depois, entrou em seu carro e partiu rumo ao centro da cidade.

Enquanto dirigia, ele se pegou pensando na repórter que apareceu na tevê quando ele estava almoçando. Ela tinha algo de especial, e talvez fossem seus olhos. Era como se ela convidasse as pessoas a olharem para ela, algo como um efeito hipnótico. Nicolas passaria um bom tempo olhando-a, se não estivesse tão atarefado.

Tentando desviar esses pensamentos, ele observou as pessoas caminhando tranquilas pelas ruas da cidade. Era possível que nem todos soubessem do crime? Quando a notícia de que uma criança foi estrangulada se espalhasse pela cidade, ele sabia que o pânico tomaria conta de todos os moradores. Por isso, sua intenção era omitir o máximo de informações à imprensa.

Paralelamente a isso, ele estava gostando de morar ali. Fez uma boa escolha, pois a cidade era tranquila. Não fosse o crime misterioso, aquele seria o lugar ideal para quem deseja sossego e descanso.

Enquanto estava parado em um semáforo, Nicolas olhou para o lado e viu que um jovem de agasalho e boné parecia estar prensando um senhor contra a parede. Os dois estavam muito perto um do outro e ele teve certeza de que estava presenciando um assalto.

Imediatamente desligou o carro, deixando-o no meio da rua, e saltou. Colocando a mão sobre o cabo do revólver na cintura, ele se aproximou devagar. O homem de agasalho estava de costas para ele. Nicolas viu quando o senhor de cabelos brancos o fitou por cima do ombro do rapaz, sem reagir.

Finalmente Nicolas sacou a arma e a encostou contra as costas do jovem. Sentiu-o estremecer e anunciou:

— Polícia! Solte a arma agora e mantenha as mãos onde eu possa vê-las.

O jovem virou o rosto e Nicolas, com certo espanto, viu que ele estava chorando. E, antes que pudesse fazer qualquer pergunta, viu a pistola que o velho pressionava contra a barriga do rapaz.

— Policial, se não abaixar essa arma — disse o velho —, vou estourar a barriga desse garoto.

Nicolas olhou friamente para o velho, enquanto procurava compreender a situação. De fato, era um assalto, mas ele julgou aquela cena de forma errada. Como poderia imaginar que o velho de cabeça branca estava assaltando o adolescente?

— Tire a arma da barriga dele e ninguém vai se machucar — ordenou Nicolas, sem soltar a própria arma.

— Você não sabe de nada — resmungou o assaltante. — Solte você a sua arma, senão vou atirar.

Nicolas recuou um passo e lentamente colocou o revólver no chão, de maneira que o velho pudesse ver. Quando voltou a se erguer, o assaltante idoso empurrou o adolescente e o mandou correr, enquanto apontava sua pistola para a cabeça de Nicolas.

— Passe sua grana, babaca, se não quiser levar chumbo grosso.

— Está bem, vou entregar o dinheiro que tenho — disse Nicolas, arregalando os olhos azuis como se estivesse apavorado.

— Se tentar pegar outra arma, mando bala — o velho sorriu e Nicolas contou apenas quatro dentes em sua boca.

Nicolas apanhou a carteira e abriu o zíper lentamente, enquanto se aproximava devagar do assaltante. Quando o velho viu as notas, os olhos brilharam de cobiça. Em um gesto rápido, ele baixou a arma, enquanto tirava a carteira das mãos do investigador.

— Nunca roubei um policial. Haha — riu ele.

O velho mal teve tempo de entender o que aconteceu em seguida. Nicolas movimentou o braço esquerdo para a frente e segurou a mão armada do assaltante, tirando a pistola de entre seus dedos com facilidade. O velho gritou furioso e tentou arranhar Nicolas no rosto, mas o investigador apenas o empurrou contra a parede.

— Vou chamar a patrulha. Se tentar alguma besteira, arranco seus últimos quatro dentes num tapa — prometeu Nicolas, recuperando a carteira das mãos do ladrão.

Ele apanhou o rádio no exato instante em que o velho fechava a mão em punho e a direcionava contra a boca dele. Errou o alvo, porém Nicolas o segurou pelo punho esquelético e o torceu. O velhinho gritou.

— Que coisa feia! Um homem na sua idade brincando de ser bandido — recriminou Nicolas, enquanto fazia contato pelo rádio.

— Solte meu punho — gemeu o velho.

— Quem está falando é o investigador Nicolas Bartole — avisou ele pelo rádio. — Estou com um... velho assaltante. Já apreendi sua arma e preciso de uma viatura que o leve à delegacia.

Nicolas informou sua localização e em menos de três minutos uma patrulha dobrou o quarteirão e dela desceram dois soldados.

Após mostrar seu distintivo, Nicolas ordenou:

— Levem o velhote. Ele estava cansado da liberdade. A pistola estava com ele.

— Seu vagabundo! — xingou o assaltante. — Por que não vai se ferrar?

— E acrescentem desacato a um policial em sua lista de acusações — lembrou Nicolas.

Os policiais algemaram o velhinho e o colocaram atrás da viatura, que partiu logo em seguida com as sirenes ligadas.

Nicolas retornou para seu carro, após ter pegado de volta sua arma, e deu partida. Ele era investigador policial de casos relacionados a homicídios e não fazia parte de suas tarefas deter falsários e gatunos pelas ruas. Mas, por ser um homem que tinha como lema principal manter a ordem e a justiça, não pôde resistir. Era um ladrão a menos nas ruas.

Mais tranquilo, ele ligou o rádio do carro, escolheu uma música pop e seguiu para o centro, à procura da floricultura de Thierry, o namorado do professor Alex.

Capítulo 6

O grande letreiro em neon anunciava o nome da floricultura: *Que amores de flores*. Nicolas estacionou seu carro do outro lado da calçada e adentrou o estabelecimento. No mesmo instante, uma profusão de aromas e cores invadiu suas narinas e alegrou seus olhos. Ele nunca tinha visto tantas espécies de flores e plantas reunidas em um só local e acreditou que o Jardim Botânico teria um grande concorrente ali. Viu uma jovem loira sentada em uma banqueta alta.

Aproximou-se dela e sorriu. A loira suspirou com seu sorriso e olhou-o atentamente.

— Boa tarde! Deseja ver nossas flores, senhor?

— Boa tarde, senhorita! Na verdade, eu vim falar com o dono da floricultura. Seu nome é Thierry, não é?

A loira assentiu, enquanto suspirava decepcionada. Se o bonitão tinha ido ver seu patrão, então provavelmente também era gay.

— E o senhor é...?

— Nicolas Bartole, investigador de polícia — identificou-se ele, apresentando o distintivo.

A moça assentiu novamente e pediu licença para chamar o patrão. Enquanto aguardava, Nicolas observou as variadas espécies de flores dispostas em arranjos e em vasos exóticos.

Ouviu passinhos miúdos se aproximando e virou-se para olhar. Esperava que uma pessoa que namorasse o professor Alex fosse tão discreta quanto ele. Por isso, nunca imaginou encontrar a figura que surgiu diante dele.

Thierry era tão loiro quanto possível. Seus cabelos ondulados quase tocavam seus ombros. Aparentava cerca de trinta anos e o que mais chamava atenção era o traje que usava.

Ele estava todo vestido de branco e rosa, com uma echarpe laranja combinando com os óculos de mesma cor. Sobre os ombros do casaco branco, havia pequenas flores coladas, que pareciam ser antúrios avermelhados. Usava uma faixa laranja na cintura, cujas pontas chegavam quase até seus pés. Os sapatos eram brancos, com pequenos detalhes floridos na cor rosa. O perfume floral que usava se misturou aos odores das flores.

— Polícia? — ele gritou e levou a mão ao peito. — O que a polícia quer comigo? Não fiz nada de errado.

— Vim aqui para falar sobre Alex — explicou Nicolas.

— Alex? Oh! Meu santinho... — Thierry rodopiou num giro de trezentos e sessenta graus e a echarpe laranja rodou junto. — O que houve com ele? Foi assaltado, ferido, atropelado, esfaqueado? Não posso crer.

— Não, senhor. Alex está bem. Foi ele quem o indicou. Preciso de algumas informações.

— Que tipo de informações? — Thierry baixou rapidamente os óculos laranja, fitou Nicolas melhor e recolocou os óculos no lugar.

— Precisamos conversar a sós — pediu Nicolas, olhando para a moça loira que o atendeu.

— Sim, vamos lá para dentro. Zilá, por gentileza, tome conta de tudo, sim?

Zilá sorriu e concordou com a cabeça, sem conseguir tirar os olhos de Nicolas. Se ele não tivesse namorada e quisesse esperá-la após as seis...

Nicolas seguiu Thierry por um corredor em que se viam plantas e flores por todas as direções. Finalmente, o florista mandou que ele se sentasse em um enorme sofá, tão amarelo que quase as vistas ardiam.

— Bebe alguma coisa?

— Um copo de água com gás, se tiver — pediu Nicolas.

Thierry abriu um frigobar prateado e apanhou uma garrafa de água, que serviu em dois copos e estendeu um para o investigador.

— Pode me dizer o que quer de mim? Já estou sentindo o ar me faltar — anunciou Thierry com voz afetada.

— Estive conversando com Alex durante a manhã. Como deve ser do seu conhecimento, uma criança foi assassinada no início da noite de ontem. Trata-se de Felipe de Lima, aluno de Alex. Ele me contou que houve uma noite em que o senhor e ele estavam... em momentos íntimos quando foram vistos por esse garoto e que ele começou a zombar do que viu. O senhor confirma essa versão?

— Sim, sim, sim — Thierry sacudiu a cabeça e os cabelos loiros se moveram para todos os lados. — Aquele menino empesteado jogou a bola na minha cabeça, que ficou latejando por vários dias, apesar dos analgésicos que tomei. Alex e eu não fazíamos nada de errado. Além disso, estávamos ocultos atrás das árvores. Nem deveríamos estar ocultos. Se um casal heterossexual pode se beijar em uma praça pública, por que um casal homossexual não pode?

— Prefiro me manter neutro quanto à sua pergunta, tudo bem?

— Claro. Isso porque o senhor tem medo de dizer que é preconceituoso. Essa conversa sobre preconceito contra homossexuais está me nauseando. Sinto meu estômago dando diversas voltinhas — preocupado, Thierry levou as mãos cobertas de anéis até a barriga.

— E foi esse menino que morreu? Esse tal de Felipe? Se está morto, não vai dar trabalho a mais ninguém.

— É assim que pensa, senhor Thierry?

— É isso mesmo, e não me chame de senhor, porque me sinto um vovozinho. Mal cheguei aos trinta e um. Menino ruim aquele, nem merecia continuar vivo.

— É relativamente complicado lidarmos com uma situação como essa, considerando o fato de que o próprio Alex disse que teria motivos para se vingar de Felipe, embora tenha alegado que nunca o mataria.

— Ah, isso não — Thierry tomou um gole da água gaseificada. — Alex é como um bombom no verão, ou seja, derrete à toa. Nunca faria mal nem mesmo a uma mariposa, quanto mais a um ser humano.

— Há quanto tempo vocês estão juntos?

— Bem... — Thierry tirou os óculos, revelando que tinha olhos esverdeados. Pôs-se a somar nos dedos, enquanto murmurava baixinho. Por fim, sorriu: — Faz dois meses no domingo — e concluiu: — Eu e Alex merecemos a felicidade. Infelizmente, tem gente que não nos respeita, como esse garoto... Isso não quer dizer que eu, ou ele, teria coragem de estrangular o garoto.

Nicolas permaneceu em silêncio por alguns instantes. Por fim, comentou com voz pausada:

— Não contei ao senhor que Felipe morreu estrangulado. E agora há pouco me pareceu que o senhor nem sabia ao certo quem era a vítima.

Thierry encarou Nicolas e começou a se abanar usando as mãos.

— Eu ouvi comentários sobre isso. Oh! Meu santinho, está me dando taquicardia e falta de ar. Minha pressão está caindo ou subindo, sei lá. Zilá, acuda-me. Zilááá...

A assistente surgiu correndo, já com um copo de água nas mãos e comprimidos amarelos, que Thierry engoliu de uma só vez.

— Se eu tiver um piripaque e cair no meu piso de mármore italiano, o senhor não terá sossego na vida. Vou puxar seu pé à noite — ele lançou um olhar de revés para Nicolas. — Isso se eu não puxar outra coisa!

Nicolas virou o rosto para disfarçar o riso. Aquele cara era mesmo uma figura. No entanto, relacionava-se com o suspeito número um do caso.

— Vamos fazer o seguinte: irei embora para que possa se recompor. Telefonarei para marcar outro horário em que o senhor possa me atender e me explicar melhor como obteve informações referentes ao assassinato de Felipe.

— Tudo bem. Se eu caí em contradição, a culpa foi sua, que ficou falando em meus ouvidos delicados. Não vou dormir esta noite de tanta preocupação. Zilá, prepare um chá de camomila para mim imediatamente. E adicione gotas de valeriana. Estou ficando mais zonzo a cada segundo que passa.

Zilá entregou a Nicolas um cartão da floricultura e tentou sorrir de forma sedutora, sem ser notada. O investigador se despediu de Thierry e retornou ao carro. Dali partiu direto para a delegacia. Talvez Oswaldo tivesse novidades.

Nicolas chegou à delegacia e logo foi informado de que Oswaldo e Mike ainda não tinham retornado. Trancou-se em sua sala e pôs-se a escrever algumas conclusões sobre o caso. Claro que Alex liderava a lista de suspeitos, mas, pelos mesmos motivos, Thierry também poderia ter cometido o crime. Havia ainda a possibilidade de que eles tivessem contratado uma pessoa para fazer o trabalho.

Logo abaixo dos nomes deles vinha o do coordenador João. O homem era esquisito e assustadiço. Parecia temer a polícia. Nicolas anotou no papel um lembrete para não se esquecer de vasculhar a vida dele. E acrescentou também o nome da diretora Sheila.

Ele continuava com suas anotações quando escutou vozes alteradas do lado de fora da sala. A princípio, nem prestou atenção, acreditando que fosse algum ladrão detido, que chegou botando banca na delegacia. Havia muitos tipos assim.

Contudo, quando Nicolas identificou uma vez feminina, ficou mais atento. Sua atenção redobrou quando ouviu seu nome ser mencionado. A voz feminina dizia:

— A ditadura militar acabou faz muito tempo e hoje temos algo chamado liberdade de expressão. A imprensa deve divulgar todo tipo de informação para que as pessoas saibam o que está acontecendo à sua volta. E você vem me proibir de falar com o investigador Nicolas Bartole? Quero ver se não falo com ele!

Nicolas se levantou da cadeira no exato momento em que batidas vigorosas soaram em sua porta. Ele a abriu e a mulher invadiu a sala, rápida como uma atleta. Antes que ela se virasse, ele, vendo-a de costas, já sabia que se tratava da repórter que viu na tevê. Como ela se chamava mesmo?

Ela se virou e, pela expressão de seu rosto, parecia muito irritada. Quando fixou seus olhos nos dele, tudo mudou completamente.

Nicolas, por alguns instantes, esqueceu-se de tudo: do caso, das testemunhas, dos suspeitos, de onde estava. Era como se nada mais existisse no mundo a não ser os olhos amendoados que o observavam fixamente. E a sensação que sentiu quando a viu pela tevê voltou com força redobrada. Realmente parecia que ela tinha o dom de hipnotizar as pessoas.

Ela era ainda mais linda de perto. A pele alva, o rosto redondo e bonito, os cabelos pretos e lisos cortados rentes à nuca e repicados em pontas de todos os tamanhos. Embora estivessem no mês de junho, ela usava um vestido branco, de verão, que ia até os joelhos. Usava uma correntinha de prata com um pingente de crucifixo que ficava estrategicamente entre seus seios.

Miah Fiorentino também não conseguia desgrudar os olhos de Nicolas. Nunca o tinha visto antes, ou se lembraria daqueles olhos azuis escuros, dos cabelos castanhos cortados muito rentes, com máquina dois, os braços fortes e poderosos, o queixo quadrado e másculo, a cicatriz quase invisível próxima ao lábio inferior.

Parecia que os dois estavam paralisados, olhando um para o outro incessantemente. Foi Miah a primeira a reagir:

— Você só pode ser Nicolas Bartole.

Ele não respondeu e olhou para o crucifixo. Ela acompanhou seu olhar e ficou levemente ruborizada.

— O que está olhando aqui? — perguntou e tentou fechar um pouco o decote.

— Eu... estava vendo a cruz.

— Sei. Você é Nicolas, correto?

— Nicolas Bartole, investigador de polícia — respondeu ele.

— Quanto formalismo! Eu me chamo Miah Fiorentino e sou repórter do Canal local. Vim até aqui para que você me conceda uma entrevista contando sobre o andamento do caso Felipe de Lima.

— Que tal dizer que quer um autógrafo meu em seu braço só para completar suas exigências?

— Muito engraçado. Meu operador de câmera, o Ed, está aí fora. A entrevista será gravada aqui mesmo em sua sala ou tem algum lugar melhor?

— Um momentinho. Eu acho que perdi a parte em que eu diria que nenhum tipo de entrevista sobre esse caso está sendo concedida à imprensa.

— Ah, deixa disso. Sabe que divulgar o andamento do caso mantém a população informada e o receio de todos pode diminuir — sorriu Miah, mostrando os belos dentes.

— Ou aumentar — lembrou Nicolas, baixando o olhar para a barriga da repórter. — Além disso, não quero espantar o assassino. Informações sobre o andamento do caso podem levá-lo a desaparecer.

— Com isso você quer dizer que o assassino ainda está na cidade? Acredita que seja um morador daqui ou uma pessoa vinda de fora? Pode nos adiantar os nomes dos principais suspeitos?

— Acho que a senhorita não entendeu. Todas as informações estão bloqueadas para a imprensa. Além disso, peço-lhe a gentileza de que desligue seu gravador. Eu poderia prendê-la por gravar esta conversa sem minha prévia autorização.

— Que gravador? — perguntou Miah com ar inocente, levantando as mãos vazias. — Não tenho nada aqui.

— O que é isso em sua barriga? — ele indicou o pequeno volume quase imperceptível que se comprimia contra o tecido branco do vestido dela na altura de seu estômago.

— Mas isso não é... — as palavras morreram nos lábios vermelhos dela. Sabendo ser inútil mentir para um investigador de polícia e disposta a evitar problemas, ela enfiou a mão pelo decote e apanhou o pequeno gravador de voz que tinha fixado em sua pele, por dentro da roupa. — Como você viu? — perguntou ela, indignada com a astúcia de Nicolas.

— Sete anos na polícia me fazem ter visão clínica — respondeu ele, gabando-se de sua esperteza e boa visão, enquanto apanhava o gravador das mãos de Miah. — Da próxima vez que a senhorita tentar gravar uma conversa minha às escondidas, vou colocá-la atrás das grades, tenha certeza disso.

Durante alguns segundos, Miah hesitou, sem saber o que fazer ou dizer. Por fim, perguntou se poderia chamar o câmera para que ele gravasse uma entrevista, mas Nicolas se negou novamente.

— Você está tolhendo a liberdade de imprensa — recriminou Miah, cruzando os braços com evidente irritação.

— E a senhorita está atrapalhando meu trabalho. Agora, se não temos mais nada a tratar, peço-lhe que me deixe sozinho — ele contornou a mesa, sentou-se e continuou a estudar suas anotações, fingindo estar mal-humorado, quando, na verdade, estava deliciado com a presença da lindíssima repórter. Ao levantar o olhar, viu que Miah continuava parada no mesmo lugar, fitando-o.

— Esqueceu alguma coisa?

— Sim — ela sorriu. — A sua entrevista.

Capítulo 7

Nicolas ainda sorria quando se encontrou com Oswaldo a fim de saber as novidades. Pensava em Miah e em sua insistência em entrevistá-lo. Teve muito trabalho para convencê-la a se retirar de sua sala e da delegacia, e só conseguiu fazê-lo depois de lhe prometer que ela seria chamada antes de qualquer outro repórter quando ele tivesse alguma informação que pudesse ser compartilhada publicamente.

Oswaldo, que já o aguardava sentado, indicou-lhe uma cadeira. Miah disse algo interessante sobre o qual ele ainda não havia pensado: a possibilidade de o assassino ser um turista. Se o assassino realmente for de outra cidade, tudo se tornará mil vezes mais complicado.

Preocupado, ele contou a Oswaldo sobre a visita de Miah e sobre a questão da localização do assassino. Finalizou:

— Se o criminoso não mora na cidade, ficamos praticamente de mãos atadas. Por outro lado, por que alguém recém-chegado à cidade desejaria matar um inocente garoto de nove anos?

— Não sei. Quanto mais penso nesse caso, mais difícil fica. Digo isso pela falta de prática em minhas rotinas habituais. Nunca houve nada assim aqui desde que comecei a trabalhar como delegado — Oswaldo meneou a cabeça e acrescentou: — Para dizer a verdade, estou totalmente desnorteado. Não sei por onde começar, Bartole.

— Vamos começar unindo as informações do nosso dia. O que conseguiu?

— Bem, eu estive na oficina em que o pai de Felipe trabalha como mecânico, mas por lá o cara está mais limpo do que a consciência de um bebê. Como eu disse, não tenho muita experiência com homicídios e custo a crer que os pais de Felipe estejam envolvidos.

— Instintivamente também não acredito nisso, e meus instintos não costumam falhar. Sabe, Oswaldo, não gosto de julgar as pessoas, porque posso estar errado. Contudo, ainda acredito que a resposta deste caso esteja dentro da própria escola em que Felipe estudava.

— Será? Bom, para evitar divagações, vou começar a pesquisar um pouco sobre a vida de toda aquela turma, principalmente das que você destacou aqui — avisou Oswaldo, olhando as anotações que Nicolas escreveu e lhe entregou. — Tomara que eu dê sorte. Preciso mostrar a você que, embora eu seja meio inexperiente nesses assuntos, também posso esclarecer um caso complexo como este.

Nicolas riu e pouco depois voltou para sua sala. Trabalhou até o fim da tarde, mas não conseguiu conversar de novo com o delegado para saber se ele havia apurado mais alguma coisa, porque Oswaldo estava interrogando uma mulher que disse ter apanhado do marido bêbado. Como a noite já se anunciava, ele seguiu para o apartamento.

Assim que entrou, foi direto para o chuveiro. Tomou um banho longo e morno e, enquanto se secava, viu a gata angorá entrar no banheiro sorrateiramente. Ela subiu na tampa do vaso sanitário e jogou no chão úmido a cueca que Nicolas havia deixado lá. Irritado, ele encheu a mão com água e a atirou na gata. Érica, muito ágil, escapou do ataque sem receber nenhuma gota.

— Só um de nós dois poderá sobreviver nesta casa — reclamou Nicolas, falando com Érica, enquanto ia até o quarto apanhar outra cueca. — Só quero saber qual de nós vai destruir o outro primeiro.

Sua inimiga peluda o olhou zombeteiramente e pôs-se a lamber as patas como uma rainha tratando das mãos bem cuidadas. Por fim, ergueu a cabeça como se aceitasse o desafio.

Ele terminou de se enxugar e de se vestir. Estava com fome e esquentou uma comida simples no micro--ondas. Quando terminou seu modesto jantar, lavou as louças, secou tudo e foi escovar os dentes. Arrumou a cama, limpou as duas caixinhas de areia de Érica, conferiu sua ração e voltou ao quarto. O dia foi longo, ele estava bastante cansado e desejava dormir mais cedo. Quando estava prestes a se deitar, o telefone tocou.

Ele pensou em não atender, temendo que fosse sua mãe perguntando se o que ele jantou era nutritivo. Porém, sentindo que deveria atender à ligação, ele tirou o fone do gancho.

— Alô?

— Bartole, você não vai acreditar no que eu tenho aqui.

— Oswaldo? — Nicolas quis confirmar, pois a voz do delegado estava meio abafada.

— O próprio. Lembra-se daquelas pesquisas que eu disse que faria? Pois bem, estou com os resultados em mãos. E aposto que você vai adorar saber das novidades.

— Com certeza. O que descobriu? — Nicolas estava curioso.

— Aí vai. Sabe nossa querida Sheila Arruda, a diretora? Por volta de 1994, ela foi casada com um cara que a decepcionou muito. Na verdade, um decepcionou o outro.

— Como assim, Oswaldo? Não estou entendendo.

— Eles se divorciaram. Não conseguiram levar o casamento muito longe. Segundo pude apurar, Sheila tinha forte tendência a agressões.

— Ela o agredia?

— Agora é que vem a parte boa: Sheila era violenta com crianças. Ela espancou um sobrinho, filho da irmã dela, que foi parar no hospital. A irmã a denunciou para a polícia e Sheila foi presa. Um bom advogado a tirou da prisão depois de pagar fiança. Em seguida, ela agrediu outras duas crianças e foi presa novamente. Passou um ano no xadrez.

— Isso aconteceu aqui na cidade?

— Não. Sheila e o marido não moravam aqui. Eles vieram de Campinas, que fica bem próximo da capital paulista.

— E será que foi por isso que o marido quis se separar dela?

— Calma, Bartole, que a história vai ficar ainda melhor. Se Sheila era uma mulher que agredia crianças, o marido também não ficava muito atrás. Ele também tem duas passagens pela polícia. Em ambas foi acusado de pedofilia, mas, como nada foi provado, ele escapou ileso. O que acha desse casal, Bartole?

— Simpáticos, mas não os convidaria para almoçar em minha casa. A pergunta é: como uma mulher violenta, casada com um cara suspeito de pedofilia, conseguiu comprar uma escola e atuar como diretora?

— Sheila tem magistério e acredito que isso tenha facilitado sua função de diretora. Além disso, ainda tenho outra novidade para encerrar este assunto com chave de ouro. Você ganhará um beijo na bochecha se descobrir quem era o marido dela — tornou Oswaldo, sua voz ainda mais excitada.

Nicolas pensou um pouco e uma ideia sombria o acometeu.

— Não me diga que é o João.

— Exatamente. João Menezes, o coordenador da escola que Sheila dirige, foi seu marido. Ele é o acusado de pedofilia, e a esposa agrediu, além do próprio sobrinho, outras duas crianças. Que tal?

— Oswaldo, estava indo dormir, mas essa notícia me tirou todo o sono. Como você conseguiu descobrir tudo isso?

— Tenho um amigo na Corregedoria em São Paulo que me facilitou as coisas por telefone. Acredito que, se continuarmos por este caminho, vamos fechar esse caso mais rápido do que pensamos.

— É o que espero, Oswaldo. Amanhã teremos muito o que conversar sobre isso — garantiu Nicolas, despedindo-se do delegado e desligando o telefone em seguida.

Com aquelas informações, as suspeitas que pairavam sobre o professor Alex se desanuviariam temporariamente, já que novos personagens entravam em cena agora. Nicolas sabia que era preciso fechar o cerco o quanto antes, pois a pessoa responsável pelo crime poderia ainda estar na cidade.

E essa pessoa estava na cidade, em casa, a menos de cinco quarteirões do apartamento de Nicolas. Naquele momento, refletia sobre o que tinha acontecido desde que matou Felipe de Lima.

"Eu não queria que isso tivesse acontecido, mas não tive outra opção. Nunca imaginei que um dia fosse tirar a vida de uma criança por minha própria vontade, nem mesmo nos momentos de raiva e irritação. Sei que o que fiz foi muito errado, mas não existia outro jeito. E, agora que já está feito, de nada vai adiantar eu me lamentar.

Por outro lado, nunca senti essa sensação tão inusitada que é escolher se uma pessoa vive ou morre. Quando minhas mãos se fecharam em volta da garganta dele, minha mente ficou vazia e meu corpo foi invadido por uma sensação de... poder. Sim, eu me senti como se fosse Deus, brincando com a vida daquele menino. Nunca vou me esquecer daqueles breves segundos em que eu estava no comando.

O que realmente me interessou foi a idade dele. Nove anos. É uma idade perfeita, assim como o crime foi perfeito. Isso significa nove anos a menos no cronômetro da minha vida. Nove anos mais jovem, a caminho do meu objetivo final."

Sua mente relaxou por instantes, enquanto tomava um gole de vinho. Nem notou que a mão que segurava o copo tremia levemente, talvez de emoção ou puro nervosismo incontido.

"Agora, preciso continuar agindo normalmente para não levantar suspeitas. Se eu tivesse acabado com o menino alguns meses antes, tenho certeza de que o crime jamais seria descoberto. Por outro lado, tudo tem seu momento certo para acontecer e teve de ser naquele dia, com aquela criança, daquela forma. Nada pode ser feito quanto a isso.

Meu único empecilho será Nicolas Bartole. Houve um momento em que ele fitou meus olhos atentamente e eu pude jurar que ele viu ali toda a verdade. E mal contive o alívio quando ele continuou conversando normalmente, sem nada ter percebido. Notei que ele é um homem muito astuto, portanto, terei de agir com cautela.

Se, por via das dúvidas, ele descobrir que eu matei o menino, então não me restará outra opção, embora isso não esteja nos meus planos: terei de eliminar Nicolas Bartole também."

Capítulo 8

O dia seguinte transcorreu tão rapidamente para Nicolas que, quando ele se deu conta a noite já estava se aproximando.

Foi um dia importante, pois ele repassou com Oswaldo todas as informações que o delegado conseguiu com seu amigo da Corregedoria sobre Sheila e João. Ao que tudo indicava, Sheila era uma mulher que se descontrolava facilmente e descontava sua ira em seus alvos preferidos: as crianças. Foi presa duas vezes por isso. Já seu ex-marido, João, foi acusado de pedofilia, mas nunca houve provas concretas que pudessem incriminá-lo e, por isso, ele nunca foi detido.

Agora, parecia que os dois uniram suas forças para comprar uma escola. Nicolas não sabia se eles teriam retomado a antiga relação nem a real causa do divórcio deles, se é que eles realmente haviam se divorciado. Tudo o que Oswaldo conseguiu apurar foi que Sheila tinha dado entrada no pedido de divórcio. O que aconteceu depois disso, Nicolas pretendia descobrir.

Ele almoçou na delegacia e quase não conversou com ninguém além de Oswaldo. Apenas Mike, o gigantesco policial, apareceu em sua sala, contou algumas piadinhas e, quando percebeu que Nicolas estava concentrado no trabalho, retirou-se depressa.

Quando Nicolas chegou em seu apartamento, o relógio já marcava sete e meia da noite. Ele decidiu que no dia seguinte, uma sexta-feira, faria outra visita à escola de Sheila. Pretendia colocar os dois, João e Sheila, contra a parede, além de ver se conseguiria arrancar mais alguma informação do professor Alex.

Ligou a tevê e a sintonizou em um canal que exibia um jornal policial. Imediatamente desligou o aparelho. Não estava interessado em saber de outros crimes quando tinha um para ser resolvido. Érica saltou sobre a tevê e olhou para ele com cara feia. Nicolas sorriu e ligou o aparelho novamente, colocando o volume no máximo. A gata se assustou, eriçou os pelos e pulou para o sofá com agilidade.

— Peguei você, gata doida — riu Nicolas. — Ponto meu.

Érica o fuzilou com seus olhos azuis e seguiu para a cozinha. Ele colocou sua arma na gaveta da cômoda e despiu a camisa no exato instante em que um objeto de vidro se quebrou na cozinha. Bufando, ele entrou no cômodo a tempo de ver Érica olhando para o copo de cristal em que Nicolas sempre bebia seu suco antes de se deitar. A gata o olhou e um brilho de vingança surgiu em seu olhar.

— Você me odeia mesmo. Agora estamos empatados. Vamos ver quem vai marcar o segundo ponto primeiro — disse Nicolas, olhando para Érica com raiva.

A gata lambeu as costas, saltou sobre a cadeira da mesa e se ajeitou para dormir. O interfone tocou.

— Pronto? — atendeu Nicolas.

— Senhor Nicolas, tem uma moça aqui que deseja subir — informou o porteiro.

— Como ela se chama? — ele perguntou, tentando imaginar de quem se tratava.

— É a repórter do Canal local — o porteiro baixou o tom de voz e emendou: — Confesso que de perto ela é ainda mais bonita.

— O que ela quer comigo?

— Disse que tem algo importante para lhe falar sobre o assassinato lá na ladeira. Crime bárbaro aquele, não?

— Ela está sozinha ou o ajudante dela veio junto?

— Está sozinha.

— Tudo bem. Pode deixá-la subir.

Embora Nicolas estivesse irritado com a insistência de Miah, sentiu o coração bater mais rápido com a ideia de vê-la novamente. Nem se lembrava de quando ficara tão animado por causa de uma mulher. Não que estivesse interessado nela...

A campainha soou com insistência e ele correu para a porta, enquanto pensava se deveria borrifar umas gotas de colônia em si mesmo, embora nem houvesse tomado banho ainda.

Quando abriu a porta, ambos se fitaram atentamente, admirados com a beleza um do outro. Nicolas não podia deixar de admitir que Miah estava mais bonita do que no dia anterior. Usava calça jeans e blusa azul escura. Os cabelos pretos com pontas desniveladas combinavam com a bolsa de couro preto que trazia a tiracolo. O colar com o crucifixo estava posicionado no centro do seu peito. Usava um perfume delicado e feminino como ela.

Miah também avaliava Nicolas com satisfação. Ele era uns quinze centímetros mais alto que ela e a observava com seus olhos azuis, escuros como um céu sem estrelas. Usava apenas calça jeans, o torso despido. Miah avaliou seus músculos com indisfarçável curiosidade.

— Deveria vestir uma camiseta para atender às visitas, sabia? — sugeriu Miah, embora estivesse satisfeita com o que via.

— Não quando as visitas surgem sem avisar. O que deseja?

— Não vai me deixar entrar? Prometo ser rápida. Não podemos conversar aqui no corredor.

Ele lhe cedeu passagem e Miah entrou no apartamento, olhando para todos os lados. Nicolas reparou novamente no quanto ela era bonita. Uma pena que estivesse ali somente a trabalho.

— Nunca estive no apartamento de um investigador de polícia. Não imaginava que fosse assim.

— E o que você imaginava encontrar? — ele perguntou, mal contendo a vontade de tomá-la nos braços e enchê-la de beijos. Embora estivesse assustado com esse sentimento, não procurou evitá-lo.

— Sei lá. Quadros militares, armas fixadas nas paredes, aparelhos de espionagem de última tecnologia... Mas o que vejo aqui é um apartamento comum, além de um homem comum e seminu.

Nicolas sorriu, sem conseguir tirar os olhos dos lábios vermelhos e carnudos de Miah. Procurando conter os impulsos, ele desviou o olhar.

— Bem, como sou uma pessoa ocupada e creio que a senhorita também seja, vamos começar logo nossa conversa. Sente-se. Quer tomar alguma coisa?

— Vinho, por favor. Se tiver tinto, eu prefiro.

Nicolas não respondeu e foi ao bar para servi-la. Encheu apenas uma taça, pois queria estar com a mente limpa para trabalhar durante o restante da noite. Quando se virou para Miah, viu Érica, sorrateira, aproximando-se da visitante.

— Cuidado com essa gata! Ela não é de confiança, por isso não toque nela. É ruim como o diabo, capaz de botar um pitbull para correr com apenas uma unhada.

Miah sorriu e esticou a mão para acariciar a cabeça da gata, contrariando a ordem de Nicolas. E, para o espanto dele, Érica se esfregou na mão de Miah e se pôs a ronronar.

— Essa gata tem sangue de terrorista nas veias. Ela odeia todo mundo. Como pode ter gostado de você?

— Somos mulheres, querido, e mulheres se entendem — atalhou Miah, sorrindo. — Aliás, se você não gosta dela, por que a mantém com você?

— Porque ela é da minha mãe. Como meus irmãos não queriam cuidar dela, minha mãe me obrigou a trazê-la comigo, quando vim do Rio de Janeiro para cá. Quando eu voltar ao Rio, vou levá-la de volta. Todos os dias travamos uma pequena guerra aqui dentro. Não vai dar certo convivermos.

— Ah, dá certo, sim. Basta você se adaptar a ela — vendo Nicolas fitá-la boquiaberto, Miah sorriu de novo. Apanhou a taça de vinho que ele lhe ofereceu e bebeu um pequeno gole. — Na verdade, vim aqui por outro motivo.

— Você disse ao porteiro que tinha algo a me dizer sobre o crime.

— Eu menti — confessou Miah com tranquilidade. — Estou aqui para conseguir uma entrevista pessoal, a mesma que não consegui ontem.

Nicolas mal soube o que lhe responder. Já tinha visto muitas pessoas caras de pau, mas aquela jornalista batia todos os recordes. Será que ela não entendeu que ele estava proibido de comentar o caso com a imprensa? Ou será que usou aquilo apenas como pretexto para vê-lo? Ele achou a segunda hipótese muito mais tentadora.

— Pedido negado. Não vou lhe conceder a entrevista. Sendo assim, peço-lhe que termine de beber seu vinho e tenha uma boa noite.

Miah continuou olhando-o. Érica pulou no sofá e se aconchegou no colo dela, como se fossem amigas íntimas. Ela terminou de beber o vinho e devolveu a taça a ele.

— Eu quero que você me responda apenas a algumas perguntinhas. Por favor, eu preciso me destacar com um furo de reportagem.

— Não.

— Se eu for ao ar com novas informações sobre o caso, as pessoas irão sintonizar suas TVs no Canal local e a audiência do programa subirá rapidinho. E com isso, claro, meu espaço lá dentro também. É uma questão de ajuda mútua. Prometo não revelar a fonte das minhas informações e, assim, evito comprometê-lo.

— Não.

— Olhe, se me ajudar, posso lhe dar algo em troca — prometeu Miah, fazendo a voz soar provocante.

O coração de Nicolas voltou a acelerar e ele perguntou:

— E o que você quer me dar?

Ansioso pela resposta, ele mal acreditou quando ela tirou do pescoço o cordão com o crucifixo e o estendeu a ele.

— O que eu faço com uma cruz? Quer que eu reze para que o assassino me procure e confesse o crime?

— Não — sorriu Miah. — Este crucifixo foi da minha bisavó e passou de geração a geração. Está com minha família há muitos anos e tem valor sentimental para mim. Esperava deixá-lo para minha filha, assim que eu tivesse uma. Como, neste momento, minha profissão tem mais valor do que este crucifixo, estou entregando-o a você. Se não quiser, repasse-o para alguém, doe-o para alguma igreja, sei lá. Sei que minha bisavó, que deve estar no céu, também ficará bastante satisfeita em saber que eu dei um bom destino ao seu crucifixo.

Nicolas virou a joia nas mãos. Estava tão bem conservada que parecia ser nova. As mulheres que o possuíram deviam ter sido bastante cuidadosas. Era uma peça pequena e pesada, toda prateada e com pequenas pedras azuis que a adornavam. Ele não entendia muito sobre joias, mas juraria que aquela cruz valia uma pequena fortuna.

Fitando os olhos amendoados de Miah, que mais pareciam duas gotas de mel, ele soube que seria injusto ficar com aquela peça que passou de geração a geração na família dela.

— Você venceu. Vou lhe dar algumas informações sobre o caso, mas você terá de me prometer que não revelará meu nome em momento algum. Também vou lhe devolver o crucifixo.

Um pequeno gravador surgiu nas mãos de Miah em uma velocidade assustadora, enquanto ela ampliava seu sorriso. A gata continuava acomodada em seu colo, e Miah parecia não se importar com a presença da felina.

— Tem a minha palavra. Não vou revelar minha fonte. No entanto, não precisa me devolver a cruz. É um presente que estou lhe dando. Funciona como uma troca. Você está agindo contra seus princípios me concedendo estas informações e eu estou fugindo da tradição da minha família lhe entregando essa cruz. Como nós dois quebramos regras, nada mais justo do que você ficar com meu presente.

Nicolas tornou a revirar o crucifixo nas mãos, que reluziu ao brilho da luz. Por fim, deu de ombros e guardou o crucifixo no bolso da calça. Sentou-se diante de Miah e lhe disse:

— Pode ligar seu gravador, mas repito: se me comprometer ou comprometer o meu trabalho, vou puni-la por isso.

— Já lhe disse que está tudo certo. Esta gravação será ouvida apenas por mim, prometo-lhe — Miah apertou um botão no aparelho e uma luzinha vermelha se acendeu. Ela posicionou o gravador perto de Nicolas e lhe indagou: — O que pode me dizer sobre o caso?

— O crime ainda é uma incógnita. Temos alguns suspeitos, mas ainda é muito cedo para afirmar algo com clareza.

— Então a vítima realmente era uma criança, já que não vazaram informações sobre o corpo?

— Sim. Seu nome era Felipe de Lima e tinha nove anos. Foi morto por estrangulamento. As causas são desconhecidas.

— Acredita que possa ter sido vingança?

— Nenhuma possibilidade pode ser descartada. No entanto, o que mais nos desorienta são os supostos motivos que o assassino teria para tirar a vida de uma criança inocente de forma tão violenta. Eu diria que ele via em Felipe uma forma de se vingar de alguém ou mesmo de alcançar algum propósito.

— Acha que o assassino estrangulou Felipe como forma de se vingar dos pais?

— Nossas pistas são poucas até agora. Tudo o que eu posso lhe dizer é que os pais de Felipe são, provavelmente, inocentes. Claro que eles poderiam ter inimigos que quisessem descontar alguma mágoa em seu único filho.

— Alguém em mente?

— Como eu disse, é muito cedo para afirmações.

— Pode me dizer qual seria seu próximo passo?

— Sinto muito. Essa informação não pode ser divulgada.

Miah assentiu e desligou o gravador. Aquilo era suficiente. Os canais concorrentes mal acreditariam quando ela fosse ao ar com informações tão exclusivas.

— A entrevista já terminou? — perguntou Nicolas.

— Sim. Não lhe disse que seria rápido?

Delicadamente, ela tirou Érica de seu colo e a gata pulou do sofá para o chão, olhando-a com adoração.

— Ela gostou de mim. Como se chama mesmo?

— Érica. Se quiser, pode levá-la para você.

— Eu até a levaria, mas, como ela pertence à sua mãe, será impossível — Miah sorriu e Nicolas lhe retribuiu o sorriso. Desta vez, foi ela quem sentiu o coração bater mais forte. — Você já ia dormir?

— Não. Ainda tenho algumas coisas para repassar. Por que a pergunta?

— Por nada. Obrigada pelas informações. Vou editar esta gravação e tentar levar as informações ao ar amanhã à noite, às oito horas. Se puder, assista ao programa, tá?

— Com certeza. Não perderia a oportunidade de vê-la — afirmou Nicolas, olhando-a fixamente.

Miah chegou mais perto, tocou em seu peito nu e aproximou o rosto, como se fosse beijá-lo. Em vez disso, rodou nos calcanhares e se despediu.

— Não vai mesmo levar seu crucifixo?

— Agora ele é seu. Minha finada bisavó ficará muito contente lá no céu, assim como minha avó e minha mãe também.

— Tomara que sim — tornou ele, ansioso por encostar seu rosto no dela. Miah seguiu para o elevador, que chegou em instantes. Ela acenou para Nicolas e a porta se fechou.

Ele sorriu consigo mesmo. Pela primeira vez se perguntou se haveria alguma possibilidade de se apaixonar novamente.

Miah, assim que saiu do prédio, entrou em seu carro. Guardou o gravador na bolsa como se fosse um tesouro precioso. Enquanto dava partida, pensava no crucifixo que deu a Nicolas e tentava se lembrar em que loja de bijuterias ela o adquirira.

Por volta das onze da noite, Nicolas se sentiu esgotado de tanto revisar as informações que possuía até o momento. Banhou-se rapidamente, comeu uma pera e colocou mais ração para Érica. Despiu-se e se deitou, a fim de relaxar o corpo. Programou o despertador na mesinha de cabeceira para tocar às seis da manhã.

Olhou para o crucifixo que Miah lhe deu e que colocou ao lado do relógio. Ainda pensava nela e na cruz quando o sono o venceu e ele finalmente adormeceu.

Capítulo 9

O cavaleiro galopava rapidamente em seu cavalo, tão negro quanto sua armadura, negro como o céu noturno e nublado. As árvores da floresta à sua volta passavam rapidamente, uma mistura de sombras, troncos e folhas. As ferraduras do cavalo levantavam poeira e folhas secas por onde passavam.

Ele parecia conhecer bem o caminho, desviando dos troncos grossos e resistentes das árvores mais velhas e fazendo seu cavalo saltar sobre as raízes mais altas. Não tinha tempo a perder. Era preciso agir e chegar ao seu destino o quanto antes.

Finalmente, o caminho estreito da floresta cedeu espaço a uma clareira ampla, porém escura. O cavaleiro não se deteve e continuou a toda brida rumo a uma casinha pequenina, feita de bambu e palha. Dava para ver através das fendas nas laterais que seu interior estava iluminado por uma tocha tremeluzente.

O cavaleiro reduziu a velocidade do seu cavalo, parando-o diante da porta da pequena residência. Saltou do cavalo e desembainhou a espada. Recuou um passo e chutou a porta violentamente, que, por ser muito frágil, se abriu sem dificuldades.

A parte interna da casinha era pequenina e o homem, auxiliado pela claridade da tocha, logo viu as três pessoas deitadas sobre palhas e fenos no chão, que lhes serviam como cama. Eram camponeses pobres e humildes. Havia duas meninas e um senhor, provavelmente o pai delas. Os três acordaram com o estrondo na porta e encararam o visitante com medo e apreensão.

— Quem é o senhor? — perguntou o pai das meninas, pálido e assustado, temendo pela segurança de suas filhas.

— Cale a boca, velho dos infernos — rugiu o cavaleiro mascarado. Então, sem piedade, e diante das meninas, ele golpeou o velho na garganta com sua espada pontiaguda, levando-o a cair sobre os fenos e as palhas em meio ao sangue que jorrava pelo ferimento aberto.

As meninas gritaram e se abraçaram. A mais velha aparentava cerca de treze anos e a outra mal chegava aos oito. Olhavam para o assustador cavaleiro de armadura, antevendo a morte próxima.

— Onde ela está escondida? — ele perguntou e sua voz rugiu como um trovão.

As garotas, apavoradas e encolhidas de medo e horror, não lhe responderam. O cavaleiro impiedoso se curvou e agarrou a menor delas pelos cabelos, fazendo a pequena garotinha gritar e gemer.

— Diga-me onde está a sua líder ou morrerá — ele exigiu.

A menina mais velha, tentando evitar que a irmã tivesse o mesmo destino do pai, morto ao seu lado, sussurrou:

— Ela seguiu para os campos, para o norte.

— Quando ela partiu?

— Há algumas horas. Não deve estar longe. E não está viajando sozinha.

O cavaleiro assentiu, parecendo satisfeito com a informação. Claro que aquelas duas meninas não precisariam ir para a fogueira, mas poderiam ter outro destino bastante interessante. A mais velha era bonita e ele podia ver, através da abertura do seu capacete, seus pequenos seios, que sobressaíam debaixo de seu corpete.

Imediatamente, soltou os cabelos da menor e agarrou a garota mais velha, que lhe deu as informações. Ela tentou gritar e reagir, mas ele a cutucou com a espada na barriga e ela se calou.

Com um puxão, ele rasgou o frágil tecido de suas vestes e a deixou inteiramente nua. Ela fechou os olhos de pavor e não viu o brilho de cobiça que surgiu nos olhos do estranho assassino. Ele mexeu no próprio traje e soltou uma parte da armadura, que caiu no chão com um ruído ameaçador. Com os órgãos genitais expostos, ele pressionou a menina contra o feno, montou sobre ela e a possuiu com violência e ferocidade, muito pior do que qualquer tipo de animal.

Quando se deu por satisfeito, virou o rosto para a pequena menina de sete anos, com o mesmo brilho de lascívia no olhar. A mais velha, percebendo sua intenção, embora estivesse terrivelmente dolorida e sangrando em demasia, tentou se oferecer novamente a ele, a fim de preservar a pureza e a castidade de sua irmãzinha. Entretanto, o cavaleiro apenas a empurrou com violência contra a parede de bambu.

Ele mal começou a possuir a pequena menina quando ela perdeu os sentidos por causa da dor que rasgava suas entranhas. Isso o deixou irritado e excitado ao mesmo tempo e intensificou seu estupro. Quando terminou com ela, a menina desabou no feno, como se estivesse morta.

Ele se levantou, ajeitou a armadura e ia se preparar para partir, quando teve uma ideia melhor. Viu a garota mais velha tentando acordar a menor e não hesitou. Movimentou a espada com um gesto brusco e certeiro, e a lâmina mortal atravessou o coração da jovem. Virou-se para a menor, ainda desmaiada, e cortou seu pescoço macio e delicado com a espada. Satisfeito, ele montou novamente em seu cavalo negro e partiu a todo galope, deixando os três corpos para trás.

Nicolas acordou sobressaltado, com o coração aos pulos e o suor escorrendo por todo o seu corpo. Acendeu a luz do abajur e consultou o relógio. Era uma hora da madrugada. Tentou dormir de novo, porém o sono não veio.

Atordoado e ainda assustado, ele se levantou e foi até a cozinha beber um copo de água. As imagens do sonho ainda estavam nítidas em sua mente, como se tivesse acabado de vê-las em um filme. Podia ver claramente a imagem do cavaleiro matando os três camponeses com sua espada, não sem antes ter estuprado as garotas, naturalmente virgens.

Que diabo de sonho era aquele? Jamais sonhou com algo assim em toda a sua vida. Era diferente de um pesadelo, do qual se acorda assustado, mas depois as imagens vão logo se desvanecendo. Aquilo foi tão real, tão nítido, que ele ainda podia ouvir a voz rouca e grave do cavaleiro e se lembrar dos olhares de horror das meninas.

Nicolas tomou um segundo copo de água, pois sentia a garganta seca, como se tivesse corrido. Seu coração ainda não tinha voltado à frequência cardíaca normal e o suor lhe molhava as costas e o rosto. Decidiu que tomaria um banho, já que pressentia que o sono não voltaria tão rápido.

Sob o chuveiro, chegou a uma conclusão: o que sonhou foi fruto de sua imaginação associado ao caso que estava investigando. Claro, só poderia ser isso. Violência contra crianças, estupro contra crianças, assassinato de crianças. Tudo tinha a ver, realmente. Sheila foi uma mulher violenta com crianças, seu ex-marido, João, era suspeito de pedofilia, e o assassino que estrangulou Felipe estava à solta nas ruas. Tudo estava relacionado ao caso. Portanto, tudo o que tinha a fazer era esquecer aquele sonho desconexo e tentar dormir, pois pretendia acordar descansado na manhã seguinte.

Mesmo assim, ele só pegou no sono por volta das três horas e ao acordar, às seis da manhã, sentia-se exausto e sonolento. Brigou contra o sono e contra a ideia de tomar outro banho. Tomou um rápido café da manhã, à base de frutas e suco natural. Arrumou-se, apanhou sua arma e partiu para a delegacia.

Durante o trajeto, a lembrança do sonho voltou à sua mente. A violência e a crueldade do cavaleiro deixaram-no tão abalado que parecia até que Nicolas o conhecia. Se aquilo tivesse acontecido nos dias atuais, ele moveria céus e terras para encontrar aquele criminoso e colocá-lo atrás das grades. Tudo o que podia fazer era lamentar o final triste daquelas garotas e de seu pai, todos inocentes.

Quando chegou à delegacia e saltou do seu carro, resolveu deixar o sonho de lado. Não poderia se preocupar com ele por ora, pois tinha outros assuntos mais urgentes a serem resolvidos.

Procurou por Oswaldo, mas o delegado ainda não havia chegado. No entanto, Mike, o espalhafatoso policial de pele negra, aproximou-se com dois copos de café nas mãos.

— Bom dia, Bartole! Este é seu — disse ele, estendendo um dos copos.

— Bom dia, Mike! Nosso delegado ainda não apareceu?

— Não, mas daqui a pouco ele estará aqui — Mike olhou fixamente para Nicolas e abriu um imenso sorriso, revelando dentes muito brancos. — Eu já soube da novidade, mas vou guardar segredo.

— Que novidade?

— Sobre a repórter Miah Fiorentino e o senhor.

Por um breve instante, Nicolas estremeceu. Será que Mike estava se referindo à entrevista anônima que ele concedeu a Miah em seu apartamento na noite anterior? Não! Era impossível que ele soubesse.

— Não entendi, policial.

— Ih! Quando o senhor me chama de policial é porque não estou agradando — sem perder o bom humor, Mike prosseguiu: — Soube que ela veio aqui na delegacia anteontem e entrou na sua sala. Os dois ficaram trancados como adolescentes no banheiro. Aposto que rolaram uns beijinhos, não? Ela tem uma boca que só de pensar...

— Policial, mais respeito — repreendeu Nicolas. — Não lhe dou o direito de ter intimidade comigo, muito menos aqui na delegacia, que é o nosso local de trabalho. O que a repórter Miah e eu fizemos em minha sala não lhe diz respeito. Está claro?

— Cara, que sabão! Arre égua! O negro ficou até branco depois dessa — disse Mike, analisando a própria pele. — Vou tomar mais café para ver se recupero meu negrume natural.

Enquanto Mike se afastava de cabeça baixa, Nicolas sacudiu a cabeça negativamente e foi para sua sala. Estava nervoso, fora do seu comportamento habitual e atribuía essa tensão repentina ao sonho da madrugada. Nunca foi um homem ríspido e não gostava de tratar as pessoas com pouca educação, como fez com Mike. Tornou a se lembrar de que não poderia permitir que o sonho influenciasse sua rotina diária.

— Quem me mandou ter coração mole? — resmungou consigo mesmo. Apanhou o interfone e pediu à policial da recepção, Moira, que ordenasse a Mike que fosse até sua sala.

Instantes depois Mike voltou, sorrindo timidamente, temendo ouvir outro sermão. Ficou parado na porta, parecendo imenso em sua farda impecável, que era passada cuidadosamente por sua mãe.

— Entre, Mike, por favor — pediu Nicolas.

Mike entrou em silêncio e fechou a porta atrás de si, olhando para Nicolas atentamente. Ele pediu que Mike se sentasse, e o policial obedeceu, fazendo a cadeira frágil ranger sob seu peso.

— Sabe por que o chamei aqui?

— O senhor vai me despedir? Vai solicitar minha baixa da polícia?

— Não cabe a mim despedir ninguém, mesmo porque você é um funcionário público concursado. Na verdade...

— Vai solicitar minha transferência para outra delegacia?

— Não, eu...

— Vai dar queixa do meu comportamento ao delegado?

— Bem, o que eu...

— Vai dar outra bronca em mim porque...

— Mike, se não calar essa boca e me ouvir, vou realmente fazer todas essas coisas que você sugeriu. Espere eu acabar de falar e depois decida o que vai fazer.

Mike assentiu em silêncio.

— Fui muito rude com você agora há pouco e gostaria de formalizar meu pedido de desculpas. Sei que você fez seu comentário sobre Miah em tom de brincadeira. Não costumo falar assim com ninguém e você não será o primeiro.

— Oh! Bartole, então...

— Eu ainda não acabei. Como acho que você é um policial "gente fina" e disposto a participar de um grande caso, vou solicitar ao delegado que não o mantenha como meu "guarda-costas".

— Mas, então, para onde eu vou?

— Para lugar nenhum. Você irá continuar comigo, porém, como meu auxiliar exclusivo. Será uma espécie de policial-assistente, saindo às ruas comigo sempre que eu achar necessário. O que acha?

Mike abriu um sorriso tão largo que quase rasgou os próprios lábios. E Nicolas mal acreditou quando viu lágrimas sinceras de emoção brilharem nos olhos escuros do gigante negro de quase dois metros de altura.

Para demonstrar seu contentamento, Mike se ergueu da cadeira, contornou a mesa e parou ao lado de Nicolas.

— Bartole... cara... você é demais — ele fungou. — Acaba de realizar um sonho meu, sabia? O senhor é o melhor, Bartole.

Emocionado, Mike se curvou e deu um abraço de urso tão apertado que Nicolas quase morreu asfixiado. Foi quando Oswaldo abriu a porta e piscou ao observar a cena.

— Com licença — ele pigarreou. — Não sabia sobre sua orientação sexual, Bartole, mas o considero um grande investigador mesmo assim.

Mike explodiu numa risada gostosa, enquanto Nicolas corava levemente. Oswaldo logo reassumiu sua postura profissional e pediu ao policial que se retirasse.

— Desculpe, Oswaldo, mas gostaria que ele ficasse. Acabei de nomeá-lo meu assistente direto. Mike irá trabalhar diretamente comigo, como meu ajudante durante a investigação deste caso. Espero que não tenha nenhuma objeção quanto a isso.

— Não, claro que não — disse o delegado, olhando para os dois. Suspirou profundamente e deu sequência ao assunto que o levava até ali: — Estava vindo para cá quando Moira me avisou que tinha alguém me aguardando. Cheguei, fui à procura da tal pessoa e quem vejo? Carlota de Vasconcelos.

— Quem é essa? — quis saber Nicolas.

— Quase um mês morando aqui e você ainda não ouviu falar de Carlota? Trata-se da titia da cidade. Vê tudo, sabe tudo, conhece tudo. Veio me dizer que estava voltando do mercado quando Felipe foi assassinado. Eu não estava acreditando muito, porém ela descreveu a roupa que ele estava usando, então concluí que era verdade. Segurei as informações, porque queria conversar com ela juntamente com você. Posso pedir que ela entre?

— Claro — consentiu Nicolas.

— E já aviso: ela tem certo... gosto por rapazes com menos de trinta e cinco anos — debochou Oswaldo, fazendo sinal para que Mike trouxesse a testemunha.

— Desde que ela tenha uma cama macia — provocou Nicolas, e os dois riram alegremente, aguardando pelo depoimento da recém-chegada.

Capítulo 10

Carlota era uma senhora branca como uma vela, gorda e baixinha, com os cabelos crespos tingidos de várias tonalidades de louro. Usava um vestido branco com bolinhas vermelhas e sapatos de camurça também vermelhos.

— Sente-se, Carlota — Oswaldo lhe indicou a cadeira. — Este é Nicolas Bartole, nosso novo investigador policial.

— Ui, que broto! — ela elogiou Nicolas, olhando-o fixamente. — Antes de eu ir embora, lembre-me de lhe dar o endereço da minha casa, garotão.

Oswaldo e Mike quase riram, mas Nicolas se manteve sério. Encarou Carlota e respondeu:

— Isso é uma tentativa de assédio, senhora?

— De jeito nenhum. É uma cantada mesmo, fofinho.

Nicolas fechou a expressão e Carlota imediatamente deixou de sorrir e ficou séria também. Ela olhou para o delegado que, com um gesto de cabeça, ordenou que ela repetisse o que já havia lhe dito.

— Eu tinha ido fazer compras no mercado porque me faltavam algumas coisas em casa. Estava sem desinfetante, sem açúcar e meu pó de café já estava no fim.

— A senhora poderia ir direto para a parte que nos interessa? — cortou Nicolas, ficando impaciente.

— Sim, claro. Estava voltando do mercado com quatro sacolinhas, duas em cada mão. Costumo fazer uma compra mensal, mas desta vez calculei alguma coisa errada e meus produtos começaram a acabar antes da hora. Aliás, vocês viram para que preço foi a carne?

— Carlota, pode responder ao que lhe foi solicitado? — indagou Oswaldo com evidente irritação.

— Certo. Eram pouco mais de seis horas da noite e lá vinha eu com as sacolas quando avistei o menino caminhando na minha frente. Ele não estava tão perto. Talvez uns cem metros mais à frente, mas eu ainda enxergo muito bem — afirmou Carlota, piscando seus olhinhos brilhantes. — Então, desviei o olhar para... — ela pigarreou — para ver o filho da dona Rosali. Ele deve ter uns trinta anos e é uma gracinha. Contudo, notei que ele estava indo ao encontro da namorada, que não tem nem a metade da minha beleza e do meu charme. Quando tornei a olhar para a frente, o menino tinha desaparecido justamente enquanto subia a ladeira.

— A senhora viu se ele tinha desviado o caminho? — novamente Nicolas perguntou.

— Não, senhor. De um lado da ladeira tem o muro daquela universidade e do outro, aquele matagal. A mata ali é tão fechada que ele não poderia ter entrado no meio dela para pegar um atalho. Achei que ele poderia ter acelerado os passos para subir a ladeira correndo, mas agora entendo o que aconteceu com ele. Pobrezinho!

— A senhora viu alguma coisa suspeita, além disso? A senhora continuou subindo a ladeira?

— Não, porque minha casa não fica lá em cima. E nem fiquei tão preocupada assim. Sabe como são as crianças. Outro dia uns moleques jogaram uma bola de futebol que rachou o vidro da minha janela em milhares de pedacinhos. Pergunte se alguém me pagou pelo prejuízo.

— A senhora cruzou com alguma pessoa naqueles instantes? Existe algo que possa acrescentar e que nos ajude na investigação?

— É até curioso, mas as ruas estavam bem vazias naquele momento, em plena terça-feira. Talvez seja por isso que o assassino o matou. Sabia que tinha poucas chances de ser visto — argumentou Carlota.

Nicolas assentiu, considerando a afirmação. Perguntou se Oswaldo tinha alguma pergunta a fazer e, como o delegado sacudiu a cabeça negativamente, ele dispensou a testemunha. Carlota, antes de sair, comentou:

— Se quiser voltar a falar comigo, investigador, o delegado pode lhe dizer onde moro. E costumo ficar acordada até tarde.

— Não vou me esquecer disso, fique tranquila — respondeu Nicolas, sem sorrir.

Mike acompanhou Carlota até a saída da sala e, quando se sentou novamente, afirmou:

— Essa Carlota vive mais quente do que o inferno.

— Baseando-se no que ela nos disse — considerou Nicolas —, pode-se dizer que o assassino não seguiu Felipe desde a saída da escola. Ele o estava esperando entre a vegetação, onde o matou. Os peritos indicaram que a morte de Felipe ocorreu por volta das seis e vinte da tarde. Tudo o que eu preciso neste momento é que Sheila, João, Alex e Thierry possam me provar onde estavam nesse horário.

— Se o criminoso é o professor, então ele teve de ser bastante rápido para deixar a escola antes de Felipe, para esperá-lo no caminho. O mesmo vale para a diretora e o coordenador — refletiu Mike, torcendo para ter sugerido uma boa ideia.

— Ou pode ter sido Thierry, que é dono de uma floricultura e não tem horário definido para chegar ou sair, já que sua ajudante pode abrir e fechar a loja — lembrou Nicolas. — Sinceramente... posso estar enganado, mas poderia quase afirmar que Thierry é inocente. Já não posso dizer o mesmo de Alex.

— E o que você sugere que façamos agora? — perguntou-lhe Oswaldo.

— Tentem descobrir novas testemunhas. Vou até a escola agora conversar com João e Sheila a partir da perspectiva de sua descoberta — informou Nicolas, olhando para Oswaldo. Virou-se para Mike: — E você, somente mais esta vez, irá acompanhar o delegado. Quero estar sozinho durante meu interrogatório.

Mike assentiu e pouco depois eles se separaram. Nicolas dirigiu rapidamente até a escola. Foi levado à diretoria pela inspetora com o rebolado intenso. Antes de bater à porta, ela avisou:

— A diretora ainda não chegou, mas o coordenador já está aí.

Ela bateu à porta, abriu-a e avisou que Nicolas estava lá. Demoraram alguns instantes para João autorizar sua entrada. A inspetora sorriu e fechou a porta por trás de Nicolas, assim que ele entrou.

— Novamente aqui, investigador? — perguntou João em tom de deboche. Ele estava sentado à uma mesa ao lado da janela, próximo à mesa de Sheila.

— E pretendo voltar quantas vezes forem necessárias — respondeu Nicolas, sentando-se sem esperar pelo convite.

— Nossa escola é seu único caminho? Acha mesmo que o assassino está aqui dentro, não é? Por isso, vamos abrir o jogo. De quem suspeita? — indagou João.

— Já respondi a essa pergunta na última vez em que estive aqui, mas vou falar novamente. Não descarto nenhuma possibilidade. Para mim, qualquer pessoa pode estar envolvida nesse crime.

— O senhor tem uma concepção muito estranha. Geralmente, a polícia diz que todos são inocentes até que se prove o contrário. Mas para o senhor todos são culpados até provarem a inocência. Estranha essa sua técnica de trabalho.

— É verdade. Não gosto de trabalhar com achismos, portanto, senhor João, qualquer pessoa que esteja relacionada a Felipe pode, sim, ser considerada suspeita. Às vezes, visualizamos determinada pessoa que parece ser pura e ingênua. Basta uma pesquisa a fundo sobre a vida dessa pessoa para descobrirmos segredos sórdidos e degradantes.

Nicolas atingiu o alvo, conforme previu. João empalideceu, mas se esforçou para manter o semblante tranquilo. As mãos, cruzadas sobre a mesa, tremeram visivelmente.

— Se veio me interrogar outra vez, quero estar junto de meu advogado. Não sou obrigado a responder às suas perguntas sem a presença dele.

— Ainda não o interroguei. O senhor tem medo de que eu lhe pergunte algo indevido? — quis saber Nicolas, emprestando à voz um tom sarcástico.

— Não vou dizer mais nada — ele discou um número no telefone, trocou algumas palavras com alguém e pediu máxima urgência. Quando desligou, trazia um sorriso de vitória nos lábios. — Meu advogado está vindo para cá. Trata-se do doutor Humberto Galos, em minha opinião, o melhor advogado desta e de outras cidades. Se tentar me pressionar, investigador, ele irá massacrá-lo em segundos.

Nicolas não lhe respondeu, detestando ver o sorrisinho irônico que João mantinha em seus lábios finos. Reparou que desta vez ele não parecia assustado nem amedrontado, mas desafiador e seguro de si, como se já tivesse se preparado para aquele momento.

Ambos se mantiveram em silêncio por quase meia hora, apenas se encarando, até que finalmente o advogado deu o ar da graça. Era um senhor alto e distinto, aparentando cerca de cinquenta anos. Tinha um imenso topete grisalho, como uma versão mais velha de Elvis Presley. Ele cumprimentou Nicolas polidamente e foi se sentar à mesa que era de Sheila.

— Gostaria de ser informado do que o senhor deseja com meu cliente, senhor... Bartole, correto? — perguntou Humberto.

— Correto — Nicolas franziu a testa e apoiou as mãos nos joelhos. — Estive aqui dois dias atrás e o senhor João e a diretora me passaram algumas informações sobre a equipe de funcionários da escola. Foi-me permitido também conversar com os professores que ministravam aulas a Felipe de Lima. Creio que o senhor esteja inteirado do caso.

— Sim, João havia comentado comigo. Se já teve suas dúvidas respondidas, não entendo o que deseja com ele.

— Tudo o que pretendo, senhor Humberto...

— Doutor Humberto — o advogado o corrigiu friamente.

— Sim... doutor Humberto. O que pretendo é que seu cliente me informe e prove onde estava entre seis e sete horas da noite na data do assassinato. Esta pergunta também será feita à senhora Sheila, bem como aos outros suspeitos.

— Sou obrigado a responder a esta pergunta? — perguntou João ao advogado, enquanto as primeiras gotas de suor começaram a brilhar em sua têmpora.

— Nada tema, João. Responda à pergunta do senhor Bartole.

— Investigador Bartole — revidou Nicolas, quase esboçando um sorriso ao notar o olhar enviesado do advogado de João.

— Eu estava aqui, na escola. Aqui mesmo, nesta sala — explicou João, as mãos tremendo novamente.

— E quem estava com o senhor?

— Sheila... — ele quase gaguejou e o nervosismo começou a ocultar seu ar de superioridade. — Estávamos ela e eu aqui nesse horário.

— Tem testemunhas que confirmem isso?

— Não sei. O que acontece é que minutos antes das seis horas da tarde os portões se abrem para a saída dos alunos. Os professores do período da tarde também saem às seis, salvo exceções, como nos dias em que há reuniões pedagógicas. Sempre ficam alguns alunos retardatários aqui dentro. Quando são menores, a inspetora fica de olho neles. Os maiores ficam batendo papo em rodinhas com amigos. Temos apenas vinte minutos de tolerância e às seis e vinte os portões são fechados impreterivelmente. E os pais sabem disso.

"Seis e vinte, a hora da morte de Felipe", pensou Nicolas.

— Isso quer dizer que a escola estava vazia e o senhor não tem testemunhas que possam provar o que diz?

— Sheila poderá confirmar a minha informação. De qualquer forma, não tenho o que temer. Não fiz nada. O senhor só está aqui para ganhar tempo. Admita que a polícia está perdida e que o senhor não sabe qual rumo tomar — atacou João com a voz tensa.

— Por que sempre fica nervoso quando me vê?

— Investigador Bartole, está constrangendo meu cliente. Peço-lhe que sua entrevista seja encerrada, por favor.

Antes que Nicolas pudesse responder, a porta se abriu e Sheila entrou na sala. Não escondeu o desagrado ao ver Nicolas ali. Cumprimentou todos com sua voz masculina e recusou o assento quando Humberto fez menção de se levantar de sua cadeira.

Em poucas palavras o advogado a pôs a par do ocorrido. Sheila continuou de pé, ouvindo-o atentamente. Ao final da explanação do advogado, ela perguntou a Nicolas:

— Por que não nos acusa e nos prende de uma vez, senhor Bartole? Não está achando que somos os culpados?

— Eu os prenderia com muito prazer, se pudesse provar sua culpa. Infelizmente, só tenho conjecturas em mãos.

— Conjecturas? O senhor nem sabe o que fazer ao sair daqui, pois está desorientado — tornou Humberto. — Já pedi que seu interrogatório seja encerrado.

— Já lhe dei todas as informações possíveis, senhor Bartole — emendou João. — Se continuar a me pressionar como está fazendo, darei queixa contra o senhor à Corregedoria.

— Além disso, não quero ver o nome da minha escola na ficha policial — acrescentou Sheila.

Ouviram-se alguns gritinhos infantis de alegria e Nicolas se deu conta de que os alunos haviam chegado. Ele se levantou, encarou as três pessoas que o fitavam com ironia e irritação.

— Aviso-lhes que, se houver algo oculto aqui, vou descobrir.

— Basta, por favor — cortou Humberto, nervoso. — Já disse que está constrangendo meus clientes com suas... conjecturas absurdas. Pedimos que saia desta sala, por favor.

Nicolas se virou e caminhou até a saída da sala. Quase pôde escutar os suspiros de alívio. Propositadamente, voltou-se e caminhou novamente até o centro da sala. Encarou um a um e, por fim, focou o rosto de Humberto.

— Constrangimento, doutor Humberto? É o que pensa? Estamos falando em constranger uma pessoa, não é verdade? O senhor dá importância a um simples constrangimento quando, neste momento, temos um pai e uma mãe chorando a morte do seu filho e pedindo por justiça. O senhor tem filhos, doutor? Se o senhor também for pai, deverá entender o que estou dizendo. Se o crime envolvesse sua família, o senhor valorizaria a justiça ou o constrangimento?

— Não envolva minha família em...

— Parece-me que ouvi o senhor mencionar as palavras "conjecturas absurdas", estou correto? Acha mesmo que minhas suposições são absurdas? Pois bem, vamos abrir o jogo: é do seu conhecimento que estes senhores à nossa frente foram casados?

Todos expressaram diferentes reações, mas os olhos azuis escuros de Nicolas captaram tudo ao mesmo tempo. Ele viu quando as pernas de Sheila falsearam e seu rosto se tornou lívido. Viu quando João ficou ainda mais pálido e pressionou os lábios. E viu a expressão de perplexidade no rosto de Humberto, o que revelava que ele desconhecia o passado de seus clientes.

— Não entendo o que diz — a voz grossa de Sheila vacilou.

— Ah, entende, sim. Tenho certeza de que a senhora entende muito bem. Há quanto tempo foram casados? — perguntou Nicolas.

— Saia daqui — ordenou João, alternando entre fúria e pânico. — Saia desta sala imediatamente.

— Vou embora, sim, mas vou plantar uma sementinha antes disso. Se descobri o passado dos senhores, posso ter descoberto outras coisas também. E aproveitem meu bom humor, pois posso intimá-los a comparecem na delegacia para um interrogatório formal. Por fim, vou deixar bem claro o que eu havia dito assim que cheguei: voltarei a esta escola e a esta sala quantas vezes achar necessário. Se alguém tentar me impedir, estará obstruindo uma investigação policial. Na dúvida, creio que o doutor Humberto poderá esclarecê-los. Tenham uma excelente sexta-feira!

Nicolas saiu, deixando para trás três pessoas aturdidas e assustadas.

Capítulo 11

Nicolas não costumava almoçar em casa, mas decidiu fazê-lo por uma questão de comodidade. Assim que passou pela guarita do prédio, o porteiro lhe informou:

— Uma moça acabou de sair daqui, senhor Bartole. Ela estava à sua procura.

A primeira imagem que surgiu na mente de Nicolas foi a de Miah. Quando perguntou se ela esteve lá, o porteiro negou com a cabeça e completou:

— É outra moça, mais ou menos da mesma idade de Miah. Não é daqui e estava com uma mala grande nas mãos. Disse que ia almoçar no *Caseiros* e depois iria procurá-lo na delegacia.

— Ela não deixou o nome? Não disse mais nada?

— Não. Por que o senhor não tenta encontrá-la no restaurante? Com certeza ela estará lá.

Nicolas assentiu. Estava com pouco tempo para distrações, mas aproveitaria a hora de seu almoço para procurar a visitante. Agradeceu ao porteiro e deu meia-volta.

O restaurante *Caseiros*, como o próprio nome sugeria, servia os melhores pratos caseiros da cidade. Era bem frequentado e, aos fins de semana, raramente se conseguia uma mesa sem reserva prévia. Nicolas, assim que entrou, foi atingido pela onda de murmúrios e de sons de talheres que predominavam ali.

No entanto, não teve dificuldades em localizar a mulher que procurava e, embora ela estivesse de perfil, soube imediatamente de quem se tratava. Afinal, como não reconhecer a própria irmã?

Como se o sentisse ali, Marian ergueu a cabeça e seu olhar cruzou com o do irmão. Ambos sorriram e Nicolas se aproximou de sua mesa. Cumprimentou-a com um forte abraço seguido de um beijo no rosto. Em seguida, sentou-se diante dela.

— Não acredito no que vejo. A que devo a satisfação desta visita tão honrosa? — brincou Nicolas.

— Sou eu que me sinto honrada por tê-lo como irmão — ela colocou os talheres sobre o prato. Já estava quase terminando o almoço, quando se lembrou de perguntar se Nicolas também não ia comer.

— Vou, sim. Não ia encontrá-la, ao menos não aqui. Não costumo almoçar em casa, mas abri uma exceção hoje. O porteiro me contou sobre sua visita. Confesso que não estava pensando em você.

— Há alguém em sua vida? — sorriu Marian, engolindo um pedaço da saborosa corvina assada.

Nicolas fez que sim com a cabeça e os dois riram. Ele a observava atentamente. Dos três irmãos que ele tinha, Marian sempre foi a que manteve os pés no chão. Estava com trinta anos e os três anos de diferença entre ela e o irmão mais velho não a tornavam menos madura.

Fisicamente era tão bonita quanto ele. Havia quem dissesse que Marian era uma cópia de Nicolas, à exceção dos olhos azuis, pois os dela eram castanhos. Porém, o tom de pele, o formato do nariz, a testa larga, o sorriso ingênuo, tudo era exatamente como em Nicolas.

— Você não perde tempo, hein, maninho? Mal chegou e já está ficando com alguém. Ou estão namorando?

— Olha, na verdade, nem uma coisa nem outra. Apenas conheci uma garota, mas acho que não vai dar em nada — Nicolas suspirou, enquanto fazia seu pedido ao garçom. Prosseguiu, quando o rapaz se afastou: — Há alguma coisa nela que me atrai, sabe? Ela é bonita, charmosa e interessante. Entretanto, não deu a mínima para mim. É como se ela não me visse como homem, entende?

— Vai ver que ela é daquelas que gostam de se fazer de difícil.

— Não Miah. Aquela ali revela de uma vez o que está pensando e o que realmente deseja. Acho que se ela estivesse interessada em mim de verdade teria soltado uma indireta.

— Miah... que nome bonito! E que machista você! — troçou Marian, limpando os lábios com o guardanapo. — Por que é ela quem tem de dar o primeiro passo? Se você também está interessado nela, seja o primeiro a demonstrar. Por que não a pede em namoro? Ou ela tem alguém?

— Acho que não. Não percebi nada. Ela esteve em meu apartamento na noite de ontem.

— Ora, mas então vocês já passaram para o segundo estágio?

Os dois riram e o garçom trouxe os pratos de Nicolas. Como Marian já havia almoçado e se sentia satisfeita, pediu apenas um pudim de sobremesa. Assim que foi servida, Nicolas continuou:

— Que nada! Ela foi ao meu apartamento a trabalho.

— Sei. Sabe que não precisa mentir para mim, maninho.

— É verdade. Miah é repórter da TV local. Ela foi ao meu apartamento para tentar coletar informações sobre um assassinato ocorrido no início desta semana — contou Nicolas, bebendo um gole do suco de melancia que havia pedido.

— Sobre o garotinho morto?

— Como você ficou sabendo?

— Só escuto falar nisso desde que desci do ônibus na rodoviária. Tive a impressão de que os moradores estão apreensivos.

— E eu achando que o caso permanecia em sigilo. Fui incumbido de investigar esse grave crime. Miah é repórter e veio atrás de mim apenas a trabalho. Em troca de informações sobre o caso, ela me deu um crucifixo que pertenceu à bisavó dela, pois disse que precisava de um furo jornalístico para alavancar a carreira. Agi contra as regras da polícia somente para ajudá-la.

— Sabe que eu torço por você, maninho, e por seu sucesso. Quero muito que você encontre alguém que ame e que o ame também. E lembre-se: só leve sua namorada para apresentar à mamãe depois que já estiverem casados.

Nicolas e Marian riram mais uma vez. Ele tomou mais um pouco do suco e lhe perguntou:

— Você se lembra do que a mamãe fez com a Selena?

— É por esse motivo que eu disse isso. Mamãe encheu a moça de comida até a coitada quase desmaiar. Logo depois, a pobrezinha se trancou no banheiro e vomitou até quase a hora de ir embora. Disse que nunca tinha comido tanto na vida e que seu estômago rejeitou o excesso.

— No dia seguinte nosso namoro terminou. Mamãe ficou feliz à beça com isso.

Os dois sorriram e Nicolas prosseguiu:

— Esta corvina assada está boa demais. Que delícia! — mastigou mais um pedaço do peixe. — Ainda não me disse o que veio fazer aqui. Pelo que vejo, veio de mala e cuia. Não me diga que vai imitar meu exemplo e abandonar o Rio de Janeiro.

— Acho que não. Vim apenas passar uma temporada aqui com você. Na realidade, consegui uma bolsa de estudos na universidade da cidade vizinha para começar o meu mestrado, mas inicio o curso só em agosto. Quero aproveitar esse tempinho para me adaptar à cidade. Aí juntei o útil ao agradável. Para que tenho um irmão se não posso abusar dele? — ela riu. — Posso deixar minhas coisas na sua casa até encontrar um lugar para ficar?

— Para quê? Você vai ficar comigo lá. Meu apartamento é grande e tem um quarto sobrando. Érica, aquela gata desmoralizada, vai adorar vê-la por lá.

— E ela está bem?

— Chata como sempre, mas vai bem. E a mamãe? E o Willian e a Ariadne? Ainda brigando como dois javalis?

— Nossos irmãos menores não se entendem — tornou Marian, alegre. — Mas a mamãe os põe na linha sempre que necessário. Ariadne queria vir comigo para cá, mas dona Lourdes não permitiu.

— Quando chegarmos ao meu apartamento, ligaremos para lá.

— Olha, Nicolas, de verdade, não quero lhe dar trabalho nem tirar sua privacidade dividindo seu apartamento.

— Não vai me atrapalhar em nada.

— Como não? Você vive sua vida e eu estou prestes a interferir nela. E se você e essa moça chamada Miah quiserem um pouco de privacidade? Como vão fazer comigo lá?

— Meu quarto tem porta. E dá para trancá-la.

Marian soltou uma gostosa gargalhada. Por fim, segurou as mãos do irmão e o fitou com carinho.

— Você é meu irmão preferido.

— Só diz isso porque sou o mais velho e o único que nasceu com os olhos azuis — provocou Nicolas.

— Já ouviu falar em lentes de contato? — rebateu Marian, bem-humorada.

Eles continuaram conversando, e quando Nicolas terminou de almoçar pagou a conta de ambos.

— Nem isso você vai me deixar fazer? Vai mesmo pagar minha despesa?

— Foi só essa, Marian. Depois você se acerta. Como vai fazer para se manter?

— Esqueceu que sou pintora? Trouxe três quadros pequenos na minha bagagem para começar. Pretendo pintar outros e colocá-los à venda até o fim do mês. Só torço para que consiga vendê-los.

— Vai vendê-los, sim. Não há muitos pintores por aqui. E pessoas vindas de outras cidades são sempre vistas como atração.

Eles sorriram, Nicolas pegou as bagagens da irmã e os dois seguiram devagar até o apartamento dele. Assim que entraram, ele lhe indicou o quarto vago.

— Tem até uma cama montada. E um guarda--roupa pequeno.

— Não preciso de mais nada — garantiu Marian.

Érica surgiu sorrateira e começou a ronronar assim que reconheceu Marian. Ela pegou a gata no colo com carinho e afagou sua cabeça branca delicadamente.

— Um dia você ainda vai fazer isso, Nicolas.

— Pode ser, mas não com essa gata — ele rebateu.

Em seguida, Marian começou a esvaziar as malas e Nicolas viu os três quadros que ela pintou. Eram paisagens variadas e cada uma retratava um local diferente. Viu também dois livros que ela colocou sobre a cama.

— Você e seus livros. Sempre lendo, não?

— Ler nos permite adquirir mais conhecimento e amplia nosso vocabulário.

Nicolas apanhou os livros e viu que eram dois romances espiritualistas. Folheou as páginas e lhe perguntou:

— Romances com essa temática são novidade.

— Não são, não. Já faz um tempo que passei a lê-los.

— E está gostando?

— Muito, embora prefira livros mais teóricos. Como não deu para trazer minha biblioteca comigo, vieram apenas esses dois. Tenho lido bastante a respeito da espiritualidade e aprendido muito.

— Será que isso é mesmo verdade?

— Já desconfiei, a princípio, mas hoje não duvido. Leio esse tipo de literatura porque me faz bem. Em vez de perder tempo assistindo a uma novela ou a um filme sem conteúdo, leio um bom livro, que me ensina e me esclarece sobre uma porção de coisas.

— Nunca me preocupei muito com esse lance de espíritos.

— Porque talvez não tenha chegado seu momento. Aprendi que as coisas passam a acontecer quando é chegada a hora. De repente, temos uma profunda necessidade de conhecimento espiritual. Então vamos em busca de respostas. Isso foi o que aconteceu comigo. Fui buscar respostas, formulei outras perguntas e assim continuo, sempre buscando explicações sobre a vida.

— Como você vai conseguir conciliar a universidade com a leitura desses romances?

— Estudo durante o dia e leio os livros à noite. Meu mestrado em Artes não deverá me tomar tanto tempo assim, além das pesquisas.

— Admiro sua inteligência e perseverança. Sempre vai atrás das coisas e acaba conseguindo o que quer.

— Exatamente. Não podemos ficar esperando que tudo caia do céu. Se estivermos desempregados e não sairmos à procura de um emprego, nada conseguiremos. Quem procura acha, quem luta é recompensado. Acabamos de entrar no século 21, uma era dinâmica e prática. Não dá para estacar. Só quem fica parado no tempo é relógio sem pilha.

— Gosto desse seu otimismo. Sempre vê o lado positivo das coisas. E acaba se dando bem.

— Não é uma questão de se dar bem — Marian se sentou sobre a cama e continuou desfazendo as malas. — Quem vê o lado bom das coisas age com lucidez e sabedoria, pois está trabalhando a favor do bem. Quem batalha por um objetivo acabará alcançando-o. Eu batalhei pelos meus e, graças a Deus e à minha força de vontade, consegui uma bolsa de estudos em uma das melhores universidades de São Paulo. Se eu tivesse me acomodado, com certeza estaria sem nada, dizendo que a vida é muito injusta.

— O interessante quando se conversa com você é que para tudo tem uma resposta agradável.

— A vida é esclarecedora e não nos deixa sem respostas. É que o ser humano, no geral, gosta de reclamar de tudo. Nada está perfeito, sempre está faltando alguma coisa. Por que reclamar, se podemos agradecer o que temos?

— Acontece, Marian, que tem gente que levanta às cinco da manhã, pega duas ou mais conduções para chegar ao trabalho, onde se esforça o dia inteiro, ouve bronca do chefe, dá o melhor de si para no fim do mês ganhar uma merreca de salário. Acha que é fácil?

— Ainda assim, há vários motivos para agradecer, Nicolas. Acordou às cinco da manhã? Parabéns! Deus lhe deu mais um dia de vida. Pôde caminhar até a estação de trem ou o ponto do ônibus? Ótimo! Suas pernas estão perfeitas. O trabalho exige muito esforço? Pelo menos está empregado. O chefe deu bronca? Você é notado, ele quer o seu melhor, quer que demonstre toda sua capacidade. Voltou esgotado para casa? Agradeça novamente, tem um lar para o qual voltar. Ganha pouco no fim do mês? Pode se alimentar e alimentar sua família. Viu como não é difícil? Se a pessoa tem pouco, mas tem saúde, não precisa de mais nada. Só enxergamos o lado negativo porque é mais fácil se queixar. Agradecer à vida ninguém quer.

— Como você consegue ser assim, Marian? É capaz de sorrir debaixo de qualquer tempestade.

— Aí eu choro, porque estraga a minha chapinha — ela riu, mexendo nos sedosos cabelos.

Eles conversaram mais um pouco e finalmente Nicolas se deu conta de que já passava da hora de voltar ao trabalho. Deixou Marian por conta própria e disse que à noite, quando voltasse, conversariam mais um pouco, a fim de pôr as novidades em dia.

Capítulo 12

Antes de voltar para a delegacia, Nicolas seguiu para a zona norte da cidade, mais precisamente para o local em que Felipe foi morto. Dirigiu rapidamente seu automóvel prateado e estacionou-o em uma rua que ficava em frente a uma praça pequena, bem próxima de onde a ladeira começava.

Desceu do carro e imediatamente um rapaz se aproximou. Segurando uma flanela encardida, ele se ofereceu para limpar o para-brisa do carro de Nicolas.

— Seu vidro vai ficar um espelho, tio — garantiu o rapaz. — E só cobro dois reais.

— Pretende limpar meu vidro com esse trapo?

— O que é isso, tio? Nunca ouviu dizer que panela velha é que faz comida boa? — o rapaz, tão sujo quanto o pano, sorriu.

— Está certo — concordou Nicolas, mais para ajudar o jovem do que pensando na "limpeza" que ele faria. — Meu carro vai ficar estacionado aqui por alguns instantes e quando voltar eu lhe pago, pode ser?

— Ih, tio. Não dá para o senhor me pagar antes?

— Medo de levar cano, hein? Tudo bem — Nicolas enfiou a mão no bolso da calça jeans e sacou algumas moedas. — Aí estão seus dois reais.

O rapaz apanhou as moedas, conferiu-as, guardou-as no bolso e pôs-se a esfregar vigorosamente o para-brisa.

Nicolas caminhou alguns passos, quando pareceu se lembrar de algo. Girou nos calcanhares e se aproximou do garoto.

— Você está a fim de ganhar mais dez reais?

— Dez contos? O que eu tenho que fazer? — perguntou, os olhos brilhando com a ideia.

— Você sempre trabalha por aqui?

— Sim, desde que eu tinha dezesseis anos.

— E quantos anos tem agora?

— Dezessete — confessou o rapaz, estufando o peito orgulhosamente.

— Sendo assim, acredito que você deva ter sido informado do que aconteceu aqui no início da semana, não é?

— Está falando do garotinho que morreu — ele enrolou a flanela imunda no próprio pescoço e a puxou — estrangulado?

— Sim, ele mesmo. Você estava por aqui no dia do crime?

— Ele não morreu aqui, e sim lá no matagal da ladeira.

— Eu sei disso. Você o conhecia?

— Não, mas ele sempre passava por aqui. Indo e voltando da escola, igual às outras crianças. Quando o movimento está bom para mim, vou embora mais cedo. Agora, quando está ruim, não saio desta esquina antes das oito da noite. Preciso faturar.

— Como você ficou sabendo quem era a vítima?

— Tenho olhos, tio. E ouvidos também. Na tevê ainda não disseram nada muito bem, mas já estou sabendo de tudo.

— Pode me contar o que viu naquela noite?

O garoto apertou os lábios e não lhe respondeu. Nicolas tornou a colocar a mão no bolso, abriu a carteira e lhe estendeu uma nota de dez reais. Ele a fez desaparecer rapidamente atrás da calça.

— Agora posso lhe contar — sorriu ele. — Na verdade, vi uma coisa bem esquisita. Tinha dois caras na praça — ele apontou para a praça logo em frente.

— E o que eles faziam?

— Eram gays — o rapaz fez cara de nojo e agitou a flanela. — Eu vi. Eles estavam se esfregando. Eu curto mulher. E você, tio?

A informação deixou Nicolas subitamente interessado.

— Você se lembra de como eles eram?

— Se fossem dois caras conversando, ninguém prestaria atenção. Mas uma coisa daquelas todo mundo vê. Dois homens se beijando é muito feio e me dá nojo — ele tapou a própria boca como se quisesse proteger os lábios. — Não vi direito como eles eram porque já estava escuro e eu estava um pouco longe. Sei que um era bem alto e moreno e o outro era loiro e usava roupas coloridas e brilhantes, como fantasias de carnaval.

Tudo ficou claro para Nicolas. Pelas descrições físicas, aqueles só poderiam ser o professor Alex e Thierry. Alex disse a Nicolas que saiu da escola às seis e cinco naquela noite, para jantar com Thierry. Nicolas não pôde confirmar essa versão com o florista, porque ele "passou mal" durante seu interrogatório. Ao que tudo indicava, ambos estavam nas proximidades naquele dia. Instantes depois, Felipe seria assassinado a poucos metros dali.

Era tudo o que Nicolas precisava saber no momento. Agradeceu ao garoto as informações e caminhou devagar até a ladeira, que se prolongava cerca de duzentos metros acima, unindo o bairro da área inferior ao bairro da área superior. O lado direito da ladeira era ladeado por um muro branco, que pertencia à universidade. Do lado esquerdo, uma pequena floresta acompanhava o caminho de baixo até em cima.

Nicolas subiu a ladeira até a metade do percurso e, subitamente, afastou a vegetação com as mãos, adentrando na floresta por entre as moitas e os arbustos tão altos quanto ele. Sabia que a área já havia sido inspecionada detalhadamente pela perícia e não esperava encontrar nenhuma prova que pudesse ter escapado aos olhos bem treinados dos peritos.

Ele tentou imaginar o que realmente teria acontecido naquele local nos últimos momentos de vida de Felipe. O que o garoto teria feito ao encarar seu assassino? Teria lhe pedido clemência? Se tivesse tido tempo, talvez sim. Teria tentado reagir ao ataque? Como se uma criança de nove anos tivesse força física suficiente para enfrentar alguém com sanha de matar.

Decidido a não se aprofundar muito na vegetação, ele voltou para a ladeira. Olhou ao redor, desejando adivinhar se, depois de matar Felipe, a pessoa teria permanecido mais alguns instantes entre os arbustos ou simplesmente teria voltado às ruas, após retirar as luvas e ajeitar as roupas como se nada tivesse acontecido.

O rapaz da flanela afirmou ter visto dois homens na praça que, ao que tudo indicava, seriam Alex e Thierry. Um deles, ou quem sabe os dois, teria esperado Felipe passar por ali para assassiná-lo? Alex mantinha um ar sombrio, uma incógnita impenetrável. No entanto, na mente de Nicolas não se formava a imagem de Thierry oculto entre a vegetação. Naturalmente, não se deveria confiar nas aparências, mas, como já havia pensado antes, a probabilidade de o florista ter tirado a vida de Felipe com as próprias mãos era muito pequena.

Nicolas soltou o ar lentamente dos pulmões e voltou ao seu carro. Agradeceu ao rapaz, que deixou seu para-brisa mais embaçado do que antes, entrou no carro e deu partida. Iria para a delegacia, refletindo sobre qual deveria ser seu próximo passo.

Ao chegar à delegacia, Nicolas cumprimentou educadamente um homem de chapéu, que parecia aguardar alguém na sala de espera. Ele seguiu direto para sua sala e nem se deu ao trabalho de fechar a porta. Estavam nos últimos dias do outono, mas o calor que fazia era bastante agradável.

O homem que ele viu sentado na sala de espera não concordava com essa ideia. Ele estava parado à porta de Nicolas com o chapéu na cabeça e um gigantesco casaco de flanela que descia até a altura de suas coxas. Aparentava cerca de sessenta anos e parecia um mafioso. Tinha pele clara, olhos castanhos mortiços e tufos de cabelos brancos que saíam por baixo da aba do chapéu.

— O senhor quer falar comigo? — indagou Nicolas, analisando o visitante. Nunca o tinha visto antes por ali. Seria alguma testemunha que pudesse estar relacionada ao caso? Quando morava no Rio, era comum algumas pessoas surgirem na delegacia se dizendo testemunhas oculares de um crime quando, na verdade, tudo o que queriam era se sobressair para os policiais de alguma forma. Por outro lado, havia pessoas — a grande maioria — que ficavam cegas, surdas e mudas se tivessem que depor em um caso de assassinato. Segurança pessoal em primeiro lugar.

— Você deve ser Nicolas Bartole, suponho — começou o homem com uma voz tão mortiça quanto seus olhos. Embora fosse alguns centímetros mais baixo do que Nicolas, o visitante o encarava com ar de superioridade.

— Suposição correta — Nicolas esticou a mão direita para cumprimentá-lo e ergueu uma sobrancelha quando o homem permaneceu com as mãos enfiadas nos bolsos. — Em que posso ajudá-lo? — perguntou, recolhendo a mão.

— Creio que o delegado já tenha lhe falado a meu respeito. Sou o doutor Evaristo Duarte.

"Outro que gosta de destacar o título de doutor", pensou Nicolas, recordando-se de Humberto, o advogado de João.

— Não, senhor. Oswaldo nada comentou comigo a seu respeito. Ainda não me disse de que forma posso lhe ser útil.

— O senhor me ajudaria muito se saísse do meu caminho — resmungou o homem e uma chama de raiva reavivou seu olhar sem vida.

— Acho que não entendi — admitiu Nicolas, recostando-se na mesa. Não convidou o estranho a se sentar e ele nem sequer olhou para as cadeiras.

— Vou ser bastante franco, embora eu creia que o senhor esteja fingindo, quando diz que nunca ouviu falar em mim. Eu era o principal investigador de polícia desta cidade. Contudo, isso acabou no momento em que o senhor veio do Rio de Janeiro e tomou meu posto aqui. Já formalizei uma queixa e repassei-a para a Corregedoria. Isto é inadmissível — Duarte cuspia as palavras, e a raiva que sentia quase o fazia tremer.

— O senhor veio aqui por esse motivo? — Nicolas parecia incrédulo. — Desculpe-me, doutor Duarte, mas isso me soa tipicamente infantil. Quando pedi transferência para cá, eu o fiz pensando em me livrar da rotina extremamente agitada do Rio de Janeiro. Jamais tive a intenção de prejudicar a carreira de alguém.

— Mas prejudicou. Tão logo foi anunciada sua chegada, fui transferido para a delegacia da rodovia. Todos sabem que aquele lugar é ridículo, com meia dúzia de presidiários idiotas e mal-humorados. De qualquer forma, eu era o responsável por investigar os casos mais graves que pudessem acontecer aqui. E eram poucos, muito poucos. E você, Bartole, surgiu para tirar esse pouco de mim.

— Volto a repetir que não agi pensando em tirar o posto de ninguém. Aliás, se o senhor é o investigador mais destacado da cidade, por que o caso Felipe de Lima não foi entregue em suas mãos?

— Porque perto de você eu me tornei um incompetente. Tenho sessenta e três anos e acham que estou ficando velho e gagá. Quem vai trocar a inteligência de um homem jovem, com um currículo poderoso como o seu, acostumado a lidar com gente barra-pesada no Rio de Janeiro, por um homem pacato e interiorano como eu?

— Quem lhe deu as informações sobre minha rotina no Rio?

— Foi o delegado Oswaldo. E isso não importa. Vim aqui apenas para ordenar que você saia do meu caminho. Está bancando o ridículo, Bartole. Todos sabem que eu sempre fui bom no que faço.

— Não precisamos ser inimigos por isso. O que nos impede de unir forças para solucionar esse caso? Quanto mais cabeças pensando, mais rápido surge a solução.

Duarte não lhe respondeu e aparentemente ficou refletindo sobre sua sugestão. Então seus olhos novamente revelaram um brilho de revolta e inveja.

— Não aceito. Não sei trabalhar com ninguém. Sou conhecido por agir sozinho e sempre fechei meus casos. E agora, com esse caso, quando surge uma oportunidade de crescer profissionalmente, oportunidade que venho aguardando há anos, surge um rapaz metido a gostoso, vindo de outro Estado, para tomar o meu lugar. Acha que essa é uma teoria aceitável?

Nicolas era um homem paciente e fez o possível para minimizar a mágoa do colega de profissão, mas o último comentário de Duarte o deixou bastante irritado.

— Então o seu problema é me ver como um concorrente? Luto a favor da justiça e para mim os culpados precisam ser punidos. Além disso, gosto de trabalhar coletivamente, pelos motivos que já mencionei. Agora estamos lidando com a morte de uma criança. A família dela está desesperada, os amigos estão abalados, os professores estão chocados e a cidade está amedrontada. E o senhor, em vez de se preocupar com o bem- -estar dessas pessoas, pensa apenas na ascensão de sua carreira? O senhor tem medo de perder os louros em um caso de destaque quando poderia me ajudar a reunir provas para fechar esse caso o mais rápido possível? Diga-me, doutor Duarte, acha que essa é uma teoria aceitável?

Ouvir Nicolas usar sua própria pergunta para desarmá-lo deixou Duarte furioso. Ele avançou um passo na direção de Nicolas como se quisesse agredi-lo.

— Menino, não brinque comigo. Eu já estava na polícia enquanto você ainda usava fraldas. Tenho muito mais experiência do que você no que concerne a investigação.

— E essa experiência foi conseguida de que forma, se o senhor acabou de dizer que os casos nos quais atuava eram pouquíssimos? E embora eu tenha quase a metade da sua idade, garanto-lhe que já estive envolvido em situações que o deixariam muito assustado — vendo que Duarte não ia lhe responder, Nicolas contornou a mesa e se sentou. — E como o senhor deve ter notado, estou muito ocupado. Gostaria de ficar sozinho, por favor.

— Isso tudo será informado à Corregedoria. Você é um moleque para mim, sabia? Tenho certeza de que não terá capacidade suficiente para solucionar esse caso — a voz de Duarte soava rouca e irada.

— Não duvide da minha capacidade, doutor Duarte, ou serei obrigado a compartilhar da opinião daqueles que o veem como um homem velho e gagá. Estou com problemas demais para ter de aturar as reclamações de um sujeito desocupado como o senhor — retrucou Nicolas, mantendo a voz num tom firme e claro.

— Ainda terá notícias de mim, Bartole. Bancou o engraçadinho comigo, então terá o que merece — dizendo isso, Duarte ajeitou o chapéu em sua cabeça e fez menção de deixar a sala.

Ele não saberia dizer como Nicolas se ergueu tão depressa da cadeira para detê-lo pelo braço antes que saísse.

— Solte meu braço, seu moleque! — reclamou ele, empalidecendo.

Nicolas intensificou o aperto.

— Vou esclarecer uma coisa. O senhor jamais retornará à minha sala para me ameaçar, está ouvindo? Se eu souber que o senhor vai colocar empecilhos no meu caminho, então vamos ter uma briga feia. Se voltar a me ameaçar, vou sentir o prazer de fechar um par de algemas nos seus pulsos finos.

A raiva deixou Duarte ainda mais branco.

— Você é um desaforado. Sou amigo do capitão Ary. Vou agora mesmo compartilhar sua má conduta com ele.

— Pois mande esse seu amigo capitão me procurar, caso ele tenha alguma dúvida sobre o recado que acabei de lhe dar — rebateu Nicolas, finalmente soltando o braço de Duarte.

Houve uma breve troca silenciosa de olhares e então Duarte rodou nos calcanhares e desapareceu pelo corredor o mais depressa que conseguiu. Cruzou com Mike no caminho e mal lhe dirigiu o olhar. Mike se aproximou de Nicolas, olhando para trás, e perguntou:

— O que esse cara irritante queria aqui?

— Fazer amizade comigo — respondeu Nicolas, sorrindo.

Pela expressão furiosa que Mike viu estampada no rosto de Duarte, Nicolas só poderia estar brincando.

— Esse Duarte é casca de ferida, sabia?

— Pois eu acabei de cutucar essa casca — respondeu Nicolas, mantendo a calma e a serenidade.

Capítulo 13

Nicolas comentou com Oswaldo sobre a visita de Duarte, e o delegado, parecendo constrangido, pediu desculpas por ter compartilhado com ele parte da vida de Nicolas no Rio.

— Está tudo bem, Oswaldo. Eu disse algo a ele que, acredito, vai mantê-lo longe de mim por alguns dias.

O dia seguinte era sábado e, embora contra a vontade de Nicolas, Oswaldo lhe sugeriu uma folga para relaxar. Nicolas não gostava de fazer pausas durante a investigação de um caso, mesmo aos fins de semana. Por outro lado, como já havia discutido com Duarte naquele dia, não queria criar cena com o delegado também. Sua única opção foi aceitar o descanso de fim de semana.

Eram quase oito da noite quando Nicolas chegou em casa. Assim que entrou em seu apartamento, percebeu que estava sozinho. Não demorou para encontrar um bilhete de Marian preso à geladeira, no qual ela avisava que tinha ido jantar fora e que não esperou o irmão porque ele não tinha horário para retornar. Nicolas apenas sorriu, amassou o papel e o jogou no cesto do lixo.

Ele já estava seguindo para o chuveiro quando se lembrou da reportagem de Miah, prevista para ir ao ar às oito da noite. Nicolas queria conferir como ela se saiu, baseando-se nas informações que ele lhe passou em segredo.

Rapidamente ligou a tevê, sintonizou-a no Canal local, e o rosto bonito e arredondado da repórter preencheu a tela. Miah falava segurando um microfone e olhava para a câmera fixamente:

— Acreditamos que até segunda-feira de manhã o prefeito da cidade irá se pronunciar a respeito deste crime. No entanto, volto a dizer: não temam. Sigam com suas rotinas diárias, tentem superar este trágico momento e não privem seus filhos do acesso à escola. A morte violenta de Felipe de Lima chocou todos nós e nos levou a formular uma questão: quem é esse assassino e por que ele matou Felipe?

Ela fez uma pausa proposital para seus telespectadores refletirem.

— A polícia está agindo — prosseguiu. — À frente desta investigação, temos Nicolas Bartole, profissional da polícia recém-chegado do Rio de Janeiro. Ele acredita já ter em mente o culpado pelo crime, mas nada nos revelou. Por isso, cidadãos honestos e trabalhadores, vamos nos unir e lutar para que a paz seja restaurada em nossa cidade. Assim que eu tiver novas informações, voltarei ao ar. Aqui é Miah Fiorentino para o Canal local.

A imagem voltou para o apresentador no estúdio e Nicolas desligou a tevê, sentindo uma raiva quase irritante pela traição de Miah. Ela não lhe garantiu que não levaria aquelas informações a público? E ainda mencionava seu nome.

Ele já estava pensando em telefonar para a emissora quando o telefone tocou e ele ouviu a voz nervosa e tensa de Oswaldo.

— Você estava com a tevê ligada, Bartole?

— Sim. Acabei de ver a reportagem, Oswaldo. Acredito que a cidade inteira tenha acabado de assistir a essa infeliz reportagem desta falsária — Nicolas rangeu os dentes.

— Foi você quem deixou essas informações vazarem para a imprensa?

Era inútil mentir e Nicolas não gostava de se omitir.

— Sim. Cedi uma pequena entrevista particular a essa cretina, que me prometeu sigilo absoluto. Pelo visto, ela pôde guardar seu segredo apenas por um dia.

— Você vai ter muita dor de cabeça por causa disso — avisou o delegado. — Sou seu colega e amigo e, da minha parte, você não será repreendido. Mas sabe que existem pessoas mais poderosas que estão acima de nós dois. Duarte também usará isso como uma arma contra você. Não tem medo de represálias, Bartole?

— Nem dele nem de ninguém. Encaro a bucha, Oswaldo. Deixe comigo. O que de tão ruim pode acontecer comigo? Uma advertência? Uma suspensão? Ser retirado do caso? Que os poderosos venham me procurar na hora que quiserem.

— Você é um homem corajoso — admirou-se Oswaldo.

— A verdade não permaneceria oculta para sempre, principalmente em uma cidade pequena como esta. Muitas pessoas já estavam sabendo que a vítima era uma criança. Miah apenas completou o trabalho com sua divulgação.

— Só aviso que, depois dessa, talvez você fique sem sua folga de amanhã.

— Por mim tudo bem. Não estava mesmo com vontade de ficar em casa — respondeu Nicolas quase sorrindo.

Ainda trocou mais algumas palavras com Oswaldo e desligou o telefone. Desistiu de procurar por Miah no Canal local. Por ora, tinha apenas de se preparar para a repercussão da reportagem dela. E encontrar as armas certas para se defender.

———————

A pessoa se dirigiu para a cozinha, apanhou uma taça com mãos frias e suadas e a encheu de vinho na temperatura ambiente. Sabia que a cidade inteira assistira àquela matéria da maldita repórter. Agora, todos ficariam alertas, desconfiando de qualquer pessoa que estivesse mais próxima.

Isso significava que, a partir do momento em que voltasse a sair às ruas, deveria agir com mais naturalidade do que já vinha fazendo até então. As coisas poderiam ficar mais complicadas, contudo, sua inteligência e sua habilidade para dissimular os verdadeiros sentimentos seriam sua carta branca para escapar impune. Pensou:

"Achei que fosse conseguir me controlar por mais tempo. Achava que, depois de ter matado Felipe, pudesse ficar em paz por pelo menos mais um mês. Sei que não vou conseguir. A urgência que sinto é mais forte do que meu autocontrole. Minha vontade de continuar com meus planos é irresistível e não posso parar.

Felipe tinha nove anos. Sua idade agora me pertence. Mas é pouco, muito pouco. Preciso de mais. Por outro lado, como vou agir com a polícia nas ruas? Com aquele maldito investigador carioca me caçando como se eu fosse um animal feroz? Sei que eu ainda não posso sair a campo para enfrentá-lo. Ainda não tenho forças suficientes. Preciso esperar mais um pouco. Só então darei um jeito nele.

Neste momento tenho de me preocupar unicamente com minha própria pessoa e com meu futuro, ainda meio incerto. Isso não deveria estar acontecendo, mas preciso novamente da sensação de poder que senti quando matei aquele menino."

Experimentou um gole de seu vinho e fez uma careta. Não havia ninguém ali que pudesse ver seu rosto enquanto sua mente articulava velozmente seus pensamentos tão caóticos quanto sua própria personalidade.

"Com tudo isso, chego a uma única conclusão: preciso matar novamente. Tenho de encontrar outra criança."

O sábado amanheceu com garoa e os pensamentos de Nicolas também pareciam estar encharcados. Foram tantas informações ao mesmo tempo, tantos acontecimentos em um curto período de tempo, que sua mente pedia por descanso.

Sabia que o sábado não seria tranquilo. Teria de dar muitas satisfações aos seus superiores sobre as informações que cedeu a Mlah sem autorização da polícia. Agiu contra as regras e uma repreensão provavelmente estaria a caminho.

Quando chegou à cozinha, a mesa já estava posta, o café fumegando, pães quentes e saborosos dispostos sobre a toalha colorida e pedaços minúsculos de mamão cortados em um pratinho de porcelana, ao lado dos pães. Marian estava terminando de esquentar o leite.

— Como é bom ter uma irmã em casa — agradeceu Nicolas. — Ou todo esse banquete será alguma missão secreta que mamãe lhe confiou? Ela se preocupa com o que eu venho comendo.

— É apenas a demonstração do carinho que sua irmã predileta tem por você.

Nicolas riu e a beijou no rosto. Sentou-se à mesa e começou a se servir.

— Ontem você ficou zangado por eu não tê-lo esperado chegar para irmos jantar juntos? — perguntou Marian.

— Não. Você não precisa ficar com fome por minha causa. Aliás, nem vi que horas você voltou. Fui dormir cedo ontem. Assisti a uma reportagem que me deixou muito aborrecido.

— Eu imagino. Eu também assisti a essa reportagem pela tevê do restaurante. Aliás, todo mundo estava de olho na matéria daquela moça. Creio que o ibope do programa dela subiu além das nuvens.

"Do jeito que ela queria", pensou Nicolas, frustrado e chateado.

— O problema foi ela ter mencionado assuntos confidenciais da polícia.

— Se eram confidenciais, como ela sabia? — indagou Marian, adicionando leite ao copo com café de Nicolas.

— Porque eu contei a ela. E a sem-vergonha me prometeu sigilo absoluto. Entrei pelo cano agora.

— Acho que o que mais está irritando você é o fato de ela ter mentido. Principalmente porque você gosta dela.

Nicolas ficou ainda mais nervoso e mastigou um pedaço de pão furiosamente.

— Eu não gosto dela. E, mesmo que gostasse, não teria condições de ficar com uma pessoa assim. Quero alguém em quem eu possa confiar — ele esticou o braço para beliscar um pedaço de mamão.

Quando ele se curvou, Marian viu o brilho de uma corrente em seu pescoço.

— Posso ver essa correntinha que está usando?

— Ah, isso não é bem uma correntinha — ele puxou o crucifixo pelo cordão e o entregou à irmã. — Foi um presente que ganhei.

— Você disse que foi ela quem lhe deu.

— Foi — confessou Nicolas, ofendido. — Lembra--se do que eu lhe falei ontem? Ela disse que este crucifixo pertenceu à bisavó dela e que veio passando de geração a geração. Foi dado a mim em troca das informações que lhe cedi.

Marian virou o pequeno crucifixo de um lado para o outro. Por fim, devolveu-o ao irmão. Tomou um gole de café e afirmou sem hesitar:

— Isto é falso.

Nicolas não conseguiu disfarçar o susto.

— Falso? Como assim?

— Não sei quais motivos ela teve para enganá-lo nem cabe a mim julgá-la por isso. Porém, digo-lhe com toda certeza que esta peça é nova. E aposto que é uma bijuteria de camelô.

— Como você sabe? Virou ourives ou joalheira?

— Esqueceu-se do Atila, meu primeiro e único namorado?

— Como eu me esqueceria dele? Enganou você durante os dois anos de namoro com aquela sua amiga da faculdade. Para piorar, foi flagrado com drogas ilegais. Terminou preso, como merecia.

— É verdade. Foi por isso que, depois dele, decidi me fechar para relacionamentos amorosos. No entanto, o pai dele tinha uma joalheria, lembra? E muitas vezes eu ia me encontrar com o Atila lá e ficávamos conver-sando quando o pai dele não estava. Até atendíamos clientes. Durante essas visitas, tive acesso a muitas joias, algumas delas de altíssimo valor. Até hoje não entendo como alguém cujo pai é dono de uma joalheria pôde se envolver com drogas.

— Da mesma forma como ele pôde trair você com outra.

— O ser humano é muito complexo... Como eu dizia, tinha acesso às joias e Atila costumava me explicar as diferenças básicas entre uma peça original, uma réplica e uma imitação barata. E esta cruz, eu lhe garanto, é uma imitação. Posso estar errada, é claro, mas você pode pedir a um joalheiro que confirme sua autenticidade.

Nicolas apanhou o crucifixo das mãos da irmã e o ergueu contra a luz da manhã.

— Procure alguém que conheça e possa esclarecê--lo sobre esta peça.

Nicolas assentiu. Em vez de recolocar o crucifixo no pescoço, ele o guardou no bolso da calça. Terminou de tomar o café da manhã, trocou umas rápidas palavras com a irmã e pouco depois se despediu dela, dirigindo--se a seu carro.

Capítulo 14

Meia hora depois, Nicolas se sentia derrotado. Marian estava certa. O crucifixo não valia nem vinte reais, segundo o especialista que Nicolas tinha acabado de consultar. Era uma peça muito bonita e bem trabalhada, que servia apenas como enfeite. Naturalmente era um objeto novo, talvez adquirido por Miah há menos de dois anos.

"Pertenceu à bisavó que está no céu? Pois sim", pensou Nicolas.

A raiva que sentia por Miah era tanta que ele desejou poder esmigalhar o crucifixo e só não o fez em respeito ao que o objeto representava. Furioso, guardou a peça no bolso da calça jeans e pisou fundo no acelerador rumo à delegacia.

Assim que chegou lá, encontrou Mike, que lhe acenou alegremente.

— Por aqui hoje, Bartole? Não era sua folga?

— Novos planos, Mike, novos planos.

Nicolas não se deteve enquanto caminhava apressado até sua sala com o gigantesco Mike seguindo-o.

— Assistiu à reportagem ontem à noite?

— A cidade inteira assistiu. Quero só ver a repercussão que isso vai dar — ele abriu a porta de sua sala com um tranco. — Não sei por que ainda confio nas pessoas.

— Por que diz isso? — perguntou Mike, entrando atrás de Nicolas. — Alguém o decepcionou?

— Não importa. Vamos trabalhar.

— O senhor precisa de descanso, Bartole. E não me refiro a uma folga qualquer. Estou falando de curtir um pouco a noitada, agitar numa baladinha, conhecer umas gatas. Sei de alguns lugares que são os points da cidade — Mike parecia tão empolgado que seu sorriso de incentivo se esticava de orelha a orelha.

— Não estou com cabeça para baladas nem festinhas.

— Ah, qual é? Um pouco de curtição nunca matou ninguém. O senhor não pode viver com a cabeça enterrada no trabalho, como um avestruz num buraco.

Nicolas dirigiu um olhar inexpressivo para Mike, que temeu uma repreensão, mas o investigador acabou sorrindo.

— Quando eu fechar o caso de Felipe, prometo acompanhá-lo para conhecer melhor a vida noturna da cidade.

— Que tal hoje à noite? É sábado, dia de balada — como Nicolas não lhe respondeu, Mike contornou a mesa e tocou em seu ombro. — Deixe-me ajudá-lo a se livrar do estresse.

— Vá com seus amigos, Mike.

— Eles não gostam — respondeu Mike, vagamente. Na verdade, tinha vergonha de admitir que seus poucos amigos eram avessos às festas noturnas e que estava convidando Nicolas simplesmente por não ter outra companhia. — Por favor...

— Não fica bem para o seu tamanho nem para a sua profissão ficar choramingando desse jeito, policial Michael — tornou Nicolas em tom severo, embora estivesse se divertindo com a sugestão de Mike.

— Desculpe-me, senhor. Acho que lhe faltei com o respeito e...

— Está bem, Mike. Você venceu. Vou sair com você hoje à noite.

O sorriso que Mike abriu compensou o dia que Nicolas teria. Ele tocou no quepe como forma de agradecimento.

— Bartole, o senhor é o melhor investigador daqui. Aquele outro, o Duarte, parecia ser um chato de galochas. Só falava com os policiais para passar sermão. Foi o que escutei logo que entrei aqui.

— Que bom que gostou de mim, Mike! E talvez você tenha razão. Precisamos dar uns giros pelos barzinhos para relaxarmos. Qual seria um bom horário?

Como baladas e festas noturnas eram um dos hobbies de Mike, ele agendou rapidamente um horário com Nicolas. Prometeu que passaria no apartamento do investigador às oito da noite. Dali, seguiriam para a melhor casa noturna da cidade.

Depois que Mike saiu da sala, Nicolas ficou pensando em Miah. Como foi que ele, um policial treinado e experiente, caiu na conversa fiada de uma mulher? Como pôde ter acreditado na história de que o crucifixo era uma peça valiosa para a família dela? Não fosse a intervenção precisa de Marian, jamais teria desconfiado da repórter. Maldita fosse. Quando tornasse a vê-la, faria Miah abaixar a cabeça tamanha a bronca que daria nela...

Todos os planos que Nicolas pretendia realizar assim que encontrasse a repórter foram por água abaixo no instante em que a viu parada na porta de sua sala. Ela usava uma calça branca e uma blusa verde-água. Se era possível, estava mais linda do que nas outras vezes em que ele a viu. A raiva de Nicolas se congelou em seu peito, quando viu o sorriso angelical que ela mantinha nos lábios avermelhados.

— Bom dia, investigador Bartole! — ela cumprimentou, sem deixar de sorrir.

Tudo o que Nicolas ensaiou para falar à repórter desvaneceu de sua mente em questão de segundos. Ele se levantou e se aproximou dela, olhando-a fixamente nos olhos.

Pensou em segurá-la pelo braço para conduzi-la até o lado de fora da delegacia. Pensou em perder o controle e xingá-la em altos brados pela dupla traição. Pensou ainda em desprezá-la, ignorando-a completamente. Porém, não teve forças para fazer nada disso. E a única opção plausível para ele foi tomar a decisão que há muito deveria ter sido tomada.

Num gesto rápido, ele a agarrou pela nuca e a trouxe de encontro aos seus lábios. Em uma mistura de raiva e paixão, beijou-a com força, como se quisesse lhe sugar os lábios. Ao perceber que estava sendo correspondido da mesma maneira, ele quase desejou levá-la, naquele instante, até seu apartamento, em pleno sábado de manhã.

Miah finalmente o empurrou levemente pelos ombros e Nicolas desgrudou sua boca da dela. Ela sabia que estava corada e balançou as pontas repicadas dos cabelos escuros. O coração batia na mesma velocidade do beijo abrupto e repentino que ele lhe deu.

Passaram-se vários segundos enquanto os dois permaneceram calados, como se estivessem saboreando o silêncio. Quando Miah falou, sua voz saiu rouca e incerta.

— O que é isso? — perguntou, ainda trêmula.

— Isso se chama beijo — resmungou Nicolas, já começando a se arrepender do momento de fraqueza. Era essa a bronca que havia reservado para ela?

— E eu poderia saber o motivo desse beijo?

— Não venha com segundas intenções, senhorita. Essa foi a melhor forma que encontrei para aliviar a raiva que estou sentindo de você — afirmou Nicolas, quase arrependido de sua atitude precipitada.

— Costuma beijar as pessoas quando está com raiva delas? — a pergunta de Miah soou irônica e zombeteira.

— Tenho certeza de que você gostou — ele apostou, sorrindo sarcasticamente. Porque ele havia gostado, embora estivesse se detestando por tê-la beijado à força.

— Foi apenas um descontrole de minha parte. Aliás, poderia saber o que você quer aqui depois de ter mentido para mim? Sabe qual é a pena que você pode cumprir por ter mentido para um policial?

— E o que acontece quando um policial agarra uma moça frágil e indefesa em sua sala de trabalho? Para isso não tem punição? — Miah estava com os olhos arregalados, mas ainda sorria.

— Ouça, diga-me logo o que quer comigo. Não tenho tempo para você — resmungou Nicolas, contornando a mesa e sentando-se em sua cadeira com rodinhas.

— Você assistiu à minha reportagem ontem à noite? — perguntou Miah, enquanto arrancava um copo descartável do suporte da parede. — Deve ter assistido, já que está com tanta raiva de mim.

— Aquilo foi um lixo. Não imaginava que você podia ser tão baixa — ele a observou encher o copo com água gelada do garrafão de água mineral.

— Vim apresentar meus sinceros pedidos de desculpa.

— Pedir desculpas soluciona o problema?

— Não seja tão radical. Não fiz nada tão grave assim. Tudo bem que eu tinha lhe prometido manter tudo em sigilo, mas, infelizmente, não deu — ela levou o copo aos lábios e bebeu um grande gole. — Tenho ordens, tenho chefes. E dependo do meu emprego. Era tudo ou nada. Ou faria uma grande matéria ou estaria na rua. Há tempos eu não estava dando lucros para o Canal local, pois não conseguia um furo jornalístico.

— E espera que eu acredite em sua história da carochinha?

— Eu sei que fiz mal em ter mentido para você — Miah tornou a encher o copo com água. — Se eu tivesse dito que revelaria tudo para a população, você teria ficado bravo comigo e me botaria para correr. E de mais a mais, todo mundo já estava desconfiado de que a vítima do assassinato era uma criança. Pensa que o povo é tolo? Quase ninguém está deixando as crianças saírem sozinhas às ruas, principalmente à noite. Todo mundo está com medo, pois há um psicopata solto por aí. Minha função foi informá-los sobre o andamento da sua investigação. Quem estava com alguma dúvida agora já não está mais. — Miah esvaziou o segundo copo d'água em um só gole. — E o meu trabalho está dependendo do seu.

Nicolas não soube o que lhe responder. Por mais que estivesse odiando Miah naquele momento, ele sentia que ela estava sendo sincera. O que ela lhe disse fazia todo sentido. A população tinha o direito de ser informada sobre os principais fatos de sua cidade. Principalmente quando se referiam a um assassinato.

— Até poderia perdoar você, não fosse por isto aqui — em um gesto brusco, ele apanhou o crucifixo do bolso e o jogou para Miah, que o pegou no ar. — A peça valiosíssima que pertenceu à sua bisavó.

Miah analisou o crucifixo como se o visse pela primeira vez. Por fim, deu de ombros e lhe respondeu:

— Eu o comprei na feirinha lá do centro, no final do ano passado. Acho que não me custou nem dez reais.

— Então você mentiu de novo? Enganou-me mais uma vez?

— Foi por um bem maior. Eu precisava comovê-lo de alguma forma, senão ficaria sem as informações.

Nicolas quase sorriu, tamanha a desfaçatez de Miah. Ele se levantou novamente e chegou bem próximo dela. Ela aguardou ansiosa, tentando imaginar se ele iria beijá-la novamente. Mas, em vez disso, ele lhe tomou o crucifixo das mãos.

— Vai ficar com ele? Pode ser usado como um amuleto.

— Isto é latão — reclamou Nicolas. — Vai para o lixo — mas, em vez de atirar o objeto no cesto, ele o guardou no bolso novamente. — Por causa dele, tive um sonho bem esquisito.

— O que você sonhou?

Quando Nicolas abriu a boca, viu a calvície de Oswaldo brilhando por trás do ombro de Miah. Ela se virou e o delegado adentrou a sala.

— Bom dia, Bartole! Bom dia, moça! — ele cumprimentou, olhando para Miah de revés sem ter tempo de imaginar o que ela fazia ali em pleno sábado. Oswaldo parecia nervoso e inquieto. — Temos problemas, Nicolas — dizendo isso, ele gesticulou com o polegar para trás.

Antes que Oswaldo pudesse explicar, três homens invadiram o ambiente e a pequena sala de Nicolas se tornou ainda menor para acomodar tantas pessoas. Ele não escondeu o desagrado ao reconhecer o investigador Duarte entre eles.

Nicolas já havia sido apresentado a um dos outros homens assim que chegou do Rio de Janeiro. Sabia que se tratava do major Lucena. Era um homem de cabelos grisalhos, olhos expressivos e inteligentes e aparência agradável.

O delegado Oswaldo não tardou a fazer as apresentações.

— Investigador Bartole, estes são o major Baltasar Lucena e o comandante Alain Freitas. O doutor Duarte você já conheceu ontem.

Nicolas apertou as mãos dos visitantes, inclusive a de Duarte. Era fácil compreender o motivo da visita, que, por coincidência, se encontrava parado ao seu lado.

— Só não entendo o que a senhorita Fiorentino faz aqui — especulou Duarte, encarando Miah com curiosidade. — Foi chamada pelo seu amigo para justificar a causa da fonte de suas informações?

— Poderiam dizer o que desejam de mim? — perguntou Nicolas.

— Vamos a uma sala maior? — sugeriu major Lucena. — Vamos pedir que a senhorita nos deixe a sós.

— Se o assunto for a minha reportagem, gostaria de estar presente — interferiu Miah, olhando o major com ar desafiador.

— É um assunto de polícia — explicou Duarte, com irritação.

— A senhorita será convidada a participar de nossa reunião no momento oportuno — avisou o comandante. — Oswaldo, temos uma sala?

Instantes depois foram acomodados em uma sala ampla com uma mesa oval. Mike surgiu discretamente e serviu café a todos. Saiu silenciosamente em seguida. Miah os aguardava do lado de fora.

— Sou um homem que gosta de evitar rodeios — iniciou o comandante, encarando Nicolas fixamente. — Quem o autorizou a vazar informações sobre o caso, investigador Bartole?

— Apenas compartilhei com a repórter o que todos já sabiam. A cidade é pequena e a notícia já tinha se espalhado — justificou-se Nicolas, sustentando o olhar de Alain.

— Sabe que pedimos sigilo absoluto quando um caso é aberto, não sabe? — tornou o comandante.

— Trabalho há sete anos como investigador e, com todo respeito, comandante Alain, não preciso que o senhor me dite as regras da corporação — respondeu Nicolas, mantendo a voz absolutamente firme.

A resposta de Nicolas saiu cortando e Oswaldo quase se encolheu. Nicolas estava se metendo com fogo. Não sabia o que o comandante Alain era capaz de fazer.

— Você é um homem bastante ousado, investigador — comentou Alain, surpreso com a resposta direta de Nicolas. — Poderia ser suspenso por isso.

— Se é o que o senhor acha melhor, siga em frente, comandante — devolveu Nicolas, começando a perder a paciência com aquela conversa. — Coloque Duarte em meu lugar e lhe confie a missão de localizar e deter o assassino.

— O senhor sempre agiu assim, no Rio de Janeiro? — a pergunta foi feita pelo major Lucena, porque o comandante estava perplexo com a língua afiada de Bartole. Em quase trinta anos atuando ali, jamais havia lidado com um tipo tão ousado e atrevido.

— Temos um objetivo comum, major: o bem-estar público. Por isso, cabe ao comandante decidir o que é melhor para a cidade.

— Em que pé está sua investigação, Bartole? — indagou Alain, repentinamente. — Temos novidades?

Nicolas trocou um rápido olhar com Oswaldo e lhe respondeu:

— Acredito que eu tenha feito um grande progresso, considerando que ontem foi meu terceiro dia de investigação. Felipe foi morto na terça-feira e estamos no sábado da mesma semana. Não posso ter feito muita coisa, não acham?

— Tem ideia de quando terá um relatório formal?

— No momento em que o senhor quiser, comandante. Até agora, não tenho nada concreto. Preciso de um prazo maior.

— Se eu estivesse à frente desta investigação, com certeza já teria grandes avanços — garantiu Duarte, olhando para Nicolas com desprezo. — Fechava meus casos em menos de uma semana.

— E seus casos consistiam em quê, exatamente? — rebateu Nicolas. — Em caçar ladrões de galinhas? Ou perseguir bandidos calçados com chinelos de dedo?

Duarte empalideceu, enquanto Nicolas quase sorria com satisfação. Major Lucena continuou:

— Chegou ao nosso conhecimento que o senhor teria recebido a repórter Miah Fiorentino em seu apartamento na noite de quinta-feira. O senhor e ela estariam mantendo uma relação pessoal?

— Minha vida pessoal em nada interfere no meu trabalho, portanto não cabe ser mencionada aqui. Admito que Miah esteve em meu apartamento no dia citado. Foi quando compartilhei com ela as informações que achei menos relevantes sobre o caso. Ela me prometeu sigilo, porém não cumpriu com a palavra. E estava justamente me pedindo desculpas no momento em que os senhores entraram em minha sala. Isso é tudo.

134

Oswaldo fechou os olhos, admirado com a coragem de Nicolas em desafiar o homem mais poderoso da polícia naquela cidade, além do influente major Lucena. O que Nicolas não sabia era que poderia entrar numa trilha perigosa se continuasse assim.

— Vou convidar a senhorita Fiorentino para entrar. Espero que ela confirme sua versão — tornou o comandante Alain.

Minutos depois, Miah se sentava à mesa, desejosa de ter podido ligar seu gravador disfarçadamente. Todavia, Mike a avisou dos procedimentos antes de ela entrar na sala. Se fosse flagrada gravando ou filmando, provavelmente seria presa.

Em rápidas palavras, o comandante Alain a pôs a par dos acontecimentos e exigiu de Miah saber o que havia acontecido. Ela olhou de soslaio para Nicolas e fixou os olhos em Alain.

— Ele não queria compartilhar nenhuma informação comigo, mas fui insistente. Fui à residência dele sem avisá-lo. E lá tive muito trabalho para convencê-lo a falar. Mais tarde, ele abriu o jogo comigo, por respeito à população da cidade, que merece estar sempre bem informada.

— A senhorita voltaria a procurar o senhor Bartole em busca de novas informações?

— Com certeza — respondeu Miah, sem hesitar. — Pouco importa se é permitido ou não. Quem não arrisca não petisca.

— A senhorita está dispensada — disse o comandante.

— Mas já? Acabei de entrar.

No minuto seguinte, Mike e outro policial já escoltavam Miah até a saída. Quando se viram novamente a sós, Duarte troçou:

135

— É visível que esses dois têm um caso. Viram só como se olhavam?

— Estamos com assuntos mais importantes a serem resolvidos, Duarte, portanto, não temos tempo para mexericos — disparou o comandante, fazendo Duarte empalidecer ainda mais. Alain se voltou para Nicolas: — Bem, creio que nossa conversa também tenha se encerrado. O senhor esteve muito perto de receber uma suspensão pela conduta de hoje. Garanto que, na próxima, irei retirá-lo do caso.

— Sim, senhor.

— Espero novas notícias sobre este caso o quanto antes — exigiu-lhe o comandante, levantando-se. Todos o imitaram. — De qualquer forma, foi um prazer conhecê--lo — ele apertou a mão de Nicolas. O major imitou o gesto, mas Duarte ignorou Nicolas completamente.

Quando os três saíram, Oswaldo finalmente conseguiu relaxar. Desejou ter a mesma serenidade de Nicolas, que estava absolutamente calmo e tranquilo.

— Como você consegue ficar tão tranquilo? O chefão acaba de sair desta sala.

— E o que eu deveria fazer? Esconder-me debaixo da mesa? Apenas joguei com cartas iguais às dele.

Oswaldo assentiu sem responder. Quando Nicolas saiu da sala, surpreendeu-se ao ver que Miah ainda o esperava. Ela se levantou quando o viu e ele disse apenas:

— Você vem comigo.

Capítulo 15

Pouco depois, eles almoçavam no *Caseiros*. Miah não protestou por estar almoçando antes das onze da manhã. Ambos fizeram seus pedidos, sem trocar nenhuma palavra. Tinham tanto a dizer um ao outro, mas conseguiram se manter calados.

Assim que o garçom serviu os pratos, Nicolas finalmente rompeu o pesado silêncio entre eles.

— Gostou do show? — ele perguntou.

— Tanta encenação para nada. Eles não podem me proibir de noticiar à população, afinal, o Brasil é um país democrático. Mesmo que você não tivesse me dito nada, eu acabaria apurando as informações sobre o crime.

— Não duvido disso — concordou Nicolas, enquanto temperava a salada. — Agora acho que meu filme ficou meio queimado com eles. Aquele cara, o Duarte, está se roendo de inveja por ter sido retirado dessa tarefa após tantos anos à frente das principais investigações da cidade. Ele achou que o comandante fosse me tirar do caso para que ele pudesse assumi-lo. Grande imbecil!

— O fato é que eles já perceberam que você é bom, só não querem admitir — sorriu Miah, experimentando o famoso frango à caçadora servido no *Caseiros*.

— Você acha que eu sou bom? — devolveu Nicolas, olhando-a fixamente.

— No que concerne à polícia? Tenho certeza que sim. Percebi isso no instante em que o vi pela primeira vez.

— Sou bom apenas profissionalmente? — provocou Nicolas, malicioso.

— Bem... aquele beijo foi...

— Esqueça o beijo. Já disse que foi um ato impensado. Estava revoltado com suas traições.

— Beijar-me foi a melhor forma de extravasar seu rancor?

— Não poderia bater em você, certo?

Miah não lhe respondeu, mas fitou atentamente o rosto de Nicolas. O cabelo, cortado no estilo militar, deixava-o com aparência mais severa, mas, quando ele sorria, sua expressão se tornava mais agradável.

— O que você vai fazer ao sair daqui? — quis saber Miah.

— Por que quer saber? Vai gravar minha resposta?

— Estou falando sério. Afinal, hoje é sábado.

— Não sei. Sinceramente, não sei. Admito que estou meio desorientado. Pretendo visitar o florista lá do centro. Deixei uma conversinha pendente com ele.

— O Thierry?

— Você o conhece?

— Aqui todo mundo conhece quase todo mundo. Thierry é dono da maior floricultura da cidade. Como não iria conhecê-lo? Além disso, eu o acho uma atração à parte. Gosto dele.

— Eu o achei meio... exótico.

— Ele é mesmo. Gosta de se vestir com as cores do arco-íris e se perfumar como suas flores. Por que você vai falar com ele? Thierry está relacionado com o caso?

— Não vou cometer o mesmo erro de passar informações a você.

— Só lhe perguntei por curiosidade. Independentemente do que você pensa, garanto-lhe que Thierry é inocente. Ele não mataria nem sequer um grilo. Mesmo porque ele daria gritinhos ao se deparar com um.

Ambos riram. Intimamente, Nicolas também descartava a possibilidade de Thierry ser culpado. Já havia comentado isso com Oswaldo. No entanto, mesmo que fosse inocente, ele mantinha relações íntimas com Alex, e este, sim, era suspeito. Se Thierry estivesse limpo, poderia ser um atalho para se conhecer o professor de Felipe mais a fundo. E Nicolas pretendia ir por esse caminho.

Quando terminaram de almoçar, o relógio registrava quase meio-dia. Miah avisou que voltaria para o Canal local e Nicolas decidiu que iria à floricultura de Thierry. Antes de se despedir, Miah colocou ambas as mãos nos ombros de Nicolas.

— Mais uma vez, peço-lhe desculpas. Juro que foi por uma causa nobre. Lamento os transtornos que lhe causei.

— Tudo bem. Você está absolvida de seus pecados — brincou Nicolas, quase tenso com o toque das mãos suaves de Miah em seus ombros. — Ainda vamos nos ver, espero.

— Claro que sim. Não pretendo desgrudar de você até o assassino ser preso. Afinal, quero saber quem é o culpado.

— Todo mundo quer saber, Miah. Todos estão curiosos e ansiosos para conhecer a personalidade de uma pessoa que foi capaz de estrangular um garotinho com as próprias mãos.

— Se eu souber de alguma coisa pela mídia, prometo vir avisá-lo — garantiu-lhe Miah. Ela se esticou e beijou Nicolas no rosto.

— Avise-me, sim — ele fechou os olhos quando os lábios provocantes da repórter lhe tocaram a bochecha.

Embora estivesse louco por outro beijo, Nicolas se controlou. Decidiu que somente quando o caso estivesse concluído poderia conhecer Miah Fiorentino melhor.

———————

Thierry estava atendendo duas clientes no instante em que Nicolas entrou na floricultura *Que amores de flores*. Os três se viraram para Nicolas e ele percebeu que uma das clientes era Carlota, a senhorinha que "curtia" homens mais jovens.

— O senhor por aqui? — Carlota exibiu seu melhor sorriso. — Nós dois estamos tão informais neste momento, não é? Se quiser, saindo daqui...

— Thierry, quando terminar o atendimento, preciso falar com você — Nicolas cortou Carlota, sem lhe dar atenção.

— De novo? — horrorizou-se Thierry, colocando os vasinhos de azaleias que as clientes acabavam de adquirir em um bonito invólucro de plástico. — O que quer comigo?

— Termine, por favor.

Para se ver livre das cantadas de Carlota, Nicolas se afastou e ficou observando algumas flores em uma prateleira. Quando percebeu que as clientes já haviam partido, ele retornou.

— Está disponível agora, Thierry?

— Quando eu estava solteiro, nunca me apareceu um bonitão como você perguntando se eu estava disponível — ele agitou os cabelos loiros, envolvidos em fitilhos coloridos. — As coisas nunca acontecem quando queremos. É impressionante — ele deixou escapar um profundo suspiro. — O que quer agora?

— Está sozinho hoje?

— Sim. Hoje é folga da Zilá. Ainda não disse o que deseja comigo.

— Gostaria que me dissesse onde estava na noite de terça-feira, mais precisamente depois das seis da tarde.

— Estava com o meu namorado, Alex, na praça. Estávamos curtindo a night.

"Como o limpador de para-brisas disse", lembrou Nicolas.

— Sabia que Felipe foi assassinado nesse momento?

— Não posso fazer nada. Não fui eu quem o matou. Veja — Thierry esticou as mãos elegantes e bem cuidadas para a frente. — Acha que estas mãozinhas, tão branquinhas e delicadas, seriam capazes de apertar o pescoço de um garotinho? Nem mesmo por ele ter sido uma pedrinha no meu sapato de grife eu o mataria.

— Não duvido disso. No entanto, preciso seguir por todas as linhas possíveis de investigação.

— Alex e eu não matamos o garoto — Thierry inflou o peito e o imenso crisântemo de tecido colado em sua roupa se projetou para a frente. — Estávamos juntos e continuamos juntos até o final da noite. Portanto, investigador, nenhum de nós dois poderia ter torcido o pescoço daquele menino horrível.

— Pode me provar que estavam na praça? — pediu Nicolas, embora soubesse que Alex e Thierry de fato estiveram na praça naquele horário.

— Não, eu não posso. Sei aonde quer chegar, investigador. Quer bagunçar a minha cabeça como fez na outra vez em que veio aqui. Aviso que hoje você não vai conseguir nada.

— Por falar na minha visita anterior — provocou Nicolas —, lembro-me de que eu tinha lhe pedido que me explicasse como sabia que Felipe tinha sido estrangulado, se momentos antes você mal parecia conhecê-lo. Espero que você não "passe mal" novamente.

— As notícias correm, meu querido. Eu tinha escutado qualquer coisa. Não se esqueça de que estamos numa cidade no interior.

Nicolas não ia se esquecer disso. Desde que chegou ali era só isso que vinha escutando. Todos diziam que a cidade era pequena demais para guardar tantos segredos.

— Vamos fazer o seguinte: vou embora, pois hoje é sábado... Eu deveria estar de folga e você está trabalhando. Se eu sentir necessidade de voltar aqui, fique certo de que o farei — avisou Nicolas.

— Pode voltar — disse Thierry, quando Nicolas já estava saindo da floricultura. — Só me avise antes para que eu o espere perfumado.

Nicolas ignorou o comentário, mas ainda sorria quando chegou em seu carro.

———

O período da tarde transcorreu sem grandes novidades e Nicolas voltou para casa mais cedo. Ao chegar, colocou um CD no aparelho e foi preparar um lanche. Eram quase seis horas e já estava bastante escuro lá fora.

Enquanto ouvia a música, foi ao quarto e vasculhou o guarda-roupa à procura de uma roupa ideal para uma balada. Nicolas já havia frequentado muitas casas noturnas no Rio de Janeiro e agora estava interessado em conhecer a agitação noturna de uma cidade pequena.

Queria fazer uma breve comparação entre as duas cidades e decidir de qual ele gostava mais. E o primeiro passo seria a balada daquela noite.

Érica surgiu sorrateira, contudo, ignorou seu dono completamente. Nicolas mal a olhou, pois estava pensando em Miah e no que ela diria se ele a convidasse para acompanhá-lo à balada. Será que ela aceitaria? Ou se faria de difícil?

Ele se lembrou de que não tinha sequer o número do celular dela. Até pensou em telefonar para o Canal local na tentativa de conseguir algum contato com ela, mas acabou desistindo. Em outro dia, quem sabe desse certo?

Ele tomou uma rápida ducha e poucos minutos antes do horário em que Mike deveria passar para pegá-lo Marian chegou. Beijou o irmão no rosto, e ele a convidou para ir à balada. Ela recusou o convite com um amável gesto de cabeça. Disse que estava cansada e que iria se banhar. E completou dizendo que ler um bom livro, o que ela pretendia fazer, era muito mais interessante do que qualquer balada. Nicolas não discutiu, pois sabia da predileção de Marian pela literatura.

Pontualmente no horário combinado, Mike chegou. Eles seguiam no carro de Nicolas até a casa noturna, que, segundo o policial, ficava a quinze minutos dali.

Enquanto mostrava o caminho a Nicolas, Mike ia falando o tempo todo. Nicolas achou impressionante a capacidade do policial de falar sobre tantas coisas diferentes ao mesmo tempo. No instante em que Mike falava sobre o vinho preferido, comentava também sobre a alta do dólar e sobre a ameaça de extinção que sofre o mico-leão-dourado.

Nicolas agradeceu em pensamento quando finalmente estacionou diante da casa noturna e Mike fechou a boca. Porém, ao sair do carro, o policial começou a falar tudo de novo.

Enquanto ele falava, Nicolas o observava. Sem farda, Mike parecia ainda maior. Nicolas era um homem bastante alto, mas ficava pequenino ao lado de Mike, que quase atingia dois metros de altura. Os ombros dele eram largos e Nicolas sabia que sua massa corporal era constituída unicamente por músculos.

O local estava cheio e era possível ouvir a música do lado de fora da casa. Assim que entraram, foram recebidos por uma golfada de calor, luzes e sons misturados. Mike guiou Nicolas até um balcão e perguntou se ele desejava tomar alguma coisa.

— Não, Mike, por enquanto, não.

— Bartole, não estamos trabalhando. E amanhã é domingo, podemos abusar um pouquinho hoje.

— Já disse que não. Vamos dar uns giros por aí, enquanto você me mostra a estrutura da casa. Depois eu decido se quero tomar alguma coisa.

Mike concordou e eles se aproximaram de uma das pistas de dança. A cada minuto parecia que o lugar se tornava mais cheio e Nicolas chegou à conclusão de que fez um julgamento precipitado comparando aquela balada com as do Rio. Pelo menos aquela casa noturna era tão ou mais frequentada que qualquer uma da capital carioca.

Durante o restante da noite, ele e Mike procuraram dançar sozinhos. Mike ainda arriscou uns afagos em uma mulata belíssima. Já Nicolas preferiu ficar na dele. Era melhor do que pisar em terreno desconhecido.

Enquanto se remexia na pista de dança, Nicolas reparava em um casal a sua frente. A moça estava abraçada ao namorado, que estava de costas para Nicolas. Ela fitava Nicolas atentamente e piscava para ele, que sentiu pena do rapaz por namorar uma mulher como aquela. Provavelmente ele tinha mais chifres do que um alce.

De repente, ouviu-se um burburinho e ele se virou a tempo de ver um adolescente praticamente voar sobre a pista de dança e cair estatelado aos pés de dois rapazes. Nicolas ainda viu quando Mike tentou falar alguma coisa ao agressor antes de ser empurrado violentamente para trás e desabar sobre uma mulher.

Um círculo se abriu na pista de dança. No mesmo instante, a música cessou e as luzes multicoloridas se apagaram. Na semiescuridão, Nicolas se aproximou, tentando entender o que tinha acontecido ali.

O adolescente se levantou, esfregando a nuca. Mike também já estava de pé e apontava o dedo para o homem que o tinha empurrado.

— Cara, você não sabe o tamanho do seu erro ao fazer isso — avisou Mike, encarando o atacante com irritação.

— O que houve, Mike? — perguntou Nicolas, tocando o ombro do policial — Por que ele o derrubou?

— Vejam só — gritou o agressor, soltando uma gargalhada estrondosa. — O negrão namora o branquelo.

Nicolas ergueu o olhar e só agora pareceu se dar conta de que o homem era imenso. Se Mike era um gigante, o outro era um colosso. Tratava-se de um mulato careca, de rosto ameaçador. Media uns dois metros e dez de altura e pesava cerca de cento e cinquenta quilos, segundo os cálculos de Nicolas. Ele pôde ver duas coisas: o corpo de uma mulher nua tatuado na bochecha do sujeito e os olhos dele, vermelhos e sanguinários.

— Cuidado com o Chacal — cochichou um garoto no ouvido de Nicolas. — Quem mexe com ele sempre sai com um osso quebrado.

— Obrigado pelo conselho — agradeceu Nicolas.
— O que aconteceu? — ele tornou a perguntar.

— O magricelo — Mike indicou o adolescente — parece ter mexido com a mulher desse cara. Aí fui intervir e ele me derrubou também. Isso porque eu estava despreparado.

— Um policial nunca deve estar despreparado — sussurrou Nicolas de volta. — Agora, deixe-o comigo.

— É melhor deixar isso pra lá, Bartole. Olhe o tamanho do cara.

— A briga vai ficar melhor, então — rebateu Nicolas.

— Os maricas vão ficar de cochichos? — indagou Chacal, colocando o enorme braço tatuado sobre os ombros da mulher que foi o pivô da confusão.

O adolescente praticamente desapareceu e Nicolas virou o rosto, deparando-se com os olhares de expectativa da plateia. Ele se perguntou se haveria seguranças naquela boate ou se eles também temiam Chacal.

— Peça desculpas ao meu amigo — exigiu Nicolas, apontando para Mike.

Chacal levou alguns segundos para digerir a ordem. Então, jogou a cabeça para trás e explodiu numa gargalhada irônica.

— Tá de brincadeira comigo? Eu sou Chacal e mando nesta cidade. Se falar outra bobagem como essa, faço você engolir as próprias orelhas — ameaçou o gigante.

— Só se eu arrancar as suas primeiro — retrucou Nicolas, mantendo um sorriso nos lábios.

Houve novos burburinhos, pois as pessoas confabulavam a respeito da audácia do desconhecido em desafiar a paciência de Chacal. Mal sabia ele o que Chacal era capaz de fazer.

— Você tá pedindo para morrer? — indagou Chacal.

— E você está pedindo para ser preso? — devolveu Nicolas.

— Por quê, seu otário? Vai chamar a polícia pra mim?

— Não, seu babaca. Eu sou a polícia — e, dizendo isso, Nicolas enfiou a mão no bolso e exibiu sua identificação policial, embora ele duvidasse de que Chacal fosse enxergá-la, por causa da escuridão. — Alguém pode acender essas luzes? — pediu Nicolas em voz alta.

As luzes foram acesas pouco depois e o distintivo de Nicolas foi praticamente arrancado de suas mãos. No segundo seguinte, ele viu Chacal jogando o documento para o outro lado do salão.

— Agora você deixou de ser um policial porcaria — rosnou ele. — Vou quebrar essa sua cara branca por ter discutido comigo.

Chacal fechou o punho e o direcionou para acertar Nicolas, errando o alvo por centímetros. Nicolas, sem perder tempo, aplicou um murro violento contra a barriga de Chacal, mas foi como esmurrar uma parede de concreto. Chacal nem se abalou.

A namorada de Chacal começou a gritar, pedindo que ele cessasse a briga, contudo, o homem nem a ouvia. Ele agarrou os ombros de Nicolas com força e os puxou para cima, quase deslocando os ossos do investigador. Então, dobrou a perna e golpeou a virilha de Nicolas com o joelho, fazendo-o se curvar. Para finalizar, Chacal deu um tapa no alto da cabeça dele, que caiu no chão.

Mike rapidamente reagiu e revidou com chutes e murros contra o peito de Chacal. O agressor recuou alguns passos, desferindo um soco contra a boca de Mike, que começou a sangrar aos borbotões.

Nicolas se ergueu, contendo as dores. Não deixava de encarar o adversário nos olhos. Chacal avançou como uma carreta e segurou Nicolas pela camiseta, que imediatamente se rasgou. Com um empurrão fortíssimo, ele jogou Bartole para trás.

— Cadê o policial corajoso? Não vai me prender?

— Pode ter certeza que sim — prometeu Nicolas, despindo a camiseta rasgada. — Agora você vai aprender a enfrentar um homem.

Chacal soltou outra gargalhada e esse foi seu erro. Nicolas se levantou e saltou sobre Chacal como um tigre pulando sobre a presa. O choque entre os dois homens fez ambos irem ao chão. Por sorte, Nicolas caiu sobre o imenso corpanzil de Chacal. Com as duas mãos fechadas, ele aplicou uma série de murros no rosto tatuado do valentão, como um boxeador treinando em um saco de pancadas. Chacal se remexeu debaixo de Nicolas, mas, como em um passe de mágica, uma arma surgiu nas mãos de Mike, que apontava para a cabeça de Chacal.

— Acabou, seu palhaço — rugiu Nicolas, sem parar de bater no rosto de Chacal. Quando o viu perder os sentidos, cessou os golpes. Virou o rosto para Mike e exigiu: — Chame uma viatura agora, Mike. Este engraçadinho que agrediu um policial terá muito o que fazer atrás das grades.

Quando Nicolas se levantou, a plateia que assistiu à luta violenta o aplaudiu vigorosamente. A namorada de Chacal chorava agachada ao lado dele. O adolescente reapareceu e observava a cena de um canto.

— Chacal foi derrotado — alguém gritou. — Viva o novato.

— Vivaaaa!

Em menos de dez minutos, duas viaturas policiais chegaram e Chacal foi algemado, embora ainda não tivesse recobrado os sentidos. Seu rosto era uma massa de sangue e hematomas.

— Fazia tempo que Chacal vinha pedindo por isso — comentou um policial, olhando o peito nu e arranhado de Nicolas.

— Então a hora dele chegou — respondeu Nicolas, enquanto alguém lhe devolvia seu distintivo. — Vamos embora, Mike? A balada foi mais agitada do que eu imaginava. Além disso, sua boca está sangrando bastante. Você precisa de um médico.

— Arre égua, Bartole. Estou bem, de verdade. Chegando em casa, minha mãe me prepara um unguento. Vamos nessa.

Enquanto Bartole e Mike deixavam a casa noturna, Chacal era trancafiado atrás de uma das viaturas. Realmente a noite foi bastante movimentada.

Capítulo 16

Quando Nicolas chegou em casa, já passava da meia-noite. Assim que trancou a porta por dentro, seguiu direto para o banheiro. Abriu a torneira da pia e colocou a cabeça sob o jato frio da água. Só agora se dava conta de como o corpo estava dolorido. A cabeça parecia explodir, enquanto sua virilha latejava. Os ombros, por onde o gigante o agarrou, ardiam como se tivessem sido queimados.

Ele fechou a torneira e apanhou a toalha para secar o rosto. Quando se encarou no espelho afixado na parede, que refletia seu corpo inteiro, deu-se conta de que sua aparência estava pior do que pensava. Saiu para curtir a agitação noturna em uma boate e voltou para casa apenas de calça jeans. Os nós dos dedos ainda estavam doloridos dos golpes que aplicara em Chacal.

Como molhar a cabeça não aliviou nem um décimo da dor, Nicolas abriu o armário do banheiro e apanhou um analgésico, engolindo-o rapidamente. Para não despertar a irmã, foi para o quarto tão suavemente quanto sua gata Érica faria, embora nem tivesse se dado conta de que um feixe de luz surgia por baixo da porta do quarto de Marian. Apanhou uma toalha e uma cueca e pouco depois estava debaixo do forte fluxo d'água do chuveiro. Demorou-se quase meia hora no banho, pensando que os ecologistas o processariam se vissem tanto desperdício de água.

No momento em que saiu do banheiro, deparou-se com Marian saindo da cozinha, segurando um copo de leite. Ela não pareceu espantada ao vê-lo vestido apenas com traje íntimo. O que a assustou foi a expressão nos olhos do irmão, que na escuridão da casa pareciam negros.

— O que houve, Nicolas? — perguntou ela, preocupada.

— Nada. Apenas um conflito na boate em que eu estava.

— Você brigou ou se envolveu numa briga?

— As duas coisas. Mas já está tudo bem. A dor de cabeça está passando — ele seguiu para a sala. Ali, acendeu a luz e se sentou no sofá.

— Quer conversar sobre o que aconteceu? — como amava seu irmão mais velho, Marian se sentou ao seu lado. Passaria toda a madrugada ao lado dele, se isso pudesse confortá-lo de qualquer que fosse seu problema.

Em uma versão bem compacta, Nicolas lhe contou o que tinha acontecido na boate. Concluiu:

— Pelo que pude perceber, todos tinham medo desse tal Chacal, tanto que não apareceu nenhum segurança para apartar a briga. Notei que as pessoas pareceram aliviadas quando viram as algemas se fechando nos pulsos do cara — finalizou Nicolas, suspirando de exaustão. — Eu não devia ter ido, mas Mike me convenceu.

— Percebi que você tem trabalhado demais. Sempre foi assim, afinal. Quando você estava envolvido em um dos seus casos, sempre deixava sua vida social de lado. Por que agiria diferente agora? — Marian bebeu um gole do leite. — Quer que eu pegue um pouco de leite para você?

Ele sacudiu a cabeça negativamente.

— Quero apenas que você me pegue uma bermuda. Não posso ficar de cueca na frente da minha irmã.

— Por que não? Eu não só já o vi de cueca muitas vezes como também já o vi nu em pelo.

Um sorriso se insinuou nos lábios de Nicolas e Marian sentiu que ganhou um ponto.

— É feio espiar seu irmão mais velho, sabia?

— E é mais feio ainda deixar o trabalho tomar conta da sua vida. Não quero vê-lo doente por causa disso.

— Não exagere. Foi apenas uma briga.

— Muito antes dessa briga acontecer, eu já tinha percebido que você não estava muito bem. Sei lá, sinto que você está meio estranho. Parece desanimado, desiludido... — Marian pensou se deveria mencionar Miah, porém decidiu que não era o momento ideal. — Acho que você deve se divertir, sim. Nunca gostei de baladas e só por isso não o acompanhei.

Diante da atenção com que o irmão a encarava, ela prosseguiu:

— Procure outras formas de entretenimento também. Vá a um teatro, a um cinema ou até mesmo curtir uma noite no parque. Hoje conheci uma parte da cidade em que há um grande parque de diversões. Disseram que ele fica aqui durante o ano todo. Tem até roda--gigante e uma pequena montanha-russa. Amanhã é domingo e, à noite, quando ele funciona, podemos ir até lá.

— Obrigado por ser tão boa, Marian — sorriu Nicolas, curvando-se para beijá-la no rosto. — E me desculpe por tê-la acordado.

— Estava acordada. Comecei a pintar mais um quadro. Parece que vai ficar muito bonito.

— De onde surgem essas inspirações para você pintar aquelas paisagens tão lindas? Você projeta em sua mente os lugares que pretende pintar?

— Não. Elas simplesmente surgem — confessou Marian.

— Como assim? Não podem surgir do nada.

— Antes as pessoas diziam que eu tinha criatividade em excesso e imaginação fértil. Outras diziam que eu tinha dom para pintura, tanto que eu quis me formar em Artes. Como você sabe, sou muito inquieta, achava que havia algo além de uma simples aptidão para criar paisagens nos quadros. E fui atrás de orientações.

— Lá no Rio? — vendo Marian fazer que sim com a cabeça, Nicolas quis saber: — E por que você nunca me contou?

— Porque você vivia ocupado com suas atividades na polícia e eu não queria atrapalhá-lo falando sobre minha mediunidade.

— Mediunidade? Isso tem a ver com médiuns?

— Isso mesmo.

— Médiuns como aquele Chico Xavier, que morreu há alguns anos?

— Exato. Francisco Cândido Xavier, em minha opinião, e na de muitas outras pessoas, foi um dos maiores médiuns que já existiram. Além de ter escrito mais de quatrocentos livros, consolou a vida de muitas famílias com as cartas que psicografava de entes queridos já falecidos.

— E o que o Chico Xavier tem a ver com os seus quadros? — Nicolas ainda não tinha conseguido encontrar a conexão entre as duas coisas.

— Ele foi um grande médium, e eu descobri que minha mediunidade é bastante sensível. Mas, diferente dele, que escrevia, eu coloco na tela dos meus quadros imagens de lugares que, acredito, não existam aqui na Terra. E, se existirem, foram visitados por outras pessoas e agora elas trazem até mim essas imagens. Posso lhe mostrar uma coisa no meu quarto?

Nicolas assentiu e seguiu a irmã. Embora a cabeça ainda doesse e ele ansiasse pela cama, Marian deixou algumas dúvidas sobre seus quadros. E ele que pensou que eram apenas quadros normais!

Dentro do quarto que ele cedeu à irmã, Nicolas fitou atentamente as três obras que ela trouxe em sua bagagem. Eram quadros pequenos, no entanto, em cada um deles havia uma riqueza de detalhes tão grande que dava até vontade de adentrar aqueles mundos maravilhosos que eles retratavam.

O primeiro deles mostrava uma fascinante queda d'água que desabava sobre águas quase transparentes. Margeando as águas, havia três casinhas brancas enfileiradas, e pousada no telhado de cada uma havia uma ave diferente. O segundo quadro mostrava um navio deixando um porto e as pessoas acenando em despedida, o que fez Nicolas se lembrar do filme *Titanic*. Contudo, ele percebeu que entre as pessoas, tanto as que ficaram no porto como as que haviam embarcado, havia algumas vestidas de branco, como enfermeiros solícitos, prontos para os primeiros socorros. Uma imensa bola alaranjada se punha no horizonte, na lateral do navio, e completava a beleza da obra. Já o terceiro quadro, o predileto de Nicolas, mostrava um jardim repleto de flores exuberantes e uma única menina de costas, colhendo algumas delas. Ele poderia jurar que era possível sentir o aroma das flores tamanha a realidade que o quadro transmitia.

— Como vê, são paisagens normais, que qualquer outra pessoa poderia pintar, talvez até melhor do que eu — comentou Marian. — O que conta é que no meu íntimo eu sei que esses lugares existem. Não são frutos da minha imaginação. Eles são reais e foram vistos por alguém antes de mim. E esse alguém me inspirou para que eu pudesse pintá-los. Estou falando muita bobeira?

— De jeito nenhum. Sabe que eu sempre respeitei todas as religiões, apenas nunca parei para pensar que um fantasma pudesse inspirar alguém a fazer alguma coisa.

— Lá no Rio, onde fui orientada, me disseram que esse fantasma que você mencionou, na realidade, é um espírito de uma pessoa que viveu aqui na Terra, como nós, e que retornou a outras dimensões. E, por algum motivo, um ou mais deles vieram até mim para me inspirar.

— E você aceitou isso assim, naturalmente? Onde você foi procurar essa ajuda? — quis saber Nicolas, ainda segurando os quadros.

— Em um lugar conhecido como Sociedade de Estudos Espiritualistas. Foi a partir daí que comecei a estudar sobre o assunto, a ler romances deste gênero etc. Por isso, Nic, para que eu ia perder tempo indo a uma balada em busca de diversão, quase sempre sexual, quando posso estar aqui, lendo e aprendendo, aprimorando meus conhecimentos sobre as leis da vida?

— Você mesma tinha acabado de me dizer que é preciso se divertir, pois o trabalho em excesso é prejudicial — recordou Nicolas.

— É verdade, mas eu também falei que existem outras formas de diversão. A alegria, por sinal, é um santo remédio para nosso espírito, sabia?

— Você acredita mesmo nesse negócio de espíritos?

— Eu acredito que na natureza tudo é perfeito demais para ter um fim. Acho que não haveria razão de vivermos uma única vida, que pode ser boa ou ruim, para depois acabar tudo sem nenhuma explicação.

— Então você acredita que os espíritos vivem perto de nós? Que neste momento pode ter um aqui, ouvindo nossa conversa? Desculpe-me, Marian, mas a única assombração que vive neste apartamento é aquela gata horripilante — disse Nicolas, fazendo a irmã sorrir.

— Segundo o que aprendi, sim, eles podem estar perto de nós por motivos diversos. Neste quadro do navio, por exemplo, essas pessoas que estão vestidas de branco são amigos espirituais, provavelmente mentores dos encarnados, ou seja, aqueles que continuam vivos. Aonde vamos sempre podemos contar com a companhia de um irmão espiritual. Talvez tenha algum aqui, talvez não. Eu pinto com a ajuda de um deles, mas não os vejo. Há quem converse com eles, quem os escute, quem os sinta. Existem diferentes tipos de mediunidade.

— Isso é interessante. E ficaria ainda melhor se eu pudesse contar com a ajuda de um espírito para me ajudar a desvendar o caso de Felipe. Alguém que me dissesse: "Nicolas, o verdadeiro culpado é tal pessoa".

— Você também não quer mais nada, hein? — riu Marian, apontando a porta do quarto. — Acho melhor você ir dormir. Já está tarde e você precisa se recuperar da briga de hoje. Amanhã é domingo e será um dia bastante tranquilo.

— Assim espero, maninha — Nicolas beijou Marian na testa ao sair do quarto. — Amanhã pretendo dormir até as duas da tarde.

Nicolas voltou rapidamente para seu quarto e desabou na cama, como se tivesse perdido a consciência. Em questão de segundos, ele já estava dormindo.

E sonhando.

Capítulo 17

A lâmina da espada reluziu ao brilho da lua quando o cavaleiro de armadura a ergueu, apontando-a para o céu. Era a mesma espada que usou para matar os camponeses. Era a mesma arma que já havia ceifado dezenas de vidas, a maioria de pessoas inocentes. Mas isso pouco importava. O que realmente lhe interessava estava fora do seu alcance. Pelo menos temporariamente.

A menina camponesa tinha lhe dito que a mulher fugira para o norte, com seus seguidores. Ele tinha de ser mais rápido do que ela e caçá-la o quanto antes. E, depois de mantê-la prisioneira, submetendo-a a todos os tipos de tortura para que ela falasse, ele a mandaria para a fogueira. Sua missão e seu prazer só seriam realizados e satisfeitos quando ele visse as chamas consumindo o corpo daquela herege.

Outras haviam sido queimadas antes. Muitas eram parecidas com ela: bruxas perigosas. Algumas sabiam preparar ervas que diziam ser para cura. Outras juravam ver pessoas que já estavam mortas. Havia ainda aquelas bruxas que, segundo as lendas, tinham o poder de se transformar em qualquer animal. Entretanto, aquela que ele buscava era a líder de todas. Era a bruxa mais perigosa e mais poderosa que já tinha existido. Todos diziam que ela era uma mulher boa, mas ele sabia que não existiam bruxas boas. Todas tinham de ser queimadas; a heresia tinha de ser punida. E ele faria isso, ainda que fosse a última coisa a ser feita em sua vida.

Houve uma vez em que esteve tão próximo dela que quase pôde tocar em seus longuíssimos cabelos negros, soltos ao vento. Naquela época, ele não sabia do seu segredo. Achava que ela era fiel à Igreja, como as pessoas tinham de ser. Fosse em outros tempos, ele até poderia enamorar-se por aquele rosto perfeito. Mas a verdade era outra. Aquela mulher, de aparência angelical, tinha o poder de matá-lo apenas com o olhar, segundo diziam. Ela protegia o povo de sua aldeia como defenderia sua própria vida. Diziam que ela só usava seus poderes para o bem, mas também os direcionava para o mal, se precisasse se defender.

Quantos guerreiros valentes e bravios ele enviou para capturá-la viva ou morta e que jamais haviam retornado? Quantos outros haviam se recusado a cumprir suas ordens temendo enfrentar a ira da bruxa? Mas uma coisa era certa: se ninguém teve brio suficiente para fazer o serviço, então ele o faria. Precisava dela viva, preferencialmente, para que pudesse revelar todos os mistérios de suas magias escusas.

Se fosse necessário matá-la, se tivesse de perfurar seu coração com sua espada afiada e mortal, não hesitaria. E queimaria seus restos mortais na fogueira. Essa era a única forma de se livrar daquela maldição em forma de uma jovem mulher.

Pensando em ser rápido o bastante para capturá-la, o cavaleiro montou em seu cavalo negro, bateu com os calcanhares em seus flancos e seguiu a pleno galope na direção norte. Eliminaria todos os que surgissem em seu caminho até se ver a sós com a bruxa poderosa.

O miado irritante de Érica foi o motivo de Nicolas ter despertado, embora ele achasse que acabaria acordando sozinho. Esfregou os olhos porque alguém acendeu as luzes do seu quarto, e consultou o relógio, mal contendo o espanto. Como já poderia ser quase meio-dia? O relógio tinha de estar errado. As horas não poderiam ter passado tão depressa.

Quando se sentou na cama, compreendeu que as luzes que ele pensou que alguém tinha acendido nada mais eram do que os raios de sol que invadiram seus aposentos. Realmente já era bem tarde e ele nem se lembrava da última vez em que havia dormido tanto.

Érica tornou a emitir um miado zangado e Nicolas se levantou. Marian havia saído, mas deixou o café da manhã pronto na mesa da cozinha, cuja porta estava fechada para que Érica não tivesse acesso aos alimentos, o que explicava o mau humor aparente da imensa gata angorá.

— Como é bom ter uma irmã que me ama — disse Nicolas, olhando para Érica. — Bem feito para você, que é sozinha no mundo.

A gata ergueu uma pata e projetou as unhas para a frente. Nicolas poderia jurar que ela estava fazendo um gesto obsceno como resposta.

— Há pessoas que não gostam de gatos. Acho que devo entrar para esse time, sabia? — retrucou Nicolas.

Ele se sentou à mesa e apanhou uma fatia de presunto. Érica, subitamente sua melhor amiga, sentou-se na outra cadeira e pôs-se a observá-lo, bastante interessada. Para não piorar a rixa entre ele e a felina, Nicolas lhe atirou metade da fatia.

Em seguida, ele ergueu a faca para cortar o pão. A lâmina da faca refletiu o brilho do sol que entrava pela janela da cozinha. Imediatamente, Nicolas se lembrou do sonho. Sem que soubesse por quê, mais uma vez sonhou com o cavaleiro de armadura e seu cavalo. Lembrava-se de que o homem, no sonho, ergueu sua espada como ele fez com sua pequena faca. Lembrou-se do cavalo negro e, principalmente, dos objetivos daquele desconhecido.

Nicolas sabia que jamais havia sonhado com aquilo antes. Os sonhos começaram quando ele se mudou para aquela cidade. Mais precisamente depois do assassinato de Felipe. Ainda mais precisamente depois de Miah ter lhe dado o crucifixo falsificado. Na primeira vez, sonhou que o homem estuprou duas garotinhas e depois as matou, bem como o pai delas.

Embora o primeiro sonho tivesse sido muito violento, este o deixou mais atordoado. Sabia que parecia loucura, mas era como se ele pensasse junto com o cavaleiro, ou que pudesse ler os pensamentos dele. Nicolas estava certo de que o homem estava caçando uma bruxa com fama de poderosa para queimá-la na fogueira, depois de torturá-la. Parecia até uma obsessão, um desejo irreprimível de matar a tal feiticeira.

O cavaleiro mencionou em pensamento a palavra "heresia". Nicolas, embora sempre tivesse sido um péssimo aluno nas aulas de História, sabia que, juntando as peças, o homem estava na época da Inquisição, na qual queimavam pessoas acusadas de bruxaria. Claro que aquilo tudo parecia loucura, mas era muito estranho. Assim que pudesse, iria conversar sobre aquilo com Marian.

— Com tanta coisa para me preocupar, vou sonhar logo com um maluco que não gosta de bruxas? E o que eu tenho a ver com isso?

Nicolas detestava admitir, pois seria o ápice da doidice, mas ele sentia, nas profundezas do seu ser, que tinha muito a ver com o personagem dos seus sonhos.

Isabella Pacheco detestava ser despertada pela mãe aos domingos e abandonar sua cama macia e confortável. Se a mãe já a acordava durante a semana inteira às seis da manhã para que fosse à escola, e aos sábados, às sete, para a catequese, era injusto ser chamada também aos domingos, o único dia em que podia descansar e sonhar com Murilo. Sua mãe não entendia que Isabella estava apaixonada e queria apenas pensar no seu pretendente.

Além disso, comprar batatas para o almoço no armazém do seu Dirceu não era algo urgente. A mãe poderia ter ido apanhar as batatas ela mesma, em vez de tirá-la da cama às onze e meia. E depois, Isabella sempre escolhia as batatas de qualquer jeito e ouvia reclamações da mãe:

— Uma moça com onze anos ainda não sabe escolher batatas? Você só me traz as que estão podres ou estragadas.

Aquilo era um saco. Mas fazer o quê? Não podia reclamar nem desobedecer. Mas Isabella achava que já era tempo de sua mãe mandar seu irmão mais novo, Luan, fazer pequenos serviços também. Ele já estava com sete anos e não era mais tão bobinho.

Por outro lado, Isabella sabia que a mãe não deixaria o irmão menor sair às ruas tão cedo. Na semana anterior, um menino de sua escola foi morto lá no matagal da ladeira. Ele era da terceira série e ela lembrava de tê-lo visto algumas vezes, embora não tivesse lhe dado atenção. Ele era muito pequeno para ela. Além do mais, o único amor da vida de Isabella era Murilo, o garoto mais sensacional da oitava série.

"Só existem dois problemas", pensou Isabella, entrando no armazém. "Murilo tem namorada e mal sabe que eu existo. Sei que um dia ele ainda vai me enxergar. Vai deixar a namorada feiosa de lado e ficar comigo. Sei disso."

Estar apaixonada pela primeira vez era uma sensação tão fascinante que Isabella estava emocionada. Claro que já tinha gostado de alguns garotos. Chegou até a trocar alguns selinhos com dois deles. Mas o que sentia por Murilo era algo diferente, que a fazia se sentir muito mais adulta. Queria poder tocá-lo, abraçá-lo e beijá-lo, como a namorada dele fazia. Murilo estava duas séries mais avançado que ela, que cursava a sexta, e talvez por isso a considerasse apenas uma criança.

Do lado de fora do armazém, quem observava Isabella também compartilhava dessa ideia: ela era apenas uma criança. Quantos anos a menina teria? Parecia ser bem novinha. E isso era o que contava. Viu quando Isabella terminou de pagar a compra e saiu para a calçada. Nas mãos ela trazia a sacola com as compras. Bastaria esperar que ela avançasse um pouco mais. Quando cruzasse a parte de trás da igreja, perto das ameixeiras, a idade dela lhe pertenceria.

Isabella nem sequer percebeu que estava sendo seguida. Murilo ocupava demais seus pensamentos para que pudesse se preocupar com outras pessoas. Ou com a própria vida.

Quando passou pela área dos fundos da igreja, acelerou o passo. Fez assim durante a ida. Aquela era uma região meio vazia e a mãe a mandou ter cautela. Às vezes, sua mãe achava que ela era muito criança. Seus onze anos contavam muito porque...

O empurrão foi tão violento que Isabella caiu para a frente, batendo o queixo no chão. Mal teve tempo de gritar quando um corpo pesado montou sobre o seu. A sacolinha com as batatas que sua mãe aguardava para o almoço escapou de suas mãos. O medo fez com que Isabella começasse a tremer.

— Diga-me sua idade. Agora — rosnou a voz, enquanto Isabella era desvirada até ficar frente a frente com os olhos mais terríveis e assustadores que ela já tinha visto em toda a sua vida. Olhos injetados de sangue. Olhos de uma pessoa louca.

— Minha idade? Solte-me, idiota — revidou ela, tentando reunir forças para escapar do peso que esmagava seu corpo.

— Vou matar você, menina — as mãos enluvadas seguraram Isabella pela garganta. — Quero antes que me diga sua idade.

— Você vai me matar? — os olhos de Isabella ficaram enormes e ela começou a chorar quando as mãos começaram a apertar seu pescoço. — Foi você quem matou aquele menino na ladeira, não foi?

— Sim, fui eu. Mas isso não interessa. Quero que me diga antes quantos anos tem.

— Tenho onze. Agora me solte, por favor. Prometo não dizer para ninguém que vi o seu rosto.

— Cale-se — ordenou com brusquidão. Isabella disse ter onze anos? Isso era ótimo. Era realmente perfeito. Claro que não poderia deixar a menina ir embora com vida. Do contrário, como roubaria sua idade? Além disso, ela viu seu rosto e certamente procuraria ajuda. Procuraria Nicolas Bartole.

— Por favor — gemeu Isabella.

No instante seguinte, as mãos do criminoso, como um torno, pressionaram a garganta da menina. Ela mal se mexeu enquanto lutava por fôlego. Não demorou muito tempo. Como tinha de ser.

O assassino ficou em pé e observou o corpo de Isabella caído ao lado da sacola com batatas. Ouviu vozes vindas das laterais da igreja. Alguém estava se aproximando. Tinha de sumir dali.

Capítulo 18

Nicolas estava procurando na agenda do celular o número do telefone da casa de Mike, para saber se o policial estava melhor, quando seu telefone fixo tocou. Embora não estivesse a fim de atender ninguém, acabou retirando o fone do gancho. Assim que ouviu as primeiras palavras de Oswaldo, Nicolas teve um péssimo pressentimento.

— Eu deveria cumprimentá-lo educadamente, Bartole, mas nossa tarde não será boa — a voz de Oswaldo soou tensa e nervosa. — Aconteceu de novo.

— Do que você está falando? — Nicolas sabia bem do que se tratava. E um calafrio percorreu sua espinha.

— Mataram outra criança. O crime aconteceu há alguns minutos, atrás da igreja central. Estou me dirigindo para o local. Chego lá em dez minutos. Por favor, não demore.

— Já estou saindo. Aguarde-me — pediu Nicolas, encerrando a ligação.

Rapidamente ele se trocou e seguiu até o local informado pelo delegado. Assim que desceu do carro, avistou a careca de Oswaldo em meio a uma multidão. As pessoas gritavam, apavoradas. Algumas, inclusive, choravam.

Nicolas foi se desviando delas até alcançar Oswaldo. Sem nada dizer, ele indicou o corpo da criança retorcido no chão. Vários policiais mantinham um cordão de isolamento para evitar a aproximação dos curiosos.

Nicolas se abaixou e analisou a menina. Não era preciso ser perito para descobrir que ela também foi estrangulada. As manchas escuras na garganta da garota denunciavam a *causa mortis*.

— Temos algum parecer? — Nicolas quase gritou, porque agora a multidão se mostrava histérica.

— Ela já foi identificada como Isabella Pacheco. Ela comprou aquelas batatas — Oswaldo apontou a sacola ao lado do corpo — há menos de uma hora. Isso quer dizer que o criminoso não deve estar muito longe daqui.

— Já pediu que algumas viaturas vasculhassem a área? — perguntou Nicolas e, quando Oswaldo sacudiu a cabeça negativamente, ele não se conteve: — E o que está esperando? Por que não ordenou que qualquer pessoa com atitude suspeita que esteja circulando nas redondezas seja detida? Não podemos dormir no ponto.

— Tem razão. É que meus pensamentos não estão funcionando como deveriam. Isso nunca me aconteceu.

— Eu sei, mas não podemos deixar nossos pensamentos se tumultuarem enquanto essa pessoa não for presa. Temos de correr contra o tempo.

Oswaldo sacudiu a cabeça afirmativamente e sacou o rádio do bolso, transmitindo a ordem dada por Nicolas. Quando desligou, o delegado informou que a equipe de peritos já estava chegando.

De fato, os peritos chegaram cinco minutos depois. E, com eles, os carros dos jornalistas. Não demorou para Nicolas avistar o veículo do Canal local. E demorou menos ainda para que ele divisasse os cabelos repicados de Miah.

Os minutos seguintes pareciam ter sido extraídos de um filme de horror. A população começou a gritar, exigindo justiça. As viaturas ligaram suas sirenes e partiram a toda velocidade em direções opostas. Os peritos falavam pelo rádio e conversavam com o delegado. A cabeça de Nicolas voltou a doer, ainda mais intensamente do que na noite anterior.

Ele viu Miah diante de uma câmera, segurando o microfone. Imediatamente, pediu licença ao delegado e quase correu para encontrar a moça.

— O que pensa que está fazendo? — perguntou ele, segurando-a pelo pulso e parando de costas para a câmera.

— O que *você* pensa que está fazendo? — repetiu Miah, indignada. — Eu estou trabalhando. Sou repórter, como já deu para perceber. E outro crime acaba de acontecer. Preciso levar esta informação adiante.

— Por quê? Como acha que a população ficará ao descobrir que outra criança foi assassinada nas mesmas circunstâncias que a primeira?

— A população, ou boa parte dela, já está sabendo — Miah, furiosa, indicou ao redor. — Todos estão pedindo por justiça. E cabe a você, Nicolas Bartole, cumprir essa tarefa. Este é o seu trabalho. Vá cumpri-lo, porque eu estou cumprindo o meu.

Embora estivesse extremamente aborrecido com a presença de Miah e dos demais repórteres, Nicolas sabia que não havia como impedi-los. Como ficaria a liberdade de expressão? Como se não bastasse, tinha em mãos o corpo de outra criança. E as pistas que possuía sobre o assassino eram poucas.

— Está certo. Continue o que estava fazendo — consentiu Nicolas. — Só tente ser razoável, por favor. Não quero que as pessoas se apavorem.

— Mais do que já estão? Nicolas, não podemos varrer a sujeira para debaixo do tapete. A verdade, ainda que pareça dura e cruel, deve ser mostrada na íntegra.

— Você não é a pessoa mais indicada para falar em integridade. Não se esqueça de que me enganou duas vezes. Portanto, limpe a boca antes de bancar a boa samaritana.

— Vocês não poderiam resolver suas pendengas em outro momento? — perguntou Ed, o operador de câmera. — Precisamos entrar no ar ao vivo. Se o senhor nos der licença...

Nicolas se virou e lançou um olhar fulminante para o rapaz, que se encolheu de medo. Miah aproveitou a deixa para sugerir:

— Já que está ao meu lado, investigador Bartole, o que acha de responder a algumas perguntinhas? Estarei ao vivo e terei exclusividade sobre sua entrevista.

— Já ouvi esse papo antes — respondeu Nicolas, mal-humorado. — Faça o que tem de ser feito. Pense no que eu lhe disse. Tente minimizar o efeito dessa bomba que acabou de explodir — e, dizendo isso, ele se afastou.

Miah suspirou e deu de ombros. Encarou Ed, fez um sinal com o polegar para que ele ligasse a câmera e, sorrindo, começou:

— Aqui é Miah Fiorentino, ao vivo, falando do centro da cidade, que está em choque: outra criança foi morta agora há pouco. A polícia nada comentou, mas parece que a vítima morreu da mesma maneira que o garoto Felipe de Lima — embora não estivesse nos planos de Miah, ela decidiu atender ao pedido de Nicolas. — Pedimos a todos que tentem não entrar em pânico, pois a polícia está agindo rapidamente para deter o criminoso. Acreditamos que ainda nesta semana a polícia efetuará a prisão do culpado...

Enquanto isso, Nicolas corria para falar com Mike, esquivando-se dos demais repórteres e da população, ansiosos por informações. Assim que tocou o ombro do imenso policial, viu que o lábio inferior de Mike estava bastante inchado.

— Bartole, desculpe-me pela demora — justificou--se Mike. — Eu estava passando um unguento aqui — ele tocou na boca.

— E como está?

— Bom, meu beiço, que já era grande, agora dobrou de tamanho — suspirando, Mike baixou o olhar para o corpo de Isabella, que estava sendo envolvido em um saco escuro. — Aconteceu de novo. Quem estará fazendo isso?

— Mais do que nunca eu preciso saber, Mike. Não quero uma terceira vítima aqui. Preciso saber com que tipo de louco estamos lidando. Ninguém mata duas crianças sem nenhum motivo. Preciso descobrir uma ligação entre as duas vítimas — nervoso, Nicolas se aproximou de Oswaldo, que trocava algumas palavras com o chefe dos peritos. — Oswaldo, sabe se os pais dessa criança já foram avisados?

— Acredito que não. Conversei com o dono da mercearia onde ela comprou as batatas. Ele disse que ela mora a quatro quarteirões daqui. Já pedi que levantem o endereço dos pais. Se eles ainda não estiverem sabendo, precisam ser avisados.

Nicolas assentiu e pediu urgência nessa informa-ção, pois ele mesmo pretendia conversar com os pais da menina.

— As pessoas estão gritando, exigindo a prisão do culpado — Nicolas relanceou o olhar para a multidão. — E pensar que o culpado pode estar ali, entre eles.

— Quem encontrou o corpo? — quis saber Mike.

— Não sabemos. Moira, a policial da recepção, disse que recebeu uma ligação anônima. A pessoa discou de um orelhão, segundo ela. Falava com uma voz estranha, como se quisesse disfarçar — Oswaldo uniu as mãos, como numa prece. — Ela até mesmo mencionou a possibilidade de que o próprio assassino tenha dado o alarme.

— Meu Deus, que espécie de pessoa é essa? — Nicolas fechou os olhos e abriu-os em seguida. — De qualquer forma, temos de agir rapidamente. Oswaldo, se possível, procure a doutora Ema Linhares, a médica-legista. Peça a ela um relatório urgente após uma análise profunda do corpo de Isabella. E peça também que ela informe possíveis pontos de conexão entre o corpo de Isabella e o de Felipe. Precisamos de alguma semelhança entre eles, além do fato de ambos serem crianças.

Oswaldo assentiu, enquanto Mike olhava os dois homens, sem saber qual dos dois realmente mandava ali.

— E você, Mike, chame outros policiais para ajudá-lo a dispersar a multidão e a imprensa. Não precisamos de ninguém aqui. É detestável esse apetite humano pela tragédia alheia.

Enquanto Mike corria para cumprir a ordem, Nicolas encarou Oswaldo mais uma vez:

— Pergunte se a informação sobre a localização da residência de Isabella já foi levantada.

Oswaldo mais uma vez usou o rádio e Nicolas ouviu a resposta. Não estava totalmente familiarizado com a cidade, mas conhecia aquela rua. Oswaldo agradeceu a informação e encerrou o chamado.

— Estou indo até lá, Oswaldo. Por favor, faça o que eu lhe pedi com prioridade máxima. Peça à doutora Ema que trate deste caso com urgência.

Sem esperar resposta, Nicolas rodou nos calcanhares e avançou velozmente até seu carro. Três repórteres armados com microfones tentaram se colocar em seu caminho, contudo, ele os empurrou com as mãos. Sem mais satisfações, entrou em seu carro cinza e saiu dali cantando os pneus.

———

Ele apertava o volante com as mãos como se isso pudesse extravasar a raiva que sentia. Uma mente funesta e perigosa estava brincando de Deus, tirando a vida de crianças indefesas. Estava ainda brincando com a lei, desafiando a autoridade policial. Nicolas não pretendia deixar aquilo impune, nem que tivesse de trabalhar vinte e quatro horas por dia. Ou num domingo como aquele.

As ruas silenciosas e tranquilas do bairro que ele adentrou revelavam que o clamor da multidão ainda não tinha chegado ali. Encontrou a rua facilmente. Reduziu a velocidade, enquanto olhava para as casas à procura do número quatrocentos e vinte e três. Quando viu a casinha simples, com um portão baixo, estacionou devagar. Desceu do carro e tocou a campainha.

Uma mulher baixinha surgiu na porta. Ao ver um desconhecido em seu portão, ela pareceu receosa.

— Pois não?

— A senhora é a mãe de Isabella Pacheco? — Nicolas perguntou, sentindo o próprio coração ficar apertado.

— Sim, sou eu — visivelmente nervosa, ela desceu os três degraus e atravessou o pequeno quintal até o portão, destrancando-o em seguida. — Eu pedi que ela fosse até a mercearia comprar batatas para o almoço, mas ela está demorando um pouco. Minha filha se meteu em alguma confusão? Quem é o senhor?

— Posso entrar? — ele mostrou sua identificação policial.

— Minha nossa! O que Isabella fez? — a mulher arregalou os olhos, pedindo para Nicolas segui-la.

Dentro da casinha simples, ele viu mais três pessoas. Um homem, um adolescente e um garoto pequeno. Todos fitavam Nicolas atentamente.

— O que foi, Maria Clara? — perguntou o homem, levantando-se do sofá e postando-se ao lado da mulher. — O que o senhor deseja conosco?

— Ele é da polícia — sussurrou Maria Clara, a voz ficando sufocada.

— Polícia? O que houve? Isabella está ferida?

"E agora", pensou Nicolas. Agora vinha a pior parte do seu trabalho. Informar os parentes e familiares de que um ente querido foi assassinado. Ele estava há sete anos na polícia, porém, sabia que nem cem anos de profissão lhe dariam experiência para aquele tipo de coisa. Estava ciente de que, quando deixasse aquela casa, a vida daquelas pessoas nunca mais seria a mesma.

— Não. Isabella foi... assassinada — e o pior de tudo era que a informação tinha de ser dada diretamente, sem nenhum preparo prévio.

— O quê? Meu Deus! — gritou a mãe de Isabella, o rosto se tornando lívido. — O que está dizendo?

— Ela foi morta logo após ter feito a compra na mercearia. Acredito que o assassino seja a mesma pessoa que matou um menino na última terça-feira.

Maria Clara começou a chorar e se atirou nos braços do homem. Ele também começou a chorar.

— Sou o padrasto de Isabella — disse ele. — Eu a amo como se fosse minha filha. Eu... nós... — sua voz também ficou embargada e ele não conseguiu terminar.

— Sinto muito — sussurrou Nicolas, sentindo-se o vilão da história. Olhou para o adolescente que o encarava com olhos arregalados e para o menino menor, que chorava baixinho.

— Não pode ser — continuou Maria Clara. — Moço, minha filha estava bem agora há pouco. Saiu daqui toda cheia de vida e meio nervosa porque eu a tinha mandado à mercearia — ela se jogou no sofá e mal sabia como ainda conseguia falar. — Estava apaixonada por Murilo — indicou o adolescente petrificado. — Ele é da oitava série. Mas ela achava que ninguém sabia dos seus sentimentos. Murilo já tinha percebido que ela estava interessada nele e veio me procurar na semana passada. Como eu gostei dele, achei que eles poderiam até namorar. Assim que ela chegasse do mercado, faríamos a surpresa...

— Quem a matou, senhor? — perguntou o padrasto de Isabella. — Por Deus, diga que pegaram o assassino.

— Nada me deixaria mais feliz, acreditem. Mas até agora ainda não sabemos quem é o culpado. Creio que teremos uma posição até o fim do dia. Vou me empenhar ao máximo para que isso aconteça.

— Isabella... minha filhinha — chorava a mãe da garota. — Volte para a mamãe...

— Sei que talvez o momento seja inoportuno, mas ajudaria na investigação se dissessem algo sobre Isabella. Ela possuía algum rival, alguma rixa? — perguntou Nicolas, sabendo que estava repetindo as perguntas que fez às pessoas que mantinham contato com Felipe.

— Isabella? De forma alguma — a resposta também estava sendo repetitiva. — Murilo tinha uma namorada, com quem terminou na sexta-feira. Claro que a ex nunca faria isso — lembrou Davi, o marido de Maria Clara. — Ninguém a mataria assim.

— Alguém o fez, senhor. Em que colégio Isabella estudava? — essa era outra pergunta crucial e Nicolas se pegou ansiando pela resposta.

— No *Paraíso do saber*. O que isso tem a ver?

Era o que bastava para Nicolas. Novamente, a vítima era outro estudante da escola de Sheila Arruda. Novamente, a mesma turma: João Menezes e o professor Alex.

— Sabe se sua filha tinha aulas com um professor chamado Alex?

— Não — foi Murilo quem respondeu. — Esse professor só dá aulas para os menores. E Isabella estava na sexta série.

— Obrigado. Olha, mais uma vez, repito que lamento o acontecido. Sei que isso não servirá de consolo para os senhores. Não sabem como sinto por ter vindo dar-lhes a notícia, mas confesso que pedi para vir aqui porque precisava das informações que me deram.

— Onde está Isabella agora? — Maria Clara saltou do sofá. — Podemos vê-la?

— Ela foi levada para uma necrópsia. Necessitamos da autorização de vocês, como responsáveis. A família da vítima anterior consentiu com esse exame.

— Vão abrir Isabella? — perguntou Davi, em voz baixa.

— A doutora Ema não faria isso. Ela vai apenas analisar o corpo de Isabella com precisão. Quem sabe ela possa nos transmitir alguma informação que nos ajude a chegar ao criminoso?

— Faça isso, senhor — pediu Maria Clara. — Por nós e pela família da outra criança. Prenda esse assassino, por Deus do céu. Faça com que a justiça seja feita. Faça com que esse desgraçado pague pelo que fez com minha família. É a única coisa que lhe peço.

"E a cidade inteira também", pensou Nicolas.

— Assim que eu conseguir alguma informação, prometo que os senhores serão avisados. Agora eu realmente preciso ir.

Sem aguardar mais respostas, Nicolas se encaminhou até a porta e a abriu. Acenou para os desolados familiares de Isabella e retornou para seu carro, saindo dali a toda brida.

Telefonou para Oswaldo, enquanto dirigia, e o pôs a par das novidades, sem deixar de mencionar o fato de que Isabella também era aluna da escola de Sheila.

— O que pretende agora? — perguntou Oswaldo em voz baixa, pois se encontrava no necrotério ao lado de Ema. — Vai voltar à escola mais uma vez amanhã?

— É provável que amanhã a escola não vá funcionar novamente. E, mesmo quando as aulas recomeçarem, creio que eles terão uma grande evasão de alunos. Os pais devem estar apavorados. Dois crimes em menos de uma semana, numa cidade com fama de ser tranquila e pacata. Acho que houve uma ruptura na segurança ideológica que havia por aqui — concluiu Nicolas, controlando o volante do carro, com habilidade e destreza, usando apenas uma das mãos, pois com a outra segurava o telefone.

— Ema me garantiu que conseguirá o relatório até às dezessete horas — avisou o delegado. — Enquanto isso, não sei o que fazer.

— Vou fazer uma pesquisa mais detalhada sobre Sheila, João e Alex. Preciso encontrar tudo o que puder sobre qualquer um deles. Agora nada me tira da cabeça que um deles é o assassino.

— E depois?

— Vou fazer uma busca para levantar o endereço de cada um deles. E pretendo lhes fazer uma visitinha ainda hoje. Como venho dizendo, nosso tempo urge.

— Espero que você dê sorte, Bartole. Vamos mantendo contato. Qualquer novidade por aqui, aviso-lhe.

— Obrigado, Oswaldo — agradeceu Nicolas, encerrando a ligação. Iria para a delegacia dar início às suas buscas.

Capítulo 19

Mesmo antes de estacionar, Nicolas percebeu que havia mais problemas aguardando-o. Uma pequena multidão encontrava-se parada na porta da delegacia, gritando e gesticulando. Quando chegou mais perto, embora estivesse com os vidros fechados, ouviu perfeitamente que as pessoas cobravam uma posição da polícia.

Nicolas estacionou seu carro do outro lado da rua e se aproximou devagar, a pé. Viu Mike e outros dois policiais tentando conter as pessoas enfurecidas. Viu também que muitas delas eram as mesmas que estavam gritando perto do corpo de Isabella.

— Estamos fazendo o nosso melhor — dizia Mike, olhando para o aglomerado de pessoas em pânico. — Faremos de tudo para garantir a segurança de seus filhos.

— Mentira! — gritou um homem. — Quem me garante que meu filho não será a próxima vítima?

— Os meus podem ser mortos quando saírem às ruas — complementou uma mulher. — Queremos justiça e segurança.

— Queremos garantias — exigiu um senhor. — A polícia desta cidade é muito fraca e incompetente.

— Mas, senhor, estamos... — dizia Mike.

— Posso saber o que desejam aqui? — perguntou Nicolas em voz alta, parando ao lado dos policiais.

— Justiça! Justiça! — gritaram as vozes em uníssono.

— Vocês terão justiça, sim, isso eu lhes prometo. Mas não podem vir cobrar direitos na porta da delegacia. Embora não saibam, estamos trabalhando com rapidez para que esse caso seja solucionado o mais depressa possível. Sou o primeiro a dar o melhor de mim para restabelecer a paz nesta cidade. Só preciso de um pouco mais de tempo.

— O senhor é o tal Bartole? — perguntou um homem. — Já ouvi dizer que o senhor não sabe trabalhar.

— É verdade. Disseram que o senhor só está enrolando. Queremos o doutor Duarte de volta — clamou uma senhora.

— O doutor Duarte era um investigador à altura de um caso como este. Se ele estivesse no comando, o assassino já estaria detido — acrescentou outro rapaz.

A pouca paciência que Nicolas teve até ali desapareceu. Ele apenas se adiantou um passo e correu os olhos pelo grupo com mais de quarenta pessoas. Sentiu um ódio surdo brotar dentro de si. Um sentimento estranho, pois raras foram as vezes em que ele passou por aquilo.

— Então vocês estão dizendo que a incompetência não é da polícia, e sim minha? Não é verdade? — como não ouviu resposta, Nicolas continuou, a voz se elevando rapidamente. — Vou dizer algo aos senhores para que possam formular a próxima opinião antes de me acusar novamente.

Ele ergueu seu distintivo de modo que todos pudessem vê-lo.

— Aposto minha identificação policial e toda a minha carreira que o doutor Duarte não teria concluído o caso até agora, ainda que trabalhasse com uma linha

177

de investigação diferente da minha. E digo isto pela experiência que tenho, pois já resolvi casos muito mais complexos do que este. Aqui, o que ainda dificulta é justamente a localização do criminoso, embora eu já saiba que ele está aqui mesmo na cidade.

Às suas palavras seguiu-se um silêncio inquietante.

— Os senhores pedem justiça, correto? Eu também peço justiça. Os pais das duas crianças mortas também estão pedindo justiça, mais ainda do que qualquer um de vocês. Mas eles me pediram outra coisa que os senhores são incapazes de conceber. Eles me pediram, quase me imploraram, que não deixasse seus filhos serem explorados durante a necrópsia. Queriam conservar os corpos dos filhos intactos. Essa não seria também uma forma de justiça? Deter esse assassino, ainda que isso demore a acontecer, seria também uma forma de justiça? Para os senhores, seria, sim. O criminoso seria preso e condenado, e tudo ficaria acertado, não é? Entretanto, para as famílias das vítimas, a prisão do culpado não representa justiça alguma.

Nicolas fez outra pausa, avaliando o efeito de suas palavras. A multidão o encarava fixamente, sem esboçar reação. Ele continuou, cruzando os braços:

— O que poderá reparar ou suprir a ausência dos filhos amados? Entendo que os senhores pedem proteção para os seus filhos. Contudo, minha prioridade neste momento, muito mais do que defender as demais crianças desta cidade, é justamente levar algum conforto às famílias de Felipe e de Isabella, embora eu saiba que será muito difícil poder confortá-las. Agora, depois de tudo o que eu lhes disse, se alguém ainda deseja a atuação do investigador Duarte, queira, por gentileza, erguer a mão. Preciso saber até que ponto sou detestado nesta cidade.

Ver que nenhuma mão foi levantada não surpreendeu Nicolas. Ele improvisou seu discurso, não para comover as pessoas, mas para que elas pudessem refletir sobre o que de fato era a justiça que tanto exigiam.

— Agora que poderei contar com a participação dos senhores, garanto-lhes que realizarei um trabalho melhor do que venho fazendo até então. Obrigado.

Ouvir uma salva de palmas foi o que surpreendeu Nicolas. Algumas pessoas pareciam até emocionadas com o que ele disse, enquanto outras se mostravam esperançosas e complacentes. Aos poucos, todos foram se dispersando e ele entrou na delegacia com Mike a tiracolo.

— Arre égua, Bartole, você arrasou com o povo. Calou o bico de todo mundo com uma habilidade que me deixou com a boca inchada aberta.

— Essa não era minha intenção. Eu até queria que eles contra-argumentassem. Sou a favor de que a população cobre seus direitos, mas querer me substituir pelo idiota do Duarte foi muito para a minha cabeça, não?

Nicolas entrou em sua sala seguido por Mike. Abriu um arquivo, jogou um punhado de pastas sobre a mesa, conectou o computador à internet e suspirou profundamente, movimentando os ombros para relaxá-los.

— Mike, embora nosso domingo até aqui tenha sido complicadíssimo, eu lhe aviso que agora é que realmente iremos trabalhar.

No minuto seguinte, Nicolas contava com o apoio do policial para auxiliá-lo nas pesquisas.

Miah Fiorentino e Ed, seu operador de câmera, acabavam de entrar na sede do Canal local quando a recepcionista disse a ela que havia visitas, indicando uma mulher morena sentada na sala de espera. Miah olhou de relance para a desconhecida e perguntou:

— Ela disse o nome? Já a viu antes?

— É a primeira vez que a vejo — respondeu a moça por trás do balcão. — E não disse o nome. Comentou que era um assunto particular.

— Vou ver o que ela quer comigo. Ed, leve o material lá para cima. Já subo para editarmos a matéria — avisou Miah, enquanto caminhava até a sala de espera. Por ser domingo, estava tudo tranquilo por ali e a mulher aguardava sozinha, sentada em uma cadeira. — Deseja falar comigo? Sou Miah Fiorentino. Já nos conhecemos?

A mulher se levantou e sorriu. Miah reconheceu o sorriso de algum lugar, mas não soube precisar de onde.

— Você ainda não me conhece. Eu sou Marian Bartole — apresentou-se ela, estendendo a mão.

Miah apertou a mão da visitante, sentindo um calafrio ao escutar o sobrenome de Nicolas. "Meu Deus, ele é casado", pensou, arrepiada.

— Veio a pedido de alguém? — arriscou Miah.

— A pedido de Nicolas e sei que você o conhece. Podemos conversar?

Miah assentiu e guiou Marian até a cantina. Miah pediu um cappuccino e Marian, um suco de laranja. Enquanto aguardavam os pedidos, sentadas nas banquetas do balcão, Marian continuou:

— Nicolas não sabe que estou aqui.

— Você é a esposa dele? — perguntou Miah, preocupada com a resposta. Se a mulher confirmasse, ela não saberia o que fazer depois.

— Ah, não — Marian riu. — Somos irmãos.

— Irmãos? — o suspiro de alívio que escapou dos lábios de Miah foi indisfarçável.

— Sim. Nicolas é três anos mais velho que eu. Vim até aqui trazer uma mensagem indireta dele.

— Mensagem indireta? Como assim?

— Sei que ele vai me odiar até a próxima encarnação... — Marian se interrompeu, quando a atendente colocou os pedidos no balcão. — Meu irmão está apaixonado por você.

Miah se engasgou com o primeiro gole do cappuccino.

— Hoje é 1º de abril, o dia da mentira?

— Só se você for cega para não ter notado nada. Porque eu enxergo muito bem e já percebi que você também gosta dele — disparou Marian, pingando algumas gotas de adoçante no suco.

— Quem é você, afinal? Um cupido?

— Sou uma pessoa que ama o irmão e quer o melhor para ele. Nicolas está passando por uma fase bem difícil agora. Acho que você deveria procurá-lo.

— Pois fique sabendo que estive com ele agora há pouco. Não sei se já foi informada, mas outra criança foi morta. Ele tentou impedir que eu levasse minha matéria adiante. Se eu for me encontrar com ele, vamos acabar brigando e ambos sairão machucados. Isso vai ser prejudicial para nós dois — explicou Miah, assoprando a bebida.

— E por que vocês têm de brigar? Sei que os trabalhos de vocês vivem em conflito. Porém, isso não precisa acontecer também no lado pessoal. Se há certa afinidade entre vocês, por que não tentam fazer com que dê certo?

— Como sabe que ele está precisando de mim?

— Ontem à noite ele foi à uma balada aliviar o estresse. Voltou pior do que foi, pois se envolveu numa briga. Sei que ele vai me matar se souber que estou dizendo isso, mas você não sabe como fiquei triste quando ele voltou todo quebrado. Parecia, naquele momento, uma criança abandonada. Ele quer carinho e conforto, Miah, e só você pode proporcionar isso a ele.

— Um homem com quase um metro e noventa querendo carinho e conforto? É ruim, hein?

— Antes de tudo, ele é um ser humano. E é suscetível a carências também.

— Pois eu tento ser quase perfeita — afirmou Miah.

— Como? Oferecendo um crucifixo de latão para o meu irmão dizendo ser uma joia valiosa?

Miah corou e pousou a xícara sobre o balcão.

— Não quero falar sobre isso.

— Tudo bem. Isso não é mesmo da minha conta. Só lhe peço que vá procurá-lo. Vocês têm tanto em comum.

— Certo. Mas vou só porque ele realmente está necessitando de uma companhia. Já aviso que faço isso por solidariedade. Não tenho segundas intenções com ele.

— Como achar melhor.

— Agora me diga outra coisa. Você, brincando, falou em reencarnação. Acredita mesmo que isso exista? — perguntou Miah, bebendo o último gole do cappuccino.

— Tenho plena convicção de que sim. Estudo o tema, aliás.

— É sério? Sempre tive curiosidade sobre isso, sabia? Nunca acreditei muito, mas também nunca desconfiei. Respeito muito tudo o que não conheço. Sempre achei esse tema sobre renascer em outro corpo algo fantástico.

— A reencarnação é um fato. Já foi comprovada em vários países, inclusive cientificamente. Está sendo bem-aceita em muitas correntes filosóficas, simpáticas ao espiritualismo. Acredito que se deva ao fato de que somente ela nos explica os porquês de nossa existência.

— Você aceitaria com naturalidade se eu dissesse que já vivi em outros tempos, talvez em outros lugares, com outras aparências, outros nomes... Porque isso ainda me soa meio fantasioso.

— Quer um exemplo prático e simples que prova a existência da reencarnação? — Miah fez que sim com a cabeça e Marian prosseguiu: — Algumas vezes, ao longo de sua vida, você deve ter encontrado pessoas por quem, depois de uma rápida conversa, sentiu uma afinidade tão grande que teve a impressão de que já as conhecia há muito tempo.

— Isso é verdade — admitiu Miah. — E o caso mais recente foi com seu irmão. É estranho, mas assim que o vi na delegacia pela primeira vez senti uma comichão e uma espécie de prazer... não prazer sexual, mas uma sensação agradável, como se eu, por dentro, estivesse feliz em vê-lo.

— Esse seu "eu, por dentro" é seu espírito. Este espírito reconheceu o espírito de Nicolas. Vocês devem ser espíritos afins. Isso explica por que vocês têm essa química tão forte.

— Já que você tocou nesse assunto, quero lembrar que, da mesma forma que temos afinidade com algumas pessoas, nos sentimos mal ao lado de outras. É a famosa expressão "meu santo não bateu com o dele". Aqui mesmo, no Canal local, tenho um exemplo. O âncora do jornal da tarde me detesta. E o sentimento é recíproco. Ele pode ter sido um desafeto meu em vidas passadas?

— Exatamente. Existe uma estimativa de que aproximadamente oitenta por cento das pessoas com quem mantemos relações nos dias atuais fizeram parte de nossa vida em encarnações anteriores.

Claro que essa porcentagem é variável, dependendo da fonte das estatísticas, mas conseguimos ter uma boa ideia a partir dela.

— E a regressão espiritual? Já ouvi dizer que funciona.

— Quando é feita por uma pessoa séria, responsável, competente e, principalmente, honesta, funciona, sim. Conseguimos visualizar trechos de nossas vidas anteriores.

— Nossa, Marian, que assunto interessante! Adoraria discutir mais sobre isso, mas, infelizmente, tenho de editar minha reportagem. Você não se importa?

— Claro que não — sorriu Marian, enquanto pagava as bebidas. — Só não se esqueça do meu pedido. Se você sente algo pelo meu irmão, então ajude-o a superar essa fase. Principalmente agora, com uma segunda criança morta, é que ele precisará de uma companhia, pois está se sentindo culpado pela demora em solucionar esse caso.

— Vou, sim. Hoje à noite irei até o apartamento dele. Você está morando com ele? Não a vi quando estive lá.

— Cheguei na sexta. Vim para fazer meu mestrado em Artes na cidade vizinha. Quero procurar um lugar para ficar, para não invadir a privacidade dele, mas Nicolas contesta.

— Homens... sempre nos querem por perto — sorriu Miah. — Mais uma vez eu lhe agradeço. Acho que nos tornamos amigas agora.

— Tenho plena certeza disso — respondeu Marian, sorrindo.

Capítulo 20

Duas horas depois, Nicolas tinha em mãos os endereços de Alex, João e Sheila. E, para completar, localizou o endereço da irmã de Sheila, em Campinas. Pretendia visitá-la no decorrer da semana.

— A polícia sempre encontra o que quer, quando quer — expressou Mike, analisando os dados obtidos por Nicolas na tela do computador. — E, com a internet, tudo fica ainda mais fácil. Ando acessando uns sites de relacionamento, sabe? Tento encontrar alguém para esquentar meus pés, à noite.

— Não seria mais fácil comprar um par de meias? — provocou Nicolas, levantando-se para apanhar os papéis que a impressora estava liberando. — A mulherada não quer saber de esquentar os pés de um cara.

— Outras coisas não esquentam, se os pés estiveram gelados — retrucou Mike, coçando o queixo. — O corpo tem de estar em harmonia. Ou todas as partes estão quentes ou estão frias. Não tem meio-termo.

— Eu, neste momento, estou quente — vendo o olhar que Mike lhe lançou, Nicolas riu. — Quente de ansiedade para encerrar este caso.

— Ah, sim. E agora o senhor vai aonde? Por quem vai começar suas visitas? — perguntou Mike, olhando para as folhas que Nicolas analisava.

— Sou um cavalheiro, Mike. Primeiro as damas.

Meia hora depois, Nicolas descia do seu carro em frente à casa de Sheila. Mike seguia com ele. A casa da diretora do *Paraíso do saber* era um sobrado pintado de branco. Em cada janela Nicolas viu um vaso com flores. Segundo as informações apuradas, Sheila e João, embora fossem ex-cônjuges e atualmente trabalhassem juntos, moravam em endereços diferentes. Nicolas não sabia se Sheila estaria com outra pessoa ou se residia sozinha.

Tocou a campainha e pouco depois a porta foi aberta por uma criada elegante. A mulher olhou para os dois e ergueu o queixo:

— O que desejam aqui? — ela perguntou com frieza.

— A senhora Sheila Arruda se encontra? — quis saber Nicolas, colocando seu distintivo na frente do nariz da criada.

— O que o senhor deseja com ela?

— Pode chamá-la? É um assunto de polícia.

A empregada fez cara feia, autorizando a entrada de Nicolas e Mike. Conduziu-os por uma imensa sala e Nicolas percebeu que a casa, por dentro, era maior do que parecia vista pelo lado de fora.

— Vou chamar a dona Sheila. Aguardem aqui, por favor. Tomam alguma coisa?

— Tem energético? — perguntou Mike. Vendo o olhar de Nicolas, sorriu sem graça. — Brincadeira. Eu aceito uma água bem gelada.

A mulher desapareceu por um corredor. Instantes depois ouviram-se sons de passos e Sheila apareceu no alto da escadaria que levava ao piso superior.

— Verônica interfonou no meu quarto dizendo que a polícia desejava me ver — informou Sheila, descendo as escadas. — Tive certeza de que era o senhor novamente. E, pelo visto, veio acompanhado.

— A senhora já assistiu ao noticiário de hoje?

— Não perco meu tempo com jornalismo. Só aparecem coisas desagradáveis. Vamos diretamente ao ponto. O que querem comigo? — Sheila desceu o último degrau e postou-se diante de Nicolas. Sem maquiagem, ele achou que ela parecia bem mais velha.

— Outra estudante de sua escola foi assassinada hoje, atrás da igreja central — anunciou Nicolas.

O espanto que tomou conta do rosto de Sheila pareceu genuíno. Ou muito bem disfarçado. Ela não empalideceu, mas levou uma mão ao coração.

— Mataram outra criança? Como? — sua voz masculina fraquejou.

— Da mesma maneira que Felipe de Lima foi morto. Estrangulamento.

— Meu Deus! — ela repetiu. — Meu Deus!

— Pelo que parece, a única ligação entre as vítimas é sua escola. O que a senhora me diria sobre isso?

— Eu não sei... estou apavorada com esta notícia.

— Diga-me, dona Sheila: onde a senhora estava durante toda a manhã de hoje?

O rosto de Sheila perdeu de vez o que restava de cor. Nicolas percebeu que ela esfregou as mãos nervosamente.

— Como? O que o senhor está insinuando?

— Foi apenas uma pergunta. Quero a resposta.

— Mais uma vez o senhor está me intimando a falar. Vou telefonar para o doutor Galos e informá-lo sobre sua conduta.

— Parece que eu já ouvi esse papo antes — cortou Nicolas, soando implacável. — Se a senhora não me provar onde estava na parte da manhã, eu a levarei à delegacia.

— Isso é um absurdo. Não pode me prender.

— Quem disse que não? — como Sheila não parecia disposta a falar, Nicolas fez um gesto para Mike, que pegou um par de algemas do cinto da calça. — A senhora está sendo detida por ocultar informações da polícia. Pode prendê-la, Mike.

— Que afronta! Quero falar com meu advogado — gritou Sheila, no instante em que a criada surgia na sala com a água de Mike. — Jandira, chame o doutor Galos. Agora.

— Mike, cumpra a ordem que lhe foi dada — ordenou Nicolas, ao perceber que Mike estava hesitante.

— Espere. Por favor, espere — pediu Sheila, percebendo que Mike ia mesmo algemá-la. — Eu falo o que querem saber. Eu estava dormindo. Lá em cima — ela indicou o piso superior.

— Sozinha? — tornou Nicolas. — Alguém pode confirmar?

— Bem... eu...

— Eu estava com ela — respondeu um homem surgindo no alto da escada. — Qual é o problema aqui? Por que Sheila está gritando?

Nicolas já desconfiava de que Sheila não estivesse sozinha, mas imaginava que, de alguma forma, ela fosse estar em companhia de João. Não estava preparado para se deparar com Vagner, o professor de Educação Física da escola.

Ele estava sem camisa e seus músculos poderosos se mostravam ameaçadores. Rapidamente, ele desceu as escadas e parou ao lado de Sheila.

— O que quer conosco, investigador? — Vagner perguntou. — Nós já respondemos a todas as suas perguntas.

— A que horas chegou aqui, professor?

— Há alguns minutos. Sheila tinha saído, mas havíamos marcado de nos encontrar... — ao perceber que falou demais, Vagner estremeceu e trocou um olhar com Sheila. Ela ficou ainda mais pálida do que já estava.

— Parece que há uma divergência de informações aqui — alertou Nicolas. — Os senhores deverão me acompanhar até a delegacia.

Propositadamente, Nicolas deixou Sheila e Vagner na delegacia à espera da chegada do advogado e do delegado. Como estava a fim de deixar todos com os nervos tão exaltados quanto os dele, seguiu diretamente para a residência de João Menezes. Quem sabe não traria mais um para completar o círculo? Lá, porém, ninguém o atendeu e uma vizinha informou a Nicolas que viu João saindo bem cedo, mas não o viu retornar.

A última visita foi à casa do professor Alex. Nicolas não ficou surpreso quando o porteiro do prédio comentou que Alex tinha saído por volta das nove horas da manhã em companhia de seu amigo colorido. Ninguém havia voltado até aquele momento.

"Engraçado", pensou Nicolas. "Na manhã do assassinato, ninguém estava em casa. Por que será?"

Sentindo-se um pouco frustrado pelas visitas em vão, Nicolas voltou à delegacia. Quando chegou, Humberto Galos esbravejava furiosamente contra Oswaldo, que apenas assentia em silêncio. Nicolas não avistou Sheila nem Vagner.

— Posso ajudá-lo, doutor Galos? — perguntou Nicolas, aproximando-se bem devagar.

— Era sobre o senhor que eu estava falando. Onde já se viu deter minha cliente e seu acompanhante? — inquiriu Humberto. — Sheila já falou que vai processá-lo.

— O investigador Bartole quis apenas...

— Pode deixar, Oswaldo. Sei me defender — cortou Nicolas, encarando Humberto. — Sua cliente foi detida por distorcer informações sobre um caso de homicídio e ocultá-las da polícia.

— Como assim? Sheila me disse que o senhor exigiu veementemente que ela confessasse e provasse onde se encontrava hoje de manhã.

— Exatamente. Ela me passou uma informação diferente do que afirmou o professor Vagner, que estava com ela.

— Investigador Bartole, o que minha cliente faz em seus momentos particulares não lhe diz...

— Respeito? — Nicolas completou. — Diz respeito a mim, sim, a partir do momento em que ela se torna uma suspeita de homicídios. Mentir para a polícia ou lhe ocultar fatos só deixa sua situação ainda mais complicada.

Humberto afrouxou o nó da gravata, demonstrando evidente nervosismo. Oswaldo ofereceu uma sala particular para que eles pudessem conversar. Assim que todos se acomodaram, Nicolas perguntou ao delegado:

— Onde estão Sheila e o professor Vagner?

— Na sala de interrogatório número dois. Devo pedir que algum policial os acompanhe até aqui? — respondeu Oswaldo.

— Não. Por enquanto não — Nicolas fixou seus olhos azuis em Humberto. — Creio que o senhor saiba do passado de sua cliente, não é, doutor Humberto?

— Na última vez em que nos vimos, o senhor afirmou que Sheila e João foram casados. Pesquisei e descobri que isso é verdade.

— E o que mais descobriu? — cutucou Nicolas.

— Bartole... — alertou Oswaldo, tentando controlar os ímpetos do seu investigador.

— Por uma questão de ética, eu não deveria tocar nesse assunto, mas vamos colocar as cartas na mesa — tornou Humberto. — Soube dos comportamentos deles no passado. Descobri que Sheila esteve presa e que João foi denunciado como pedófilo, embora isso não tenha sido comprovado.

— Muito bem. Também já sabia disso. Só quero alertá-lo para o fato de que é sempre necessário investigar a fundo a vida de seus clientes — comentou Nicolas.

Ouvir um conselho de um homem muito mais novo do que Humberto não o agradou muito, mas ele não quis piorar as coisas e não discutiu.

— E o que o senhor vai fazer, investigador? — perguntou Humberto, depois de alguns segundos de silêncio.

— Vou interrogar Sheila e Vagner, separadamente. Peço ao senhor que esteja presente durante o interrogatório.

Humberto concordou, enquanto afrouxava novamente o nó da gravata. Enquanto os três homens seguiam para a sala de interrogatório, Nicolas resolveu provocar:

— Se aceita outro conselho, doutor Humberto, nunca use gravatas tão apertadas em pleno domingo, muito menos se tiver de comparecer a uma delegacia.

Como seguia na frente, Nicolas não reparou que o advogado corava de ódio. Humberto também não pôde ver o sorriso que Nicolas mantinha nos lábios.

O primeiro a ser levado para a sala de interrogatório número 1 foi o professor de Educação Física. Vagner se sentou à mesa, cruzou uma mão na outra e encarou

Nicolas com frieza. Não se parecia com o homem prestativo que ele entrevistou dias antes, na escola.

Nicolas discorreu sobre os direitos do interrogado. Como Vagner só concordou com a cabeça, ele começou a falar:

— Há quanto tempo o senhor mantém um caso com Sheila Arruda?

— Devo mesmo responder a essa pergunta? — ele quis saber, olhando para Humberto.

O advogado balançou a cabeça afirmativamente e Vagner respondeu:

— Começou há duas semanas. Este, na verdade, seria nosso segundo encontro... mais íntimo.

— Pode nos dizer como essa relação começou? — foi Oswaldo quem indagou.

— A iniciativa foi dela. Certa vez, eu tinha ficado na escola até um pouco mais tarde porque havia quatro bolas murchas e quis enchê-las para não atrasar o campeonato de futebol que aconteceria no dia seguinte com as turmas da sétima série. Depois que terminei de encher as bolas, vi quando Sheila entrou na salinha onde guardo meus acessórios. Ela se aproximou e perguntou por que eu ainda estava ali. Expliquei-lhe o motivo, mas ela continuou na sala. Estava agachado, colocando as bolas no saco de estopa, quando ela veio por trás de mim e pousou as mãos em meus ombros.

Ele fungou e cruzou as mãos sobre a mesa, continuando:

— Até aí estava tudo bem. Nem reparei no gesto. Então ela disse que eu estava muito tenso e começou a massagear meus ombros. Admito que ela tem mãos fantásticas para massagem. Realmente aquilo me relaxou. Sheila pediu que eu me deitasse sobre o tatame, pois ela queria massagear minhas costas também. Como nos ombros tinha surtido efeito, concordei. Despi a camisa e me deitei de bruços. Ela me massageava de forma tão provocante que aquilo me excitou. Sheila percebeu e sussurrou em meu ouvido algumas palavras eróticas. Imediatamente me esqueci de quem ela era e de onde estávamos.

Vagner parecia quase divertido ao se recordar deste fato:

— Como a escola já estava vazia, achei que não haveria problemas. Nós nos amamos várias e várias vezes sobre o tatame e só saímos de lá por volta da meia-noite. No dia seguinte, ela me tratou polidamente, como se nada tivesse acontecido. E marcou para hoje nosso próximo encontro, na casa dela — Vagner fez uma pausa, descruzou as mãos e tornou a cruzá-las. — Na realidade, eu sei que ela também mantém um caso com o coordenador de nossa escola.

— João Menezes.

— Exatamente. Acho que eu seria apenas uma diversão temporária. Além disso, ela é minha patroa, não é?

— Que horário vocês haviam combinado para o encontro?

— Eu tinha chegado uns vinte minutos antes de o senhor chegar. E ainda tive de aguardar um pouco. Sheila apareceu logo em seguida, pois tinha saído.

— Ela me disse que estava dormindo. Suponho que com o senhor.

— Não é verdade — negou Vagner. — Não sei aonde ela tinha ido nem me interessa saber. Só lhe garanto que ela não estava dormindo.

— E o senhor, professor? Onde estava antes do encontro?

— Em minha casa com... — ele hesitou. — Com a minha esposa.

— Ah! O senhor é casado?

— Sim. Maldita foi a hora que me envolvi com Sheila. Estou vendo que minha esposa vai acabar descobrindo tudo. Disse a ela que iria visitar um amigo que tem uma academia do outro lado da cidade. Cida nunca desconfia de mim.

— O senhor também dava aulas para Isabella Pacheco?

— Sim. Assim como Felipe era um bom aluno, só tenho coisas boas a dizer de Isabella. Nunca tive nenhum tipo de problema com ela em minhas aulas, fosse na sala de aula, fosse na quadra.

— Muito bem, professor. Agradeço suas informações. O senhor aguardará na outra sala de interrogatório enquanto Sheila vem para esta. Provavelmente, o senhor será liberado logo depois disso — prometeu Nicolas.

Instantes depois, Sheila entrou na sala com a postura ereta e a cabeça erguida. Sentou-se com irritação à mesa e lançou um olhar duro para Nicolas.

— Vá em frente, investigador. O doutor Galos, aqui presente, vai me aconselhar se e quando necessário — decretou Sheila, com sua voz rascante.

— Por quanto tempo a senhora foi casada com João Menezes? — disparou Nicolas, fitando a diretora atentamente.

Sheila não esperava pela pergunta e ficou totalmente desarmada, mas conseguiu dar a resposta:

— Por três anos. Alguns problemas nos levaram ao divórcio.

— Ainda continuam mantendo relações, mesmo que profissionais, correto?

— Sim...

— Mantêm relações... digamos... íntimas?

— Isso faz parte de sua investigação realmente? — desconfiou Sheila.

— Claro que sim. Garanto à senhora que nenhuma pergunta minha será desperdiçada.

— João e eu não moramos sob o mesmo teto atualmente. Ocasionalmente ainda nos encontramos. Não vejo problema nisso, senhor Bartole. Estamos divorciados, é verdade, mas podemos continuar dividindo a cama, concorda?

— Não cabe a mim concordar ou discordar. Fiz essas perguntas porque hoje a senhora estava em companhia de um funcionário de sua instituição, que não era o senhor João.

— Também não vejo nenhum problema em trocar de parceiros. O que eu faço fora do meu local de trabalho não diz respeito a ninguém.

— Concordo plenamente com isso — Nicolas lançou um olhar de relance para Humberto e perguntou: — Onde a senhora estava na manhã de hoje? Por que o professor Vagner disse que havia chegado minutos antes de mim. A senhora estava dormindo?

Sheila começou a dar mostras de inquietação e medo.

— Eu havia... saído.

— Antes a senhora me disse que estava em casa.

— Eu falei aquilo porque estava tensa. E ainda estou. Não tenho o costume de ser despertada pela polícia.

— Tem certeza? — sondou Nicolas, atento a todas as expressões que a diretora demonstrava.

— O que está insinuando? — Sheila pareceu horrorizada com a pergunta e voltou o olhar para o seu advogado. — O senhor não vai interferir, doutor Galos?

Humberto baixou a cabeça e, quando a ergueu, seu semblante parecia transtornado.

— Dona Sheila, a senhora nunca havia me dito que já tem passagem pela polícia por agressão a menores — atalhou Humberto, com voz fraca, como se estivesse se arrependendo de aceitar a defesa daquela cliente.

— E eu também já descobri as acusações que pairaram sobre João no passado.

Sheila não poderia estar mais pálida. Suas mãos tremiam sobre a mesa. Nicolas reparava em tudo sem perder nenhum detalhe. Suas mãos eram grandes, e as unhas, bem pintadas. Porém, duas unhas da mão direita estavam lascadas e...

Um súbito pensamento invadiu a mente de Nicolas. Sheila lhe parecia uma mulher feminina ao extremo, à exceção de sua voz. Aparentava também ser uma mulher vaidosa e preocupada com a própria aparência. No entanto, recebeu-o sem maquiagem em sua casa e ainda permanecia assim. E parecia quase inadmissível para Nicolas que uma mulher tão elegante pudesse deixar escapar um mero detalhe nas unhas.

Nicolas desejava fazer uma centena de perguntas a Sheila, mesmo sabendo que ainda não tinha nenhuma prova concreta contra ela.

— Na verdade — confessou Sheila, após ficar em silêncio por um minuto inteiro —, eu havia passado a noite na casa de João. E tive de voltar rapidamente para casa, pois havia marcado com Vagner.

"Quanta volúpia!", pensou Nicolas. Ninguém imaginaria que a discreta diretora da escola ficava com dois homens quase que simultaneamente.

— O senhor João pode confirmar sua versão? — ele perguntou, lembrando-se de que foi informado pela vizinha de que João também não estava em casa pela manhã.

— Pode, sim. Nós passamos a noite naquele motel que fica na saída da cidade. Pode confirmar com a recepção de lá, se quiser — sugeriu Sheila, deixando o constrangimento de lado aos poucos. — E agora, investigador Bartole, será que poderia me liberar? Como vê, estou saindo com dois homens diferentes, mas garanto ao senhor que nada tenho a ver com os crimes, embora me deixe extremamente abalada saber que ambas as crianças eram alunas de minha instituição.

Nicolas assentiu com a cabeça em silêncio. Ele até poderia ir ao tal motel confirmar o álibi da diretora, mas duvidava que Sheila estivesse mentindo. Provavelmente, João esteve com ela, de fato. O que os isentava de qualquer culpa quanto à morte de Isabella. Pelo menos, temporariamente.

Contrariado, Nicolas agradeceu as respostas de Sheila e fez um sinal para que o delegado dispensasse todo mundo. Por enquanto, as perguntas haviam cessado.

Capítulo 21

Desta vez, Alex tinha um álibi. Quando Nicolas voltou ao apartamento dele, no final da tarde, ele afirmou ter ido à manicure em companhia de Thierry. Nicolas foi pessoalmente até o salão em que Alex disse que estava e pôde confirmar essa versão com a própria manicure que os atendeu.

"Esse caso está ficando mais difícil a cada minuto que passa", pensou Nicolas. Alex e Thierry estiveram em um salão no momento do assassinato de Isabella. João estava com Sheila na parte da manhã. Ela deixou o amante para se encontrar com outro homem horas depois. Vagner disse que estava com sua esposa e que só saiu de casa para se encontrar com Sheila bem depois do horário do almoço.

Enquanto dirigia de volta para a delegacia, Nicolas refletia: "Estou tomando alguma direção errada. Acho que tenho de ampliar meu foco sobre os suspeitos e não me limitar a pressionar meia dúzia de pessoas. Tenho certeza de que o *Paraíso do saber* é o eixo principal do caso. O verdadeiro criminoso, de alguma forma, está relacionado com a escola de Sheila. Só preciso descobrir qual é essa relação".

Frustrado e, de certa forma, decepcionado, ele desceu do carro e entrou na delegacia de cabeça baixa, pensativo. Moira, a policial responsável pela recepção, aproximou-se. Ela era loira e miudinha, alguns anos mais nova do que Nicolas, e trazia um semblante sério e sisudo. Ele não se lembrava de tê-la visto sorrindo nenhuma vez desde que chegou ali pela primeira vez.

— Gostaria de falar comigo, policial? — deduziu Nicolas, analisando a folha de papel que ela trazia nas mãos.

— Sim, senhor. Eu deveria ter entregado esta carta ao senhor antes do seu interrogatório, mas fiquei muito ocupada e acabei me esquecendo. Sinto muito — desculpou-se Moira.

— Que carta é essa? — perguntou Nicolas, desdobrando o papel. Ele viu que seu nome estava escrito na parte superior da mensagem. Todas as palavras haviam sido digitadas.

— Eu não sei. Uma portadora veio entregá-la. Chegou depois do meio-dia.

Nicolas não respondeu. Ao ler a primeira linha, soube quem havia escrito aquilo.

Senhor Nicolas Bartolo,

Quando esta carta chegar a suas mãos, já terei matado uma segunda criança. Vai acontecer hoje, domingo. Inclusive, sei quem será a vítima. E não haverá nada que você possa fazer por ela.

Enquanto continua quebrando a cabeça tentando me encontrar, estou me divertindo ao fazê-lo de bobo. Quer que eu lhe confesse um grande segredo? Você já falou comigo pessoalmente, depois da morte de Felipe. Apenas desconhece quem eu seja. Encarou os meus olhos, mas foi idiota o bastante para não perceber a verdade estampada neles. Tomarei mais cuidado para não deixar transparecer o que sinto.

Ainda tornaremos a nos encontrar cara a cara. Haverá apenas um pequeno problema: você não vai saber que está diante da pessoa que procura, mas eu saberei de tudo e darei muitas risadas depois. Estou gostando de fazer esse jogo, sabia? Quando matei Felipe, uma sensação estranha de prazer e poder tomou conta de mim. Com a menina, essa sensação veio em dobro, quase me levando ao êxtase.

Foi algo incrível e que pretendo repetir muitas e muitas vezes até alcançar todos os meus objetivos. Preciso seguir em frente. Não posso parar aquilo que comecei. Não posso parar aquilo que me satisfaz e me rejuvenesce.

Para facilitar sua investigação, senhor Nicolas Bartole, lhe darei uma dica: moro nesta cidade, não muito longe de sua residência. Mas não se preocupe nem se sinta ameaçado. Sei que, fisicamente, eu sairia em desvantagem em uma briga entre nós dois. Porém, nossa disputa não será física, e sim intelectual. Cada um apostará sua inteligência e vencerá quem for mais criativo.

Só quero deixar algo bem claro: haverá outras crianças, esteja certo disso. Não poderá proteger todas as vidas desta cidade, investigador.

Atenciosamente,
Mistery

Quando terminou de ler a carta, Nicolas, inconscientemente, amassou um pouco o papel, tamanha a ira que estava sentindo. Todo o recado do assassino era uma miscelânea de sarcasmos, desafios, provocações e ironias. Se fosse em outro momento, ele teria achado graça. No entanto, agora não havia motivos para rir.

— Por que você não me trouxe esta carta assim que foi entregue pela mensageira? — perguntou Nicolas a

Moira. — Tem ideia do que isso significa? Trata-se de uma carta escrita pelo assassino das duas crianças. Como pôde ter se distraído?

O rosto já carrancudo de Moira tornou-se ainda mais fechado.

— Sinto muito, senhor. Perdoe minha falha.

— Não pode haver falhas no trabalho de um policial, Moira, lembre-se disso em sua vida. Como era essa mulher?

— Era uma mulher magra, aparentando cerca de quarenta anos. Nunca a tinha visto antes. A cidade cresceu e agora já não se conhecem todos os moradores.

— E se ela for a própria assassina? — questionou Nicolas, embora não acreditasse nessa ideia. Apesar de a carta do assassino soar provocativa, ele não teria o desplante de comparecer à delegacia para lhe deixar uma carta, momentos antes de matar uma menina. Com certeza evitaria correr esse tipo de risco. O mais provável era que a tal mensageira tivesse sido paga pelo autor ou pela autora dos crimes. — Sabe que pode ser repreendida por esse erro?

— Sim, senhor — respondeu Moira, franzindo o cenho.

Nicolas olhou para a recepção em que Moira ficava e subiu o olhar pela parede até se deter na câmera de segurança, que estava voltada para a porta de saída.

— Temos uma câmera aqui. Espero que ela realmente esteja filmando e armazenando as imagens.

— Ela está sim, senhor — confirmou Moira sem olhar para a câmera.

— Então providencie imediatamente o arquivo da gravação do dia de hoje, durante todo o período da manhã. Quero conferir as imagens da tal mensageira.

— Sim, senhor.

— Faça isso rapidamente e traga a gravação para mim. Tenho urgência nisso — avisou Nicolas, caminhando até sua sala.

Quando se sentou à mesa, leu a carta mais uma vez. Voltou a sentir uma súbita onda de raiva. O criminoso era tão hipócrita que zombava da sua cara. Parecia ser alguém extremamente egocêntrico, uma pessoa metida a superior. Disse que pretendia um confronto entre mentes.

"Que confronto mental coisa nenhuma", pensou Nicolas, irritado. "Espere só eu colocar minhas mãos em você e jogá-lo atrás das grades. Vamos ver aonde vai parar seu lado intelectual."

Outros pontos chamaram sua atenção, enquanto ele relia a carta pela terceira vez. O assassino se intitulava Mistery, que, em português, significa Mistério. O que mais chamava atenção era o fato de que a pessoa afirmava ter estado frente a frente com Nicolas, mas ele simplesmente não percebeu nada.

"Tenho certeza de que ele não mentiu quanto a isso", meditou Nicolas, sem desgrudar os olhos da carta. "Sente-se muito superior e poderoso para perder tempo com mentiras. Trata-se de alguém com quem já conversei depois que Felipe morreu, na terça-feira. Quem pode ser, meu Deus? Conversei com tantas pessoas."

Com uma caneta, ele sublinhou um trecho do bilhete digitado que lhe chamou atenção também: *Não posso parar aquilo que me satisfaz e me rejuvenesce.*

Ali, o assassino confessava que matar, tirar a vida de duas crianças inocentes, era algo que lhe proporcionava satisfação. Nicolas ficou intrigado com a palavra "rejuvenesce". Em que sentido essa palavra foi utilizada? Obviamente, devia-se ao fato de que o crime concedia ao criminoso uma espécie de poder invisível que o fazia se sentir mais jovem.

Pensativo, não ouviu a batida em sua porta. Ergueu a cabeça, autorizando a entrada, e viu Moira segurando um CD. Atrás dela estava Miah.

— Aqui está o que o senhor me pediu — avisou Moira, entregando a mídia para Nicolas. — Eu mesma revisei as imagens. A mensageira aparece nitidamente.

— Obrigado, Moira.

— E a senhorita Fiorentino quer lhe falar. Eu vinha perguntar se o senhor poderia atendê-la, contudo ela veio atrás de mim — confessou Moira, contrariada por ter sido seguida pela repórter até a sala de Nicolas.

— Tudo bem, Moira. Deixe a senhorita Fiorentino entrar. E mais uma vez obrigado — agradeceu Nicolas.

Assim que Moira saiu, Miah entrou e fechou a porta, sem dizer nenhuma palavra. Nicolas estranhou o gesto, mas não comentou nada. Levantou-se e contornou a mesa. Quando estava abrindo a boca para elaborar uma pergunta, foi calado pelos lábios de Miah.

O beijo pareceu durar uma eternidade, embora mal tivesse passado de poucos segundos. Quando Miah se afastou para recobrar o fôlego, Nicolas estava tão desorientado que mal se lembrava do conteúdo da carta sobre sua mesa.

— Esta não é a primeira vez que invade meu escritório, senhorita. Mas confesso que não fiquei aborrecido desta vez — comentou Nicolas, sentindo que toda a tensão que acumulou durante o dia tinha se dissipado como uma nuvem.

— Desculpe-me por ter beijado você. Acontece que eu briguei com o meu supervisor na emissora — justificou Miah, colocando a bolsa sobre a mesa de Nicolas.

— E o que isso tem a ver com o beijo?

— Eu estava furiosa e precisava descontar em alguém. Lembro-me de que foi você mesmo que me beijou ontem porque estava irritado. Hoje eu vim apenas descontar. E confesso que beijar alguém faz a raiva passar rapidinho — Miah riu.

— Isso é verdade. E, para ter certeza de que a raiva não vai se apossar de nenhum de nós novamente, é melhor você me beijar de novo — dizendo isso, ele fechou os olhos e fez um biquinho engraçado, que levou Miah a soltar uma gargalhada.

— Não quero ser presa por assediar um policial.

— Já assediou. E, se não me beijar de novo, vou prendê-la por descumprimento de uma ordem dada por uma autoridade — alegou Nicolas, sorrindo.

Miah se aproximou de novo e foi envolvida pelos braços fortes de Nicolas, enquanto se beijavam novamente, desta vez, mais carentes, mais necessitados. Foi um beijo muito mais longo e lento, como se tivessem todo o tempo do mundo para isso. Embora desejassem ficar ali, abraçados e entregues ao calor daquele contato de lábios, foi Nicolas quem se afastou dessa vez.

— Preciso ver a mensageira — ele retornou à sua cadeira.

— Quem?

— Não deveria mostrar nada a você, mas, devido às circunstâncias e, principalmente, a esse beijo — ele tocou os lábios —, começo a repensar meus conceitos sobre a divulgação de minha investigação para a imprensa. Quem sabe não seria melhor se todo mundo soubesse o que realmente está acontecendo? Acho que vou lhe conceder uma entrevista particular. Sua audiência vai disparar como uma arma.

— Não — cortou Miah, no momento em que ele inseria o CD no computador. — Não acho que seria certo.

— Como assim? Você não era a primeira a querer um furo jornalístico?

— Não à custa do seu trabalho — Miah, que estava em pé, aproximou-se de Nicolas e tocou em seus ombros, sentindo-os tensos. As palavras de Marian a deixaram inquieta durante toda a tarde, de tal forma que não pôde esperar para ver Nicolas somente à noite. Constatava que a irmã de Nicolas não mentiu. Ele realmente parecia esgotado, precisando urgentemente de um bom descanso.

— Eu não entendo você — retrucou Nicolas, levantando-se novamente e segurando as mãos que Miah pousou em seus ombros. — Você quer ou não quer alavancar sua carreira jornalística?

— Não, se for para explorar você ou sua investigação. Tenho de usar de bom senso. Se o meu mérito for construído em cima do seu prejuízo, então não topo.

— Não conhecia essa sua faceta, Miah. Achava que você era movida a mentiras e interesses — disparou Nicolas, sem medir as palavras.

O choque que Miah sentiu com aquela afirmação a fez recuar um passo, ao mesmo tempo em que empalidecia. Ele percebeu que falou demais e tentou consertar, segurando-a pelo braço, mas a repórter já estava apanhando a bolsa.

— Acho que você já fez um resumo de como me vê — expressou Miah, nervosa e ofendida. — Preciso ir embora.

— Não vou deixar você sair assim — tornou Nicolas, já arrependido pelo que disse. — Desculpe-me.

— Tudo bem. Eu não vim aqui para vê-lo, pois sou uma interesseira mentirosa. Agora me solte, por favor.

— Miah... eu falei sem pensar. Será que você não...

— Adeus, Bartole. Prometo que não voltarei aqui para amolá-lo — ela desvencilhou-se do aperto no braço. — Boa sorte em sua investigação.

Sem olhar para trás, ela pôs a alça da bolsa no ombro e caminhou até a porta, recriminando-se por estar ali. Quem mandou ouvir os conselhos de Marian?

— Miah, espere, por favor — pediu Nicolas, quase desesperado. Se pudesse, sairia correndo atrás dela.

— Já falei que nosso assunto morreu. Eu vou...

— Será que você nem mesmo pode me ouvir dizer que eu a amo? — ele gritou em alto e bom tom.

Novamente se arrependeu por ter falado sem pensar. Agora era tarde demais. Confessou seu amor pela mulher que não conseguia tirar da mente.

Capítulo 22

Miah voltou a cabeça lentamente para trás. Seus olhos se fixaram nos olhos de Nicolas, como aconteceu na primeira vez em que o viu. Ele estava vermelho e parecia alterado.

— Vai ficar aí me olhando? Quer que eu repita o que acabei de dizer? Eu repito, droga. Eu amo você e descobri isso no momento em que a vi pela primeira vez.

— Tem certeza? — ela quis confirmar, ainda aturdida com a confissão dele.

— Quer provas disso? Muito bem. Vou largar tudo aqui e levá-la direto para o meu apartamento. E dentro do meu quarto vou lhe mostrar o que sinto por você.

— Nicolas, você está agindo por impulso. Está apenas tentando reparar a ofensa que me fez agora há pouco. Não importa o que me diga ou faça, eu...

Miah foi interrompida por um novo beijo, furioso e arrebatador, que quase a asfixiou. Ela sentiu um calor percorrer seu corpo e naquele instante faria tudo o que Nicolas ordenasse.

Como alguém precisava agir com bom senso, ele a soltou, sem se afastar.

— Sei que pareço ridículo dizendo isso, mas estou sentindo alguma coisa diferente por você. Desculpe-me pelas palavras que lhe disse. Estou passando por uma fase muito estressante. Mataram outra criança, a população cobra justiça. Alguns até querem me substituir pelo Duarte. Estou sendo pressionado por todos os lados. Então, Miah, por favor, seja o meu porto seguro.

Os olhos amendoados de Miah lacrimejaram e ela se esforçou para não chorar. O que ouvia agora não era exatamente um pedido de desculpas de um homem arrependido, e sim algo como uma confissão de alguém carente e abandonado. E as palavras de Marian voltaram com força em sua mente. Ela disse que o irmão precisava de uma companhia. Miah tinha a prova de que era verdade.

Ouvi-lo dizer que desejava que ela fosse seu porto seguro foi o principal fator que a levou a se emocionar. Nicolas não sabia, mas por muitos anos ela desejou encontrar seu porto seguro, ansiou por encontrar alguém que a protegesse e a defendesse de todos os perigos pelos quais passou. Sofreu, chorou, passou por muitas privações. E agora, quando achava que tinha enterrado definitivamente seu passado doloroso, um homem que dizia amá-la pedia que ela fosse seu porto seguro. Justo ela, que até hoje procurava por proteção.

Miah sabia o que tinha de fazer naquele momento: se manter calada para que Nicolas não percebesse nada. Ele era um investigador policial e tinha olhos atentos. Se a encarasse por mais tempo, veria o que ela ocultava nas profundezas do seu coração. Encontraria todas as feridas não cicatrizadas e que muitas vezes ainda doíam. Como naquele momento.

— Não vai me dizer nada? — ele sondou, preocupado com o brilho das lágrimas que surgiram nos olhos de Miah.

— É que nunca me disseram algo assim — e era verdade, embora não houvesse como Nicolas saber. — Sinceramente, não sei o que dizer.

— Diga apenas que também gosta de mim. Diga que sente alguma coisa por mim, que me corresponde também.

As lágrimas que estavam ameaçando cair desceram pelo rosto cálido de Miah. Embora se sentisse tola por chorar na frente dele, ela não conseguiu conter a torrente de sentimentos conflituosos em sua cabeça. E cedeu ao pranto.

— Por que está chorando? Se foi pelo que eu disse, volto a lhe pedir perdão. O que devo fazer para mostrar que estou arrependido das besteiras que falei? Devo me arrastar pelo chão de joelhos? — disposto a agradar Miah, Nicolas se ajoelhou e fez uma careta engraçada, enquanto agarrava as pernas dela. — Por favor, moça, perdoe este humilde investigador policial, que ganha um salário tão baixo por um serviço tão complicado. Tenha piedade deste pobre homem.

Miah não segurou o riso ao ver Nicolas fazendo beicinho, enquanto balançava suas pernas. De repente, ele a agarrou com tanta força que ela se desequilibrou e foi ao chão, caindo por cima dele. Os dois ficaram embolados no piso da sala apertada de Nicolas, em um emaranhado de pernas e braços. Ambos começaram a rir, já esquecidos de tudo o que haviam dito anteriormente.

A porta se abriu de repente e Mike entrou sorrindo. Baixou os olhos para o chão, quando percebeu que Nicolas não estava à mesa.

— Arre égua! — exclamou ele. — Vocês estão tentando encomendar um Bartolinho?

Como duas crianças flagradas fazendo arte, Nicolas se levantou e ajudou Miah a ficar em pé. Ambos olharam para Mike com expressões consternadas, mas Nicolas foi quem primeiro reagiu:

— Por que não bateu à porta, policial?

— Eu bati. É que vocês estavam tão concentrados...

— E o que é um Bartolinho? — quis saber Miah, corando de vergonha por ter sido vista em situação tão embaraçosa.

— Ora, o filhinho do Bartole — rindo, ele apontou para Nicolas.

— Já basta — cortou Nicolas. — Miah e eu estávamos procurando um CD no chão, mas agora me lembrei de que eu já o havia colocado na CPU do computador.

— Procurando um CD? Eu sabia que esse ato tinha muitos nomes, mas esse eu não conhecia — retrucou Mike. — Aliás, eu vim até aqui a pedido do doutor Oswaldo. A doutora Ema já emitiu um relatório sobre o resultado da necrópsia do corpo de Isabella Pacheco. Ela disse que você lhe deve um prêmio, pois ninguém consegue um relatório tão rápido num domingo, em uma cidade do interior.

— Vou dar um beijo nas bochechas gorduchinhas da doutora Ema e ficará tudo certo — garantiu Nicolas. — Diga ao Oswaldo que, assim que eu terminar uma verificação em meu computador, irei pessoalmente falar com ele. Parece que peguei um peixe grande.

— Um peixe grande? — repetiu Mike, olhando para Miah de relance. — Eu diria uma sereia danada de bonita.

— Policial Michael — ralhou Nicolas, embora estivesse brincando.

— Já estou saindo. Fui — respondeu ele, fechando a porta ao sair.

— Esse Mike é doido, mas gosto dele — admitiu Nicolas, sentando-se em sua cadeira e olhando para a tela do computador. — E não esqueci o ponto em que paramos.

— Adoro homens com boa memória — afirmou Miah, aproximando-se dele para melhor visualizar o monitor.

Ele abriu o arquivo com a gravação das imagens do período da manhã. Corria as cenas e só as congelava quando via alguém diferente entrando ou saindo.

As imagens eram em preto e branco, mas Nicolas não teve nenhuma dificuldade em notar a mulher que entrou na delegacia segurando uma folha branca dobrada ao meio. Ela se aproximou de Moira, no balcão, estendeu o papel, disse duas ou três palavras e saiu rapidamente.

— Esta é a mensageira de que você estava falando? — perguntou Miah.

Em vez de responder, ele lhe estendeu a carta. Quando Miah terminou de lê-la, parecia chocada.

— Não acredito. O criminoso ou a criminosa mandou uma carta para você? Isso é o que eu chamo de audácia.

— Pois é. Só quero que me prometa que esse assunto morre aqui, Miah. Nem deveria estar fazendo isso e você sabe que já fui repreendido por lhe passar informações sobre o caso. Faço isso porque confio em você e sei que não vai me trair de novo.

Agora foi Miah quem não respondeu. Limitou-se a assentir com a cabeça.

— Você acha que essa mulher foi mandada pelo assassino? — vendo Nicolas concordar, Miah prosseguiu: — E o que o faz pensar que ela pode não ser a própria assassina?

— Vou pedir uma ampliação dessas imagens, embora seja desnecessário — avisou Nicolas, repassando as cenas. — Já identifiquei essa mulher.

— Já? — atordoada com a agilidade de Nicolas, Miah se curvou e quase encostou o nariz na tela do computador. — Não me lembro de tê-la visto antes.

— Como eu desconfiava desde o princípio, a escola de Sheila é o centro dessa investigação. Essa mulher é a inspetora da escola. Ela me acompanhou até a direção nas vezes em que fui lá. Rebolava enquanto andava, para despertar minha atenção.

Miah reparou que a nova descoberta deixou Nicolas subitamente empolgado. Era mais uma peça no difícil quebra-cabeça.

— Detesto ter de esperar, entretanto, vou deixar para ir à escola amanhã, pois hoje é domingo. Tenho certeza de que o criminoso não vai matar ninguém por esses dias. É esperto demais para isso e sabe que estou seguindo os seus passos.

— Se ela não for a assassina, pelo menos viu o autor dos crimes.

— Exatamente. Para ela ter aceitado bancar o papel de menina de recados é porque, provavelmente, foi enviada por uma pessoa conhecida, de sua confiança. E isso me leva novamente a todos os meus suspeitos iniciais.

— Não sabe como eu adoraria falar isso ao vivo no noticiário de hoje à noite — confessou Miah.

— Se você pensar em fazer isso...

— Eu lhe dei minha palavra. Já menti para você duas vezes e lhe pedi desculpas por isso. Não gosto de jurar, mas juro que só pretendo lhe falar a verdade.

— Sendo assim — Nicolas levantou o olhar para encarar Miah, que estava de pé ao seu lado —, quero mais um beijo.

Ela riu e o beijou. Continuaram se beijando pelos cinco minutos seguintes até que a moça se afastou.

— Preciso ir agora. Além disso, o delegado vai precisar de você.

— É verdade. O que você pretende fazer à noite?

— Que tal irmos ao parque de diversões? Acho que seria ótimo para nós dois distrairmos a mente de tantas coisas ruins.

— Concordo. Que tal às nove?

— Perfeito.

— Passo na sua casa para...

— Não — cortou Miah, mais depressa do que deveria. — Quer dizer... minha casa é meio fora de mão. Acho melhor eu passar na sua, que está mais perto do parque.

— Está certo. Por que ficou assustada quando disse que ia passar na sua casa? Aliás, você nunca me falou nada sobre você. Com quem mora, do que gosta...

— Eu...

Uma batida interrompeu Miah. A porta foi aberta e a cabeça calva de Oswaldo surgiu.

— Bartole, Mike não lhe deu meu recado?

— Deu, sim, senhor. Estava apenas me despedindo da senhorita Fiorentino.

Miah sorriu para Nicolas e acenou para Oswaldo, passando por ele ao sair. Quando se viram a sós, o delegado alertou:

— Não quero bancar o chato, Bartole, mas você pode ter problemas se continuar a trazer essa moça para cá.

— Eu não a trouxe. Ela veio sozinha... E o relatório de Ema?

— Nenhuma novidade além daquilo que já sabíamos. Morte por estrangulamento com as próprias mãos. Mais uma vez, não houve violência sexual ou mesmo física em outras áreas do corpo além da garganta. O crime ocorreu por volta de meio-dia e quinze.

— Já esperava por isso. Tenho novidades. Moira lhe contou?

— Contou o quê? — perguntou Oswaldo, curioso.

Em rápidas palavras, Nicolas o pôs a par da gravação, enquanto Oswaldo lia a carta. Ainda tinham muito que fazer por ali antes de descansarem.

Capítulo 23

Nicolas chegou em casa tão esgotado que implorava pela cama. A cada noite ele retornava mais cansado, embora não reclamasse. Queria se esforçar ao máximo para que pudesse fechar aquele caso o quanto antes.

Marian estava na sala, trabalhando em seu novo quadro, afixado em um cavalete. Ele achou que a irmã estava linda, com os cabelos presos em um coque, usando um avental sujo de tinta e segurando um pincel em uma das mãos.

— Boa noite, maninho! Como foi seu dia?

— Não foi muito bom. Houve outro crime — ele a beijou no rosto. Olhou rapidamente para o quadro que ela pintava, mas não pareceu muito interessado.

— Fiquei sabendo. Lamento muito por isso. Assim que cheguei da rua, fiz uma prece para que os espíritos dessas crianças sejam bem acolhidos no astral.

— Você acha que havia algum espírito esperando por eles do outro lado? — indagou Nicolas, sentando-se no sofá e respirando fundo.

— Com certeza mais de um. Os amigos espirituais nunca desamparam ninguém, principalmente no momento do desencarne.

— Se eu morresse hoje, seria recebido por um desses amigos?

— Provavelmente, sim. Claro que cada desenlace é diferente. Existem aquelas pessoas que, por estarem tão ligadas ao materialismo e às ilusões terrenas, simplesmente não querem se desprender e seguir para outras dimensões.

— Por que uma criança saudável morre de forma tão violenta? Por que esses espíritos do bem não fizeram nada para impedir a ação do assassino?

— Porque na vida tudo é funcional e está em perfeito equilíbrio. Isso significa que as pessoas nascem por serem necessárias aqui por infinitas razões, para colocarem em prática os projetos de felicidade com os quais reencarnaram. E morrem porque é chegada a hora de continuarem sua jornada no astral.

— Estamos falando de crianças inocentes, Marian, que tinham toda uma vida pela frente.

— E continuam com toda essa vida, mas em outros planos. A vida não cessa com a morte. Ela simplesmente se transforma. Essa questão de culpa e inocência é muito relativa, uma vez que não acredito em uma nem em outra. O corpo das crianças era infantil, mas o espírito, não. Trazemos uma bagagem muito grande de conhecimento e experiência antes de regressarmos à Terra. Por uma necessidade de crescimento de cada um, podemos desencarnar aos dez ou aos cem anos. Uma morte sutil ou agressiva também tem a ver com o que cada espírito precisa vivenciar.

— Desculpe-me, Marian, mas, para mim, que sempre trabalhei com evidências, fica difícil acreditar naquilo que não se vê. Como crer que um espírito existe, se eu nunca vi nenhum na minha frente?

— Como acreditar naquilo que não se vê? — repetiu Marian, sentando-se ao lado do irmão. — Você já viu o ódio? Sabe que se trata de algo abstrato, contudo, também sabe que ele é real e que causa muita destruição. Outros exemplos são as bactérias e os vírus. A olho nu não podemos vê-los, mas existem e sabemos disso. Por isso, não desacredite de algo simplesmente porque não pode ver ou tocar. Existem muitas coisas sobre a nossa própria vida que ainda desconhecemos.

— Como assim? Do que você está falando exatamente?

— Dos segredos que a vida oculta. Dos enigmas que a vida revela aos poucos, descortinando o véu dos mistérios. Existem tantas coisas que ainda precisamos compreender. Quando pensamos que sabemos tudo, descobrimos que ainda falta muito a conhecer. A vida oculta seus segredos, é verdade, mas esses segredos serão, aos poucos, revelados para nós, assim que chegar o momento certo.

— O único segredo que eu quero que seja revelado o quanto antes é a identidade desse maldito criminoso — rosnou Nicolas, sentindo raiva ao se lembrar da carta.

— Isso também será revelado no momento certo, meu querido. Tenha fé e paciência. Peça a Deus que o ilumine durante seu trabalho, que o coloque nas pistas certas, para que você consiga capturar o assassino.

— E Deus faria isso por mim?

— Faria por qualquer um de nós porque Deus é pai, Deus é amigo, Deus é amor, justiça, misericórdia e bondade infinita. Deus é a luz de que a humanidade necessita para clarear seus caminhos.

Ao dizer isso, Marian sorriu e se inclinou para beijar Nicolas na bochecha. Ele também sorriu, meio sem jeito, e pareceu meio encabulado pelo gesto da irmã.

— Não faça cara de quem está com vergonha do meu beijo fraternal. Isso foi sua recompensa por ter se interessado pelos temas relacionados à espiritualidade.

— Desculpe-me se eu lhe falto com o respeito, mas sempre achei esse negócio de religião uma chatice. São repletas de normas e disciplinas. Basta sairmos um pouco da linha para sermos ameaçados e condenados ao inferno eterno.

— Algumas religiões realmente são muito rígidas. Só não devemos julgá-las. O que importa são os resultados dos seus objetivos, que é possibilitar um percurso que possa levar uma pessoa a ter fé em Deus. O caminho que as religiões traçam para isso não é realmente importante.

Marian fez uma pausa quando a gata branca e peluda surgiu sorrateira por trás do sofá e pulou sobre o encosto, exigindo ser pega e acariciada por ela.

— O que nós discutíamos não tem a ver com dogmas religiosos. Falei apenas sobre espiritualidade e reencarnação. Isso acontece independentemente de qualquer crença em que se acredite.

— Marian, já que você entende de bastante coisa, o que acha que um homem deve fazer quando descobre que está apaixonado?

— Deve ir atrás de quem ama — respondeu Marian, sorrindo. — Ressalte o amor, pois ele é a ponte que faz a travessia da solidão para a felicidade.

— Eu deveria escrever essa frase na porta da delegacia amanhã — brincou Nicolas. — Você acha mesmo que eu tenho que demonstrar esse amor?

— Maninho, vamos abrir o jogo: já sei que você está apaixonado pela Miah e ela por você — Marian esticou a palma da mão para a frente a fim de impedir que Nicolas a interrompesse. — Sabe que sou sincera com você e vou lhe dizer a verdade. Hoje fui procurá-la no Canal local. Eu disse a ela que você estava carente, necessitando urgentemente de uma companhia. E disse também que você está apaixonado por ela.

Nicolas arregalou os olhos, sem conseguir dizer nada. Olhou de Marian para a gata em seu colo e por fim comentou:

— Além de ter uma inimiga felina dentro da minha casa, tenho também uma inimiga humana.

Marian sabia que ele estava brincando. Não achava que tinha sido intrometida e sim que havia feito algo de positivo pelos dois. Nicolas estava gostando da repórter e Marian pôde notar o brilho nos olhos de Miah no momento em que lhe confessou o amor do irmão por ela.

— Você está muito bravo comigo? — perguntou Marian, fingindo estar assustada.

— Eu deveria. Por sua causa, vou ao parque de diversões com Miah mais tarde.

— Isso é um excelente sinal.

— Já não sei se ela está indo por vontade própria ou simplesmente porque você sugeriu. E falou mais do que devia.

— Ela sairia com você, mais cedo ou mais tarde. É verdade que você está a fim dela, mas eu também vi que Miah está gamada em você.

— Tem certeza disso? — Nicolas parecia necessitar urgentemente de uma resposta afirmativa.

— Absoluta. Miah o ama, assim como você a ama. Só espero que você não arrume nenhuma briga no parque hoje, para não repetir o que fez ontem, na balada.

— Com Miah ao meu lado? Nem fica bem, né?

Os dois riram e Nicolas se levantou, dizendo que iria tomar banho. Estava quase saindo da sala quando se lembrou de algo. Retornou e se sentou novamente.

— Marian, você acha que podemos sentir os pensamentos de outras pessoas por meio de um sonho? Venho sonhando com um sujeito esquisito, com roupas estranhas, armado com uma espada. Eu sinto o que ele sente, penso o que ele pensa. É como se fosse eu a pensar por ele. É muito confuso.

— Não posso afirmar com certeza, mas acho que você está sonhando com alguma encarnação passada, ou melhor, lembrando-se dos fatos que vivenciou.

Nicolas coçou a cabeça.

— Só sei que não vou mais sonhar com esse cara. E nem vou entrar no assunto de reencarnação outra vez, porque senão fico aqui e perco a hora de ir ao parque.

Marian riu, colocou Érica no chão e retornou ao quadro, enquanto ouvia o barulho do chuveiro.

O parque de diversões era maior e continha mais brinquedos do que Nicolas supunha. Além disso, estava praticamente lotado, com filas enormes para todas as atrações. Casais de namorados, pais segurando crianças pequenas pelas mãos, jovens passeando em grupinhos animados. Nem parecia que a cidade estava de luto por causa dos dois assassinatos recentes.

Nicolas ainda estava boquiaberto com Miah. Assim que ela chegou em sua casa, momentos antes, ele teve um sobressalto ao se deparar com a beleza da moça. Era incrível a capacidade de Miah de parecer mais bonita a cada vez que era vista por ele.

Apesar de faltarem dois dias para o inverno, a temperatura ainda era característica do outono. Esquentava durante o dia, e à noite a temperatura caía. Por isso, Miah usava blusa e calça pretas e sapatos sem salto da mesma cor. Os cabelos negros, com uma profusão de pontas desniveladas, completavam seu charme e evidenciavam sua feminilidade. Não estava maquiada, o que realçava seu semblante com naturalidade.

Nicolas estava simples: calça jeans preta, tênis da mesma cor e blusa de moletom cinza. Juntos formavam um casal bastante atraente e, vistos de longe, havia quem jurasse que eram dois adolescentes apaixonados.

Eles haviam comprado vários ingressos para os brinquedos e agora estavam parados na fila da montanha-russa. Nicolas confessava que aquele era um dos poucos momentos de descontração que teve desde que assumiu a liderança da investigação dos crimes. Ao lado de Miah, ele queria manter o trabalho longe de sua mente, o que estava sendo quase impossível.

— Este parque é sempre cheio assim? — ele perguntou.

— Só aos fins de semana — respondeu Miah, olhando ao redor. — As pessoas querem fugir da realidade e procuram formas de diversão, e esta é uma delas.

— Como podem estar se divertindo se hoje mesmo clamavam por justiça e agilidade para solucionar os crimes?

— Eles ainda querem justiça. Todos nós queremos. De qualquer forma, temos de continuar a viver nossas vidas, independentemente dos crimes.

— Você é meio fria — Nicolas a beijou na testa. — A cidade ainda está de luto.

— Eu não estou. Sinto muitíssimo pelas famílias das crianças. Sei que elas devem estar destroçadas e realmente lamento muito por isso. Só não posso me enlutar por cada pessoa que morrer nesta cidade, nem por cada tragédia que acontecer no país. No final, eu estaria em péssimas condições mentais e psicológicas, sofrendo por outras pessoas, tentando me colocar no lugar de desconhecidos.

Miah deu alguns passos quando a fila andou e concluiu:

— Como eu disse, sinto pelo que ocorreu com as crianças, que eram inocentes e morreram, talvez sem nem saber o porquê. E, como se fosse pouco, meu papel ainda é levar a público todas essas informações desagradáveis. Só não posso me privar do meu lazer por causa da tragédia alheia. Acha que estou errada? Chama isso de frieza?

"Considerando a situação desse ponto de vista, até que faz sentido", pensou Nicolas. Muitas outras pessoas pensavam da mesma maneira.

Pouco depois, eles se sentaram no carrinho da montanha-russa e Miah fechou sua trava de segurança, soltando gritinhos de satisfação. Já tinha andado naquele brinquedo outras vezes, mas nunca em companhia de um homem como Nicolas Bartole.

Eles se divertiram à beça e Miah gritou de excitação quando o carrinho da montanha-russa despencou em uma descida alucinante, fazendo a adrenalina dos passageiros disparar. Logo depois, eles aproveitaram que a fila do carrinho de bate-bate diminuiu e se sentiram crianças novamente enquanto um perseguia o outro na pista do brinquedo. Nicolas ria quando acertava seu carro em cheio contra o carro de Miah, fazendo-a saltar com o impacto.

A terceira atração foi a roda-gigante, que tinha assentos para dois passageiros. Quando o brinquedo parou no nível mais alto, eles trocaram um beijo apaixonado. Logo que seus lábios se desgrudaram, olharam para cima e tiveram a impressão de que as estrelas estavam mais próximas deles.

Nicolas comprou duas maçãs do amor, dois espetos de churrasco e um imenso algodão-doce para Miah.

Vendo-a mastigar o algodão, ele reparava no quanto ela era linda e sentia seu coração gritar de paixão por ela.

Encerraram o passeio da noite com uma visita ao trem fantasma. Nicolas era um policial treinado e não se assustou nenhuma vez com os monstros mecânicos, mas Miah pulava cada vez que ouvia um barulho estranho ou quando uma caveira ou um vampiro esticava os braços para tentar pegá-la.

Enquanto o trenzinho fazia a última volta, logo após ter passado por um cenário que imitava um cemitério, Nicolas se virou para ela e, segurando seu queixo, declarou:

— Eu a amo, Miah. Essa é minha mensagem da noite.

Ela não respondeu, mas o beijou com amor. Assim que desceram do trenzinho, Nicolas descobriu que já passava da meia-noite e que o parque se preparava para fechar.

— Podemos voltar outras vezes, se quiser — sugeriu Miah, de mãos dadas com Nicolas.

— Que tal no próximo sábado? Se eu soubesse que este parque era tão divertido, teríamos vindo antes. Nem pudemos andar nas xícaras malucas!

— As xícaras me deixam tonta, mas eu topo ir com você — confessou Miah, sorrindo. — Aliás, eu topo ir a qualquer lugar com você.

— É mesmo?

Tomado por um súbito desejo que já havia sido reprimido outras vezes, Nicolas aproximou os lábios da orelha dela e sussurrou com malícia:

— Vamos para o meu apartamento, para que a diversão da noite seja completa? O que acha?

— Eu aceito — ela sussurrou sem hesitar.

Meia hora depois, ele destrancava a porta do apartamento silenciosamente e entrava sorrateiro com Miah ao lado. Não havia sinal de Marian. Provavelmente, a irmã de Nicolas já deveria estar dormindo, pois seu quarto estava escuro. Cochichando com Miah, ele a guiou pela mão até seu quarto. Assim que entraram, trancaram a porta, sempre em silêncio, como a primeira vez de dois adolescentes na casa dos pais dela.

Nicolas não acendeu a luz. Nem precisava. A luz do luar, aliada ao brilho das estrelas que penetrava pela janela aberta, clareava o ambiente perfeitamente. E a luz que era emitida pelos olhos deles iluminava o rosto um do outro.

— Você acha que está preparada? — ele perguntou.

— Sim — respondeu Miah. — E essa é a minha mensagem da noite.

Nicolas sorriu e a conduziu devagar até a cama, enquanto a despia lentamente. Miah também tirou a roupa de Nicolas e pouco depois eles se entregaram à paixão, em uma união de corpos e sentimentos, desejos e sensações.

Eles se amaram por horas, completamente esquecidos do mundo e de quem eram. Tudo o que existia dentro daquele quarto era o amor que os unia, a paixão contida e que agora vinha à tona. Quando as estrelas que brilhavam no céu cederam espaço aos raios alaranjados do sol que estava nascendo, eles finalmente adormeceram, exaustos e saciados, nos braços um do outro.

Capítulo 24

Seus ouvidos eram apurados o suficiente para que pudessem distinguir o som dos cascos dos cavalos algumas centenas de metros à frente. No início, confundiu os ruídos com o trotar do seu próprio cavalo, mas agora não havia mais dúvidas: a bruxa e sua caravana seguiam muito perto dali.

O cavaleiro aumentou a velocidade da corrida de seu cavalo negro, enquanto tocava o cabo da espada em sua cintura. Mal podia esperar pelo momento de capturar a herege. Havia momentos em que chegava a temê-la. Muitos homens foram enviados para delê-la e nenhum obteve sucesso. Com ele seria diferente. Se a bruxa trabalhava com as magias do demônio, seria severamente castigada. E pagaria com a vida.

Não demorou a avistar dois camponeses fugindo em alta velocidade na extensão da campina verde. Embora fosse noite, a lua iluminava o caminho de tal forma que parecia dia. O cavaleiro golpeou o flanco do cavalo com os pés e o animal quase voou sobre os campos verdejantes.

Um dos camponeses olhou para trás e reconheceu o cavaleiro, que estava a menos de cem metros deles agora. Já tinha ouvido falar daquele homem cruel, que devastou quase toda a população do seu vilarejo à procura de sua líder. Com sua magia poderosa, ela defendeu seu povo o máximo que pôde, mas não tinha poderes para enfrentar a Santa Inquisição. O clero ainda era mais forte do que qualquer magia e os inquisidores estavam em número muito maior do que eles. Claro que deveriam lutar pela vida até o fim. Eliminaram muitos inquisidores, mas sempre surgiam outros, ainda mais mortíferos que os anteriores. Aquilo jamais teria fim.

Porém, da mesma forma que tinham uma líder, ouvia-se que os inquisidores também tinham um mandante, alguém da mais alta confiança da Igreja. Tratava-se de um homem treinado para o combate, com sangue-frio e olhos cruéis, capaz de matar uma criança recém-nascida como mataria um rato. Diziam que esse homem era tão ou mais perigoso do que dez inquisidores juntos. Ele devastou o povoado vizinho, queimando as cabanas com sua tocha assassina. Muitas pessoas morreram queimadas antes que tivessem tempo de despertar.

Sua arma mais mortal era uma espada, segundo os rumores. Com sua arma branca, afiada e fatal, ele perfurava corações e decapitava cabeças. Usava sua ponta letal para cegar os mais velhos apenas pelo prazer de vê-los gritar e implorar pela visão, antes de matá-los. Diziam também que ele estuprava crianças e jovens meninas, matando-as logo depois.

Enquanto pensava nisso, o camponês emitiu um assovio agudo, dando o alerta de que estavam em perigo. O outro camponês que cavalgava um pouco mais à frente captou a mensagem e assoviou também, passando o aviso para os que seguiam adiante. A mensagem deveria ser passada até chegar aos ouvidos de Angelique.

O camponês que foi o primeiro a assoviar tornou a olhar para trás e, desta vez, gritou ao se deparar com o cavaleiro de armadura quase encostando em seu cavalo. Reparou que no centro de sua armadura negra havia o desenho de um crucifixo cravejado de brilhantes. Embora estivesse escuro, o camponês, com os olhos arregalados de horror, viu o cavaleiro sacar a espada. E no cabo dela havia outra cruz.

Os cavalos estavam quase emparelhados agora. Era impossível divisar o rosto do inquisidor assassino, por causa do capacete que ele usava, mas o camponês vislumbrou rapidamente seus olhos. E pressentiu sua morte.

De repente, ele deu uma guinada brusca em seu cavalo, fazendo o animal relinchar e se empinar. O cavaleiro, que não esperava pelo gesto, continuou avançando alguns metros, antes de se deter também. O camponês sacou um pequeno punhal e se desmontou de seu cavalo. Correu o máximo que pôde até se embrenhar pelo matagal escuro e sombrio.

Quando deixou de ouvir os cascos do outro cavalo, soube que o inquisidor também saltou de seu animal e que agora o perseguia a pé. Ele não queria olhar para trás para não se distrair ou tropeçar em algum galho de árvore, sabendo que o outro estava se aproximando rapidamente.

Utilizando seu punhal para cortar os arbustos que impediam sua passagem, o camponês corria para salvar a vida. De repente, escorregou num lamaçal e foi ao chão, e o pequeno punhal escapuliu de suas mãos. Teve tempo de ouvir as pesadas botas se aproximando, enquanto tateava, às cegas, no meio da lama, em busca de sua arma.

O pobre camponês se colocou de quatro, afundando os joelhos no barro mole e úmido, e vislumbrou o cabo do seu punhal. Tocou-o no exato instante em que a ponta da espada se comprimiu em sua nuca.

— Onde está a bruxa? — o cavaleiro perguntou, sua voz soando tenebrosa e assustadora.

— Não sei, senhor — respondeu o camponês, tentando afundar o punhal na lama para que o inimigo não o visse.

No instante seguinte, um grito agudo e apavorante ecoou na noite, quando a lâmina da espada baixou violentamente sobre o braço esticado do camponês. O sangue que jorrou do corte se misturou à lama gosmenta.

— Onde está a bruxa? — o inquisidor tornou a perguntar.

Paralisado com a dor que se irradiava por todo o seu corpo, o camponês mal conseguiu emitir uma palavra. O cavaleiro repetiu a pergunta pela terceira vez, e o camponês agitou a cabeça negativamente.

— Não tem problema se não me revelar o paradeiro de Angelique. Descobrirei de qualquer modo. Quanto a você, perderá a vida.

— Eu vou salvar a vida da minha líder — rugiu o ferido. — Jamais trairia Angelique.

O cavaleiro, implacável, ergueu sua espada novamente e, sem um pingo de piedade, perfurou a nuca do homem, que desabou de bruços, na lama.

— Fique aí, como um porco na lama — resmungou o inquisidor, embainhando a espada e retornando ao local onde deixou seu cavalo. — A bruxa não deve estar muito distante. Creio que em poucas horas a terei sob meu jugo. Então, ela conhecerá toda a sorte de castigos e horrores por ter traído a Santa Igreja.

Nicolas acordou com o coração disparado e o peito coberto de suor. Seu movimento brusco na cama despertou Miah, que dormia enroscada nele.

— O que foi? — ela perguntou com voz sonolenta.
— Já amanheceu?

— Já, sim — ele confirmou, olhando pela janela.
— É uma bela manhã de segunda-feira.

— Nossa! Hoje é segundona, dia de trampo. Não posso me dar ao luxo de ficar deitada na sua cama.

Enquanto ela se vestia rapidamente, Nicolas olhou para o relógio. Eram oito da manhã. Ele tinha muita coisa programada para fazer ao longo do dia e também não podia ficar deitado. Contudo, o sonho que acabou de ter parecia muito real, como se ele tivesse assistido àquelas cenas em um filme ou as tivesse presenciado.

Recordava de quase todo o sonho. Sabia que se tratava do mesmo homem com quem já havia sonhado outras vezes. Era o cavaleiro cruel e dizimador de vidas, que buscava, alucinadamente, por uma mulher a quem ele julgava ser uma bruxa. Desta vez, o inquisidor matou um camponês que se recusou a informar o local onde a bruxa se encontrava. No sonho, ela foi chamada de Angelique.

A riqueza de detalhes na mente de Nicolas era tão vívida que ainda ecoava em seus ouvidos a voz do camponês chamando o nome de sua líder e o som da espada cortando o braço do homem.

Ele vinha sonhando com aquilo com uma frequência cada vez maior. Marian, na noite anterior, disse-lhe algo sobre vidas passadas. Claro que ele não acreditava muito nessas coisas, mas não queria dar sua opinião para não desgostar a irmã, que parecia tão convicta no que se referia à espiritualidade. Aqueles sonhos estranhos e misteriosos só poderiam ser resultado do estresse pelo qual estava passando com a investigação da morte das duas crianças. Quando solucionasse aqueles crimes, tinha certeza de que os sonhos cessariam e ele voltaria a dormir em paz.

Disposto a se esquecer do cavaleiro e do camponês, ele se virou para acompanhar com satisfação o corpo esguio de Miah, enquanto ela prendia o fecho do sutiã. Nicolas nunca havia sentido tanto prazer, tanto carinho, tanta paixão e, mais do que tudo, tanto amor como sentia por Miah. Ela parecia ter os mesmos sentimentos que ele, e ambos se sentiam satisfeitos e saciados. Embora estivesse exausto, Nicolas sabia que tinha muito que fazer.

— E então? — perguntou Miah. — Como acha que nos saímos ontem?

— Você foi uma boa menina. Merece um dez — brincou Nicolas, sorrindo.

— Em vez de um dez, eu quero um beijo — ela se curvou e o beijou. — Aliás, você precisa de um bom banho. Está suado.

— Nesse caso — ele se levantou e a tocou no ombro —, vamos os dois nos banhar. Quem sabe você consegue uma nota onze?

Miah só pôde rir, enquanto ele a conduzia para o banheiro.

———

Nicolas era um homem bastante organizado e gostava de estabelecer um roteiro a ser seguido durante o dia. Assim, sua primeira tarefa, previamente determinada, seria fazer uma nova visita à escola de Sheila, desta vez para falar com a inspetora que entregou a carta do assassino na delegacia. Se conseguisse uma pista concreta com ela, mudaria sua rota. Do contrário, pretendia, depois do almoço, visitar a cidade de Campinas à procura da irmã de Sheila. Acreditava que, depois de conversar com a mulher, muitas informações úteis seriam levantadas.

Como já esperava, não houve aulas naquele dia, devido ao assassinato de Isabella Pacheco. No portão, um cartaz com os dizeres "FECHADO POR LUTO" havia sido afixado, talvez o mesmo que havia sido usado um dia depois da morte de Felipe.

Ele bateu no portão várias vezes e já imaginava que não havia ninguém no colégio. Quando já estava quase desistindo, ouviu o barulho de correntes sendo removidas e pouco depois o portão foi aberto, revelando o rosto mal--humorado de João. Nicolas não ficou surpreso com o fato de a inspetora não ter feito esse serviço.

— Ah, é o senhor mais uma vez — expressou João, exibindo em seu rosto uma mistura de raiva e medo. O mesmo medo que Nicolas já havia observado nas outras vezes. — O que quer aqui?

— Em primeiro lugar, bom dia! Claro que o senhor já soube da morte de outra aluna na manhã de ontem, não é? — vendo João assentir, Nicolas continuou: — Não vim aqui à sua procura. Quero falar com a inspetora que me conduziu à sua sala nas visitas anteriores. Como ela se chama mesmo?

— Isolda Bicão. Ela não veio trabalhar hoje. Sheila passou um comunicado aos professores ontem à noite dizendo que ficaremos em recesso por dois dias, em respeito às crianças assassinadas — respondeu João, ainda mantendo o portão quase fechado, para impedir a passagem de Nicolas.

— Compreendo. Nesse caso, preciso que o senhor me informe o endereço residencial da senhora Isolda — pediu Nicolas, fazendo o possível para ser educado com o desagradável coordenador. — Como sabe, é um assunto de polícia.

— Infelizmente, não estou autorizado a divulgar dados pessoais de meus funcionários — retrucou João, mostrando-se mais pálido a cada segundo. — Volte aqui quando tiver um mandado judicial me obrigando a fazer isso, investigador.

Nicolas custou alguns segundos para responder.

— Por que o senhor gosta de atrapalhar meu trabalho? Esta não é a primeira vez que me coloca impeditivos. Estou começando a desconfiar do senhor.

Ao dizer isso, Nicolas não esperava ver a mudança de expressão no rosto de João. Ele arregalou os olhos e ficou pálido como nunca. As mãos começaram a tremer ainda mais do que nas outras vezes em que Nicolas o viu. O medo que sentia parecia extravasar por todos os seus poros.

— Saia daqui. O senhor não pode me ameaçar.

— Não o estou ameaçando. E, se está com tanto medo de mim, chame a polícia, que, aliás, sou eu.

— Vou telefonar imediatamente para o doutor Galos e...

— E me processar — completou Nicolas, enfadado. — Também não é a primeira vez que ouço essa ladainha. O senhor é sempre assim, tão repetitivo?

— Saia! Não vou repetir — dizendo isso, João tentou fechar o portão. Nicolas o empurrou com força, quase derrubando o coordenador.

— Além do senhor, quem mais está na escola agora? — perguntou Nicolas, mantendo a mão no portão para deixá-lo aberto. — E por que não quer que eu entre?

— O senhor nunca mais vai entrar em nossa instituição, enquanto não tiver em mãos um mandado judicial — avisou João, a respiração ofegante. — E agora saia daqui de uma vez. Não tenho de responder a nenhuma pergunta sua.

— Onde estava durante o assassinato de Isabella Pacheco? — essa indagação feita por Nicolas teve como objetivo apenas irritar ainda mais o coordenador.

— O senhor está invadindo uma propriedade alheia. Dê o fora. Vou acrescentar abuso de poder em seu processo, além das muitas ameaças que tem me feito.

— Eu vim aqui em paz. Não o ameacei em momento algum, e o senhor sabe disso. Quero apenas que me dê o endereço de sua funcionária. Com ele, posso resolver esse caso ainda hoje. E garanto ao senhor que jamais voltarei a importuná-lo. Vamos ser coerentes e agir com bom senso. Eu também não quero ter de prendê-lo por atrapalhar uma investigação policial — Nicolas fez uma pausa e quase sorriu: — Talvez eu também esteja sendo repetitivo, não é verdade?

João não lhe respondeu. Nicolas observava com espanto que ele estava quase a ponto de chorar, de angústia e de medo. Por fim, ele concordou com a cabeça.

— Está certo, senhor Bartole. Vou pegar o endereço de Isolda. E, por favor, não volte a me importunar. Garanto ao senhor que não sou um assassino de crianças.

"Mas foi acusado de pedofilia no passado. Com certeza, o senhor não se esqueceu disso", pensou Nicolas.

Segurando o portão, Nicolas viu João se afastar para o interior da escola. Talvez ele fosse telefonar para o advogado e contar que o investigador estava lá. Seria até bom que o doutor Humberto Galos aparecesse. Nicolas o faria conhecer um pouco mais sobre o passado de seu cliente.

João não demorou a retornar com um papel dobrado entre os dedos. Estendeu-o para Nicolas, que o abriu e conferiu a informação. Por fim, guardou o papel no bolso.

— Prontinho, senhor João. Não foi mais fácil assim?

— Faça o que tem de ser feito — resmungou João.

— Ótimo. Obrigado pelo apoio ao trabalho da polícia — agradeceu Nicolas, sendo irônico.

Capítulo 25

Isolda não morava muito longe dali e em menos de dez minutos Nicolas estacionava seu carro na frente da casa dela. Tocou a campainha várias vezes, sem obter resposta. Tentou olhar pelas janelas, porém, as cortinas escuras encobriam a visão do lado interno.

Impaciente, ele sacou uma chave mestra do bolso. Com prática e agilidade, abriu a tranca da porta. Instantes depois, ele estava na sala de estar de Isolda, com o distintivo na mão esquerda e o revólver na mão direita.

— Polícia! Isolda Bicão, aqui é a polícia. Apresente-se, por favor — anunciou Nicolas, olhando ao redor. A única resposta que obteve foi um silêncio tenebroso.

Sentindo um mau pressentimento, ele avançou até a cozinha, sempre com a arma em punho. Ali não viu nada de errado. Tudo estava limpo e no lugar. Ele se virou e seguiu por um corredor escuro que terminava em duas portas. Uma delas era o banheiro e a outra era um quarto. O segundo quarto vinha mais adiante e a casa de Isolda terminava ali.

O banheiro estava idêntico à cozinha: limpo e arrumado. O primeiro quarto funcionava como um depósito de bagunças. Antes da chegada de Marian, Nicolas também mantinha um dos quartos do seu apartamento assim. Ele tornou a chamar em voz alta, mas já sabia que estava sozinho ali.

Seguiu para o último quarto. Abriu a porta devagar e entrou no aposento. Mal deu um passo no quarto escuro quando pisou em algo úmido e escorregadio. Nem foi preciso baixar o olhar para reconhecer que aquilo era sangue.

Mais à frente, ao lado da cama, estava Isolda. A inspetora que o recebeu na escola de Sheila jazia no chão, em meio a muito sangue. A faca que foi utilizada para matá-la ainda estava cravada em seu estômago. A cena era chocante, mas Nicolas já tinha visto coisas piores ao longo de sua carreira. Sem se abalar, ele apanhou o rádio e pediu reforços.

Foi então que ele viu um bilhete dobrado ao lado do corpo. Do bolso traseiro da calça, sacou um par de luvas plásticas. Assim que as enfiou nas mãos, pegou o bilhete. A mensagem era curta e foi digitada no computador:

Espero que não demore a encontrá-la, Bartole. Tive de matá-la porque ela sabia quem eu sou. Matar um adulto estava totalmente fora dos meus planos, embora eu ainda pretenda acabar com você.

Mistery

"Pobre Isolda. Confiou nesta pessoa mais do que devia", pensou Nicolas.

Quando os policiais chegaram, e entre eles Mike, Nicolas pediu que chamassem os peritos e levassem o corpo para necrópsia, aos cuidados da doutora Ema. Desta vez, ele pretendia voltar a conversar com a médica--legista pessoalmente.

— Três vítimas. Três pessoas mortas e o assassino ainda à solta, esperando para matar mais uma — dizia Nicolas, enquanto andava de um lado a outro na sala de Oswaldo. — Preciso deter esse tal de Mistery o quanto antes.

Oswaldo já tinha lido o bilhete deixado pelo assassino e por isso comentou:

— A que conclusão você chegou depois de mais esse crime, Bartole?

— Que os alvos do criminoso realmente são crianças. Ele deixou isso bem claro nesse recado. Ao matar uma criança, ele rejuvenesce. Esse foi o termo que ele usou. Isolda foi um acidente de percurso. Talvez ele nem pretendesse matá-la de fato, mas, como ela veio me entregar a carta a pedido dele, sabia que eu iria procurá-la e que ela acabaria revelando sua identidade. O crime aconteceu no quarto de Isolda. Quem ela levaria ao próprio quarto?

— Um homem? Um amante? — sugeriu Oswaldo.

— Ou talvez uma mulher, e não necessariamente por ser uma amante. As mulheres gostam de conversar nos quartos umas das outras e não há nenhum problema nisso. Só digo que o assassino era alguém em quem Isolda confiava, pois o levou ao próprio quarto. Se foi um homem, realmente pode ter sido um amante. No entanto, não houve relações sexuais naquele quarto. Os peritos já apuraram isso. E disseram que o crime aconteceu ontem à noite, ou seja, no mesmo dia Mistery matou duas pessoas. Isso está ficando extremamente grave.

— Está insustentável. O prefeito fará um discurso em público às quinze horas, na praça central. Não vai mesmo ficar para assisti-lo?

— Não, Oswaldo. Com certeza a mídia estará presente e eu assistirei à reprise logo mais à noite. Como meu nome não foi cogitado para participar dessa coletiva de imprensa com o prefeito, creio que sou totalmente dispensável. Vou a Campinas logo depois do almoço. Vou até Ribeirão Preto de carro e de lá pegarei o avião.

Se pudesse, Nicolas faria toda a viagem de carro, pois odiava qualquer meio de transporte aéreo. Como não tinha tempo a perder, faria aquele grande sacrifício.

— O curioso é que o assassino mudou a técnica dos crimes. As duas crianças mortas foram estranguladas. Isolda foi morta com nove facadas em diversas partes do corpo. Essa mudança na forma de ataque realmente me preocupa, Oswaldo.

— Estamos lidando com um assassino em série. Meu Deus, nunca houve nada parecido na cidade. A população ficará apavorada se souber disso — alarmou-se Oswaldo.

— Ou estamos enfrentando um louco.

— Um louco? Não vejo nenhum sinal de loucura nesses crimes premeditados — discordou Oswaldo. — Essa pessoa é muito esperta, isso sim.

— Pode ser um psicopata. Leia o teor da primeira mensagem. Ele fala em poder, em rejuvenescer. Que tipo de pessoa se sente mais jovem ao tirar a vida de uma criança indefesa? Já consigo enxergar uma parcela de loucura em tudo isso. E tem mais: tenho absoluta certeza de que esse criminoso anda normalmente pela cidade, age como se fosse uma pessoa comum. Trabalha e se relaciona com seus colegas numa boa. E ninguém desconfia de nada. Mistery disse na primeira mensagem que eu já falei pessoalmente com ele e que não percebi nada.

— Por isso eu digo que não existe loucura nisso. Estamos lidando com um enrustido mau-caráter. Juro a você, Bartole, que, assim que puser as mãos nesse cara, vou esfolá-lo vivo.

— Não se esqueça de que esse cara também pode ser uma mulher. Como já falei antes, existem mulheres que elaboram crimes tão ou mais criativos que os elaborados por homens.

— Uma mulher não faria isso com outra — negou Oswaldo, inconformado. Sabia que Nicolas estava seguro do que dizia, mas essa ideia parecia inadmissível.

— Faria, sim, Oswaldo. Não subestime a capacidade de uma mulher. Movida pelo ódio, uma mulher é capaz de qualquer coisa.

— Você acha que alguém da escola está ligado ao crime?

— Acho que sim. Note que todas as vítimas estão relacionadas ao *Paraíso do saber*. Por isso, ainda acredito que um dos meus suspeitos é o assassino, só preciso descobrir qual deles.

Nicolas se sentou, apanhou um papel sobre a mesa do delegado e escreveu os nomes dos suspeitos em letras grandes.

ALEX DOS SANTOS — PROFESSOR

VAGNER DE MELO — PROFESSOR

JOÃO MENEZES — COORDENADOR

SHEILA ARRUDA — DIRETORA

THIERRY — FLORISTA

— O assassino é um deles — reconfirmou Nicolas.

— E se não for? — perguntou Oswaldo.

— É, sim. Alex poderia ter matado Felipe por vingança, porque o garoto espalhou seu segredo íntimo pela escola. E Thierry, embora eu duvide disso, poderia ter matado Felipe como forma de apoiar o namorado.

— Mas por que matariam Isabella? — lembrou Oswaldo.

— Deve haver alguma conexão também. De alguma forma, o assassino teve supostos motivos para matar cada um deles. Estou certo disso.

— Bem, enquanto você vai a Campinas, o que acha que devo fazer? — perguntou Oswaldo. Já estava acostumado a ouvir as ordens de Nicolas desde que ele assumiu o caso. Admitia que Nicolas era extremamente sagaz, enquanto ele tinha pouca experiência com homicídios.

— Vá procurar o professor Alex e sugue-o o máximo que puder, até que ele não tenha mais nada a dizer. A partir de agora, Oswaldo, teremos de pressionar as pessoas até o sumo.

Oswaldo sorriu com essa frase, embora estivesse sem humor. O prefeito concederia uma entrevista coletiva para a imprensa e faria um discurso em praça pública. Nicolas não estaria presente e ele teria de se virar sozinho se lhe fizessem alguma pergunta sobre o caso.

Estar dentro de um avião era um dos maiores pesadelos de Nicolas. Quando era pequeno, fez uma viagem de avião em companhia de Marian e dos pais. Seu pai faleceu dois meses depois dessa viagem. Marian ainda era praticamente um bebê e Nicolas tinha cerca de três anos.

Seria uma viagem de férias, do Rio de Janeiro a Curitiba, pois o pai dele sempre quis conhecer a capital do Paraná. O voo não era demorado, mas durante quase todo o trajeto enfrentaram turbulências fortíssimas. O pai parecia tranquilo, mas ele jamais se esqueceria da expressão apavorada de sua mãe. Marian, que estava adormecida, despertou aos gritos. Nicolas mal via a hora de o avião pousar, para que todo aquele horror acabasse.

Na viagem de volta, o trajeto foi ainda pior e o avião, ao pousar no Rio de Janeiro, deslizou na pista molhada e foi parar em um canteiro de terra. Todos os passageiros gritaram, antevendo a morte iminente. Ninguém saiu ferido, mas, a partir desse dia, Nicolas passou a ter trauma de aviões e só entrava em um quando era obrigado.

Agora ele se via sentado em seu assento com o cinto muito bem afivelado. Dez bandidos fortemente armados não o intimidavam, mas o ronco das turbinas da aeronave quase o fazia desmaiar. Uma moça loira e elegante se sentou na poltrona do meio e um senhor ia na da janela. Nicolas se sentava na poltrona no corredor, distante das janelas. Ainda bem que o voo não demoraria nem meia hora.

Quando o avião ganhou altura, Nicolas se segurou na poltrona com ambas as mãos e fechou os olhos, mantendo a cabeça recostada no assento como se estivesse adormecido. Somente quando o comandante anunciou que eles já estavam em altitude de cruzeiro foi que Nicolas abriu os olhos.

— Você não gosta de altura? — perguntou sua vizinha de poltrona, abrindo um sorriso amável.

— Não, eu nem ligo — mentiu Nicolas. — Mantenho os olhos fechados por cansaço mesmo.

— Eu gosto de viajar de avião, sabe? — disse a loira. — Aliás, meu nome é Dalva. E o seu?

— Nicolas. Não gosto tanto assim de avião — ele detestava. — Mas a gente precisa dele, não é?

— É verdade. Quando estou assim, no céu, sinto-me mais próxima de Deus — ela tornou, amável.

O senhor que estava sentado na poltrona ao lado da janela virou o rosto para a loira e fechou os olhos em seguida.

— Claro que podemos nos sentir próximos de Deus em qualquer lugar em que estivermos. Eu, particularmente, me sinto mais perto Dele aqui, entre as nuvens. Tanto que sempre que estou a bordo de um avião faço algumas orações.

"Eu também faço", pensou Nicolas, "para essa coisa não cair comigo dentro".

— Nunca tinha pensado nisso — confessou Nicolas.

— Pena que este voo dura pouco tempo.

Nicolas deu de ombros e conferiu o relógio. Parecia que o avião mal tinha decolado quando anunciaram o pouso. Ele tornou a fechar os olhos e agarrou a poltrona. Quando o avião tocou a pista e taxiou até o terminal de embarque, Nicolas abriu os olhos: tinha chegado inteiro.

No Aeroporto Internacional de Viracopos, Nicolas deu o endereço da irmã de Sheila ao taxista. Ela morava no bairro Nova Campinas, que, segundo o motorista do táxi, era um dos bairros mais nobres da cidade. Sinal de que a irmã de Sheila, que se chamava Sueli Arruda, era muito bem de vida.

Realmente a casa de Sueli era esplêndida e ao redor dela havia outras residências deslumbrantes e magníficas. Nicolas pagou a corrida e desceu do táxi. Aproximou-se do imenso muro que cercava a casa. Antes que localizasse o interfone, o portão se abriu e um segurança bem uniformizado surgiu.

— Boa tarde! Pois não?

— Gostaria de falar com a senhora Sueli Arruda. Ela está? — perguntou Nicolas, mostrando sua identificação policial ao guarda.

— Vou verificar. Peço-lhe que aguarde aqui.

O portão se fechou e Nicolas esperou quase cinco minutos na calçada. Por fim, o portão se abriu novamente e o guarda falou:

— Dona Sueli não sabe do que se trata, mas autorizou sua entrada. No entanto, para a segurança dela, dois vigias nossos acompanharão o senhor até o interior da residência.

— Quanta gentileza! — debochou Nicolas, passando pelo portão. No instante seguinte, ele ficou maravilhado com o que viu. Os jardins eram imensos, verdes de um lado e coloridos do outro, devido à variedade de flores plantadas em belos canteiros. Enquanto caminhava rumo à bela mansão, ladeado pelos dois guardas enfezados, Nicolas reparou nos dois carros importados estacionados em frente à escadaria principal. Realmente Sueli tinha uma condição financeira mil vezes melhor que a da irmã.

Uma criada jovem e bonita abriu a porta toda trabalhada que dava acesso à sala de estar que, na verdade, mais parecia o salão de um museu. Ele reparou que todos os móveis eram de madeira de lei, construídos no final do século 18. O tapete era tão macio que os pés de Nicolas afundaram nele. Havia muitos quadros pendurados nas paredes bem tratadas e quase todos eram telas pintadas a óleo.

Os dois seguranças ainda se mantinham parados atrás de Nicolas quando Sueli Arruda surgiu. Embora fosse bem mais rica do que a irmã, fisicamente ela era tão semelhante a Sheila que elas pareciam irmãs gêmeas. Sueli era mais magra e um pouco mais alta, mas o rosto era quase idêntico ao da irmã.

— O senhor é o investigador? — Sueli perguntou, estendendo a mão bem cuidada para cumprimentá-lo.

— Sim, sou eu mesmo — ele apresentou seu distintivo. — Peço-lhe a gentileza de disponibilizar um pouco do seu tempo para falar comigo. Desculpe-me por ter vindo sem avisar. Poderia, inclusive, ter perdido a viagem por esse erro. Entretanto, o que tenho a tratar é muito importante e requer máxima urgência.

Sueli assentiu e indicou uma poltrona confortável para que Nicolas se sentasse.

Capítulo 26

Sueli não conteve a curiosidade:

— E o que pode ser tão importante e urgente? Houve algo com Aluísio?

Aluísio, pelo que Nicolas tinha pesquisado, era o único filho de Sueli, o garoto que no passado fora espancado pela tia.

— Não, senhora. Seu filho está bem?

— Como sabe que ele é meu filho? O que quer de mim?

— Vim para falar sobre Sheila — revelou Nicolas, atento aos olhos escuros de Sueli, que expressaram desagrado ao ouvir o nome da irmã.

— Então não temos nada a conversar. A vida da minha irmã pouco me importa. Sinto muito se fiz o senhor perder seu tempo.

— Eu preciso apenas que a senhora me dê algumas informações sobre ela. Tenho urgência disso, pois sou responsável pela investigação de dois assassinatos em outra cidade.

Sueli levou um minuto interminável refletindo se deveria seguir em frente ou parar por ali. Por fim, dispensou os guardas com um gesto e encarou Nicolas fixamente.

— Está certo. Vou ajudá-lo. Desde já lhe aviso que falar sobre Sheila me deixa muito desgostosa.

— Por que sua irmã a deixa assim? — quis saber Nicolas.

Sueli suspirou e acariciou uma almofada franjada.

— Sheila é minha irmã mais velha. Nossos pais só tiveram nós duas e quando completei dezoito anos eles morreram em um acidente de barco. Ficamos somente Sheila e eu. No entanto, depois disso, ela passou a adotar um comportamento estranho. No começo, eu achava que tinha a ver com a morte dos nossos pais. Achava que Sheila estava revoltada e irada por ter perdido, de uma só vez, duas pessoas amadas e queridas. Ela sempre foi mais ligada aos nossos pais do que eu. E eu achava que o acidente no qual eles morreram tivesse mexido com a cabeça dela.

Os olhos de Sueli pareciam perdidos no vazio, rememorando o passado.

— Sheila se tornou uma mulher quieta e esquisita, que estourava à toa e esquentava a cabeça facilmente. Morávamos juntas e vivíamos discutindo porque ela discordava de tudo o que eu falava. Certa vez, ela chegou em casa às duas da madrugada, totalmente embriagada. Começamos a discutir, pois eu cobrava uma atitude da parte dela. Dizia a ela que se afundar nas bebidas não a faria se esquecer dos nossos pais. Sheila não gostou de eu ter lhe chamado a atenção e me empurrou. Eu caí no chão.

Ela fez uma pausa e Nicolas aguardou em respeitoso silêncio.

— No dia seguinte, amargurada com a ressaca, ela implorou por desculpas, querendo que tudo ficasse bem novamente. Eu a perdoei porque a amava, mesmo sabendo que as coisas não ficariam bem enquanto ela não mudasse a maneira de agir. Dois dias depois, brigamos novamente e, dessa vez, Sheila saiu de casa sem dizer aonde ia. Eu me desesperei, liguei para a polícia, contratei um detetive particular, tudo na esperança de encontrá-la. Ninguém me apresentou resultado nenhum e, depois de três dias, eu estava certa de que Sheila tinha morrido. Durante uma madrugada, logo depois disso, ela reapareceu como se nada tivesse acontecido.

— E onde ela esteve?

— Disse que tinha ficado na casa de uma amiga e que não saiu de lá para nada. Eu estava muito emocionada para brigar com ela de novo e deixei esse acontecimento de lado. Conforme os dias foram passando, Sheila se mostrava mais amável. Não brigava comigo e até se mostrava meio passiva. No começo do semestre seguinte, ela começou a fazer magistério, depois pedagogia, e eu pensei que ela tinha conseguido superar a dor pela morte dos nossos pais.

— E não foi assim? — indagou Nicolas.

Sueli balançou a cabeça negativamente.

— Não. Embora tenha sido uma fase maravilhosa, depois de alguns anos o inferno recomeçou. Ela já tinha concluído os estudos e dava aulas para crianças. Eu trabalhava como assistente em uma revista de modas. Nessa época, estava grávida e faltava pouco tempo para Aluísio nascer. No ano anterior, eu havia conhecido um homem e me casado com ele. Como a casa em que morávamos pertencia a nós duas, meu marido me chamou para morar com ele, e eu deixei a casa à disposição de Sheila. Ela pareceu feliz quando lhe contei a novidade e disse que sentiria minha falta, já que passaria a morar sozinha. Lembro-me de ter sugerido que ela arranjasse um namorado, para que pudesse se casar também e constituir uma família. Ela apenas me ouviu em silêncio.

Sueli se interrompeu outra vez, lembrando-se de oferecer uma bebida a Nicolas. Como ele recusou, ela continuou o relato:

— Depois que Aluísio nasceu, confesso que, por falta de tempo, me mantive afastada de minha irmã. Aluísio era meu primeiro filho e tinha de ser muito mimado. Queria me dedicar apenas a ele. Sabe como é a primeira maternidade... Convidei Sheila para vir conhecê-lo e ela veio no fim de semana seguinte. Ela ainda não tinha visto minha nova casa e pareceu maravilhada. Adorou meu filho e o encheu de beijos. Disse que sentia minha falta na nossa casa e que mergulhava nos livros de estudo, tentando evitar a solidão.

Ela apertou a almofada contra o peito, como se também temesse ficar sozinha. Fitando Nicolas com olhar penetrante, prosseguiu:

— Eu sentia pena dela. Achava que Sheila se sentiria muito deslocada se meu marido, meu filho e eu nos mudássemos para lá. Além disso, eu sabia que meu marido jamais concordaria com isso, pois nossa casa era bem maior do que a casa que foi dos meus pais, e o bem-estar do Aluísio vinha em primeiro lugar. Alguns anos se passaram e Sheila não voltou a aprontar nesse intervalo de tempo — Sueli mostrou um sorriso fraco.

— Ocasionalmente, ela vinha me visitar e eu a visitava também. Morávamos meio longe uma da outra, mas nos comunicávamos por cartas e por telefone.

Nicolas a observou passar as mãos pelos sedosos cabelos negros, como se as recordações a deixassem esgotada.

— No dia em que Aluísio completou quatro anos, Sheila me contou uma novidade: estava apaixonada por um homem e ele a engravidara. Claro que eu adorei saber disso. Finalmente, a felicidade sorria para Sheila.

Seria a chance de ela deixar a solidão de lado e ser feliz. Eu a amava e me importava de verdade com ela. Nossas brigas do passado há muito estavam esquecidas. Só pensávamos no futuro.

— Faço ideia de quem seja o homem que ela conheceu — murmurou Nicolas, mais para si mesmo do que para Sueli.

— Um mês depois de ter dito que estava grávida e apaixonada, Sheila me apresentou João. Fiquei um pouco surpresa, pois ele era alguns anos mais velho do que ela e Sheila sempre disse que preferia rapazes da sua idade. Fiquei ainda mais surpresa ao descobrir que eles pretendiam se casar dali a duas semanas. Acreditava que eles se amavam de verdade e que deveriam seguir em frente. Eles se casaram na data marcada, e eu fiquei triste e decepcionada por não ter sido convidada para o casamento. Quando interroguei Sheila sobre isso, ela bateu a mão na testa e disse ter se esquecido de mim e da minha família.

Sueli fez outra pausa e conteve um suspiro.

— A vida é assim mesmo, concorda, senhor Bartole? E, às vezes, acontecem coisas estranhas. Soube que, quando estava com dois meses de gravidez, Sheila perdeu o bebê, sofreu um aborto espontâneo. Ela não veio me procurar, e eu achei que não deveria me envolver. Além disso, fiquei muito doente durante algum tempo. Tive uma inflamação no útero que não pôde ser curada. Sendo assim, tive de passar por uma cirurgia para a remoção do órgão. Durante minha recuperação, Aluísio, então com seis anos de idade, ficava sob os cuidados do meu marido e da babá que tínhamos contratado.

Ela analisou a linda almofada fixamente, como se a visse pela primeira vez.

— Eu me lembro de uma noite chuvosa, em que eu estava deitada e meu marido ainda não tinha voltado do trabalho. Estava bastante preocupada. No final da noite, a polícia surgiu em minha casa e me noticiou sobre o acidente. Ao que parecia, ele havia perdido o controle do carro, que se chocou contra um poste. Ele morreu na hora e eu quase morri também — uma lágrima solitária escorreu pelo rosto de Sueli, enquanto ela se lembrava. — Não conseguia me conformar com a morte do meu marido. Subitamente me tornei viúva, e Aluísio, órfão de pai.

Ela voltou a mostrar um sorriso sem humor ao dizer:

— Sheila reapareceu quando soube do ocorrido e me consolou um pouco. Eu fiquei feliz com a volta dela, e por ela ter se lembrado de mim outra vez. Como eu ainda não estava completamente recuperada da cirurgia e não tinha superado a morte do meu marido, contratei minha irmã para que cuidasse do Aluísio na ausência da babá e, principalmente, aos fins de semana. Ela aceitou de bom grado e pareceu feliz com o convite. Duas semanas depois, ela surrou meu filho até quase matá-lo.

— Por que ela fez isso? — quis saber Nicolas, chocado com a história de Sueli.

— Você se lembra de eu ter dito que ela ficou violenta depois da morte dos nossos pais? Eu estava errada. Ela não ficou violenta, ela sempre foi. Segundo os psicólogos e psiquiatras que consultei depois do que ela fez com Aluísio, Sheila é uma pessoa com forte tendência à violência, capaz de ferir profundamente uma pessoa em um acesso de raiva. Aluísio permaneceu vários dias internado em um hospital, com dois braços e uma perna quebrados. Eu a denunciei à polícia. Não podia deixar aquilo passar impunemente. Ou minha irmã era louca ou era uma ameaça à sociedade. De um jeito ou de outro, ela precisava ser detida e tratada.

Vendo Nicolas assentir em concordância, Sueli se sentiu motivada a continuar:

— Mas nada disso aconteceu. João, o marido dela, contratou um bom advogado que a tirou da cadeia depois de pagar fiança. Fiquei apavorada, temendo represália dela. Contudo, graças a Deus, Sheila nunca mais me procurou. Cortou definitivamente qualquer tipo de contato comigo, o que foi até bom para mim e para Aluísio. Mas as crises de loucura dela não pararam por aí. Ela voltou a agredir outras duas crianças e foi presa novamente. Ninguém sabia por que ela fazia isso, creio que nem ela mesma. Parecia que ela tinha raiva de crianças. Ela passou quase um ano na prisão, até que o advogado conseguiu tirá-la de lá novamente.

— Nas minhas investigações, consegui levantar esse fato.

— Então você também deve saber que João foi acusado de estuprar duas meninas, mas, como nunca puderam provar nada, ele escapou ileso. Quando Sheila saiu da cadeia, pediu o divórcio a ele, ou vice-versa. Só sei que eles se divorciaram pouco tempo depois, um acusando o outro pelos crimes que haviam praticado, embora não houvesse provas contra João. Sheila se mudou, e ele logo desapareceu também. Nunca mais tive notícias de nenhum dos dois. Por isso, fiquei surpresa quando o senhor veio me procurar querendo saber sobre Sheila. O que ela fez de tão grave desta vez?

— Dois assassinatos ocorreram na cidade onde moro e fui designado para assumir as investigações. Sua irmã comprou uma escola e trabalha como diretora nela.

— Como ela conseguiu ter uma escola tendo duas passagens pela polícia? — Sueli pareceu espantada.

— Estamos no Brasil... A senhora pode imaginar quem ela contratou como coordenador pedagógico?

— João? — tornou Sueli com naturalidade.

— Isso mesmo. Como a senhora sabia?

— Esqueci de dizer que João também era professor. Não me espantaria saber que os dois combinaram de se divorciar e desaparecer em seguida, tudo de forma estratégica. Tenho certeza de que eles continuam mantendo um relacionamento íntimo.

— As crianças que foram assassinadas eram alunas da escola da Sheila — informou Nicolas.

— Nesse caso, senhor Bartole, pode ter certeza de que um dos dois está envolvido nisso.

— A senhora acredita que sua irmã possa ser a assassina?

— Como as crianças foram mortas? — indagou Sueli, sem responder à pergunta feita por Nicolas.

— Estranguladas, mas não houve sinais de abuso sexual.

— Depois do que Sheila fez com meu filho e com outras crianças, sei que ela é perigosa. E lhe digo com certeza: há grandes chances de Sheila ser a criminosa que o senhor está procurando, assim como o ex-marido dela. Só não entendo como uma mulher com um passado violento consegue administrar uma instituição de ensino para crianças pequenas.

— Isso eu pretendo descobrir também. Antes de ir embora, dona Sueli, gostaria de fazer mais uma pergunta, se a senhora não se importar. Como conseguiu adquirir esta residência neste bairro tão nobre?

— Graças a meu segundo marido e a mim também. Meu atual marido é reitor de uma universidade na cidade vizinha. E hoje sou diretora-geral da revista de modas onde comecei como assistente. Ganhamos muito bem, graças a Deus. Assim, podemos manter esta casa.

— Está certo — Nicolas ficou de pé e estendeu a mão para Sueli, que também se levantou. — Muito obrigado pelo seu tempo. Não sabe como me ajudou.

— Espero realmente ter lhe sido útil — ela lhe entregou um pequeno cartão de visita. — Aí constam meus telefones particulares. Se precisar me contatar por qualquer motivo, não hesite. Se minha irmã matou essas duas crianças, terá de pagar por isso, e serei a primeira a depor contra ela.

Nicolas assentiu, tentando imaginar se o que Sueli sentia pela irmã atualmente era mágoa do passado ou ódio pelo que ela fez com seu filho. Independentemente do tipo de sentimento, era algo bastante perigoso.

———

O voo no qual Nicolas voltou atrasou quase uma hora para decolar, devido a uma súbita tempestade. Quando a aeronave pousou em Ribeirão Preto e os batimentos cardíacos de Nicolas diminuíram, já passava das sete da noite. Ele apanhou seu carro no estacionamento do aeroporto e seguiu até sua cidade, em uma viagem que levou mais de duas horas.

Quando chegou, pensou em passar na delegacia e ver se Oswaldo ainda estava por lá. Queria se inteirar das novidades. Mas, como já era bem tarde, provavelmente o delegado já devia ter ido embora, então Nicolas seguiu direto para seu apartamento.

Assim que destrancou a porta, ouviu vozes femininas. Entrou e se deparou com Miah e Marian em animada conversa. Com as duas mulheres, Érica jazia inerte sobre a mesinha de centro, mergulhada em sono profundo.

— Ei, isso é Clube da Luluzinha? — indagou Nicolas, sorrindo.

Ele beijou Marian no rosto e Miah nos lábios.

— Isso mesmo. Estávamos falando mal de você — contou Miah, sendo abraçada por Nicolas, que se sentou ao seu lado no sofá. — Na verdade, Marian estava me contando algumas curiosidades sobre as inspirações que recebe durante a pintura de seus quadros.

— Ela também já falou comigo sobre isso anteontem — revelou Nicolas.

Érica abriu os olhos ao ouvir a voz dele, encarou seu dono com cara feia e voltou a repousar.

— Foi impressão minha ou essa gata pulguenta me mandou calar a boca apenas com o olhar? — perguntou Nicolas, olhando para Érica.

— Com certeza. Ela sabe que manda em você, portanto, trate de obedecê-la — provocou Marian, descontraída.

— Isso é uma piada? — inquiriu Nicolas.

— Pois estamos mesmo precisando ouvir umas piadas — Miah encostou delicadamente a cabeça nos ombros de Nicolas. — A cidade virou de cabeça para baixo durante sua ausência hoje.

— Como assim? O que aconteceu de tão grave?

— Tudo. A cidade ficou em polvorosa durante a coletiva de imprensa do prefeito. A população estava revoltada e exigia segurança para seus filhos. O prefeito não dava conta de responder às perguntas de todos os repórteres. Eu mesma nem tentei falar com ele. Aí a mídia pegou o doutor Oswaldo. Quase lincharam nosso delegado.

— Por quê?

— Perguntavam de você e o doutor Oswaldo repetia o tempo todo que você tinha se ausentado para reunir informações sobre o caso. Claro que isso não convenceu ninguém. Sabe quem mais apareceu por lá? O imbecil do Duarte. Ele me concedeu uma entrevista e disse que você não estava presente porque havia fugido da raia, para evitar as perguntas que lhe seriam feitas. Disse que você era um policial incompetente e que, por não ter nenhuma informação concreta sobre o caso, havia desaparecido com o consentimento do delegado.

Miah sabia que deixaria Nicolas irritado com essa informação, mas achava que a verdade tinha de ser dita, já que ele ficaria sabendo disso de qualquer forma. Contou ainda que a delegacia foi apedrejada momentos antes e que cartazes com mensagens ofensivas à polícia estavam sendo espalhados pela cidade. Muitos pediam que Duarte assumisse a investigação e Nicolas fosse retirado do caso.

— Bastou eu virar as costas para o circo pegar fogo? — ele resmungou, quando conseguiu conter a fúria. — Vou precisar de sua ajuda, Miah.

— Claro, o que precisar.

— Amanhã, no primeiro horário, quero que esteja na delegacia com o seu operador de câmera. Será que você consegue uma brecha para entrar ao vivo?

— Se for uma matéria importante, consigo, sim.

— Pois eu vou dar a cara para bater. Direi que já descobri a identidade do assassino.

— Vai mentir, Nic? — indagou Marian. — Acha mesmo que essa será a melhor forma de resolver a situação?

— Não vou mentir, Marian, e sim omitir a verdade. Acredito que essa será a única forma de impedir que o caso seja retirado de mim. E o assassino, se assistir à reportagem, também ficará bastante preocupado com a possibilidade de ter sido descoberto. Pedirei ao Oswaldo que posicione alguns policiais à paisana em frente à residência de cada um dos suspeitos. Se a população quer me crucificar em vez de me apoiar, terei de usar minhas armas também e mostrar a eles que o inimigo não sou eu.

Capítulo 27

No dia seguinte, Nicolas acordou Oswaldo às seis da manhã e combinou com ele os detalhes do seu plano. Oswaldo também não ficou muito à vontade com a ideia de passar uma informação inverídica para a imprensa, mas não conseguiu ter uma ideia melhor. A delegacia foi atacada no dia anterior e Nicolas pôde ver as pichações e outros sinais de vandalismo nas paredes do lado externo.

— Sabe o que teremos hoje à tarde? Uma missa de sétimo dia para Felipe de Lima. Claro que teremos de comparecer — comunicou Oswaldo.

— Felipe morreu em uma terça-feira e hoje é terça novamente. A missa de sétimo dia não teria que ter acontecido ontem? — perguntou Nicolas.

— Talvez os pais de Felipe não quiseram contar o dia da morte, já que o crime aconteceu à noite. Isso não importa. Só acho que devemos cumprir nosso papel. Creio que a igreja ficará lotada.

Instantes depois, Miah e Ed, seu operador de câmera, surgiram para a entrevista com Nicolas. Oswaldo não se conformava com a ideia de ter de mentir publicamente, mas faria tudo o que o investigador lhe pedisse.

— Bom dia! Estão prontos? — indagou Miah, sorrindo, enquanto ligava o microfone que segurava. Ela estava bem vestida em um conjunto social verde-água.

— Estamos, sim — respondeu Nicolas, confiante. — Onde querem gravar?

— Que tal do lado de fora, para que Ed obtenha uma imagem da delegacia detonada? — sugeriu Miah.

Nicolas concordou e seguiu com Oswaldo para o lado externo. Miah indicou as posições em que eles deveriam ficar e Ed focalizou sua câmera nos rostos dos dois homens, deixando o letreiro da delegacia aparecer como fundo do cenário.

Ed direcionou sua câmera para Miah e fez um gesto com o polegar, indicando que já estavam ao vivo.

— Muito bom dia a todos os nossos telespectadores, sempre ávidos por informações e notícias de nossa adorável cidade — Miah abriu um sorriso proposital e aproximou o microfone da boca. — Hoje me sinto orgulhosa por revelar a vocês, com exclusividade, que os crimes assustadores que aconteceram aqui acabam de chegar ao fim. Isso porque estamos ao lado do doutor Oswaldo, delegado de polícia, e do investigador Nicolas Bartole, que vem chefiando as investigações.

Ed desviou a câmera para Nicolas, e Miah levou o microfone para perto dos lábios dele, os mesmos lábios que ela beijou no dia anterior.

— Senhor Bartole, poderia nos dizer exatamente por que este caso chegou ao fim?

— Ainda não podemos revelar muitos detalhes, mas garantimos que a identidade do assassino já foi descoberta. Precisamos apenas de mais algumas confirmações. Informo aos telespectadores que estão nos assistindo que efetuaremos a prisão do criminoso em no máximo dois dias.

— E por que esperar tanto tempo se já sabem quem é o criminoso? — perguntou Miah, trocando um discreto olhar com Nicolas. Ela sabia que ele era honesto demais para mentir e que estava fazendo das tripas coração para parecer verdadeiro. — O melhor não seria capturar o autor dos crimes ainda hoje?

— Isso seria o melhor, mas não o adequado. E, como eu disse, o doutor Oswaldo e eu ainda precisamos de algumas confirmações. Mesmo assim, a identidade do criminoso é tida como certa.

— Diferentemente do que a população está pensando — interveio Oswaldo, olhando fixamente para a câmera —, o investigador Bartole é um homem extremamente ativo e profissional, com sete anos de experiência na polícia do Rio de Janeiro. Se o criminoso é um perito em extinguir vidas, o senhor Bartole é um perito em fazer justiça. Só demoramos para lhes passar uma posição formal porque nossa investigação tinha de ser mantida em sigilo.

— E quero deixar algo bem claro — Nicolas retomou a palavra. — Durante a coletiva de imprensa que o prefeito realizou ontem, juntamente com um discurso para a população, eu estava ausente porque fui a outra cidade reunir provas que nos levaram ao assassino. Ao contrário do que disseram a meu respeito, não fugi dos meus desafios. Se fui colocado no papel de representante da justiça em nome de toda a população desta cidade, garanto a todos que desempenharei esse papel com muito orgulho, com dignidade e ampla confiança em meus potenciais. Muito obrigado.

Se pudesse, Miah teria aplaudido Nicolas naquele instante. Delirava ao pensar que, naquele momento, mais da metade das tevês da cidade estariam sintonizadas em seu canal. E, como ela já imaginava, Nicolas se saiu muito bem. Era realmente uma pena que ele tivesse mentido quase o tempo todo.

— Como viram, o doutor Oswaldo e o senhor Bartole nos garantem que estão perto de efetuar uma prisão. A justiça pela qual os senhores tanto vêm clamando será alcançada. E só teremos de agradecer ao maravilhoso e bem elaborado trabalho de nossa polícia. Assim que eu tiver novas informações, voltarei ao ar. Aqui é Miah Fiorentino, ao vivo, para os estúdios do Canal local.

Quando Ed desligou a câmera, Miah conteve o suspiro de alívio. Percebeu que Oswaldo estava pálido por ter mentido abertamente. Miah sabia que o que eles haviam feito era uma grave ameaça à reputação e à carreira profissional de ambos. E, como ela também foi conivente com tudo aquilo, também poderia sair prejudicada.

— Você mandou bem, Nicolas — parabenizou Miah.

— Obrigado — foi tudo o que ele pôde dizer. Naquele momento, apenas um beijo de Miah poderia diminuir a sensação de frustração que lhe acometia. Em todos aqueles anos na polícia jamais precisou mentir, muito menos publicamente. Sabia que o que fez poderia lhe trazer sérias consequências. E o mais sujo naquilo tudo era que ainda arrastou Miah e Oswaldo com ele.

— Agora só teremos de aguardar a polêmica que isso vai render — opinou Ed, abaixando a câmera.

— E torcer para que o assassino não mate mais ninguém — sussurrou Nicolas para si mesmo.

———

Quando Nicolas entrou na igreja, para a missa de sétimo dia de Felipe, teve a impressão de que toda a cidade estava ali dentro. Os assentos estavam todos ocupados e havia muitas pessoas de pé, ao fundo.

Sentados na primeira fila, Nicolas avistou os pais de Felipe. Julieta limpava o rosto com um lencinho branco, enquanto Flávio aceitava os pêsames das pessoas que estavam mais próximas dele.

— Será que ninguém nunca assistiu a uma missa? — cochichou Mike para Nicolas. — Estão até se espremendo nos bancos.

— Para as pessoas, esta missa representa um evento diferente, afinal, nunca houve nada parecido aqui antes — pelo menos era o que Nicolas ouvia desde a morte de Felipe.

Mike assentiu. Virou-se para olhar para Oswaldo, que conseguiu um lugar exclusivo na terceira fileira e chamava Mike e Nicolas para se sentarem. Ao lado do delegado estava a discreta e sisuda policial Moira. Todos se sentaram e se mantiveram em silêncio.

Nicolas percorreu o olhar pela igreja e viu mais ao fundo Renan, o amiguinho da classe de Felipe, e sua mãe, Graziela. Viu também Miah e Ed em pé, ao lado de uma imagem de São Judas Tadeu. E, para sua surpresa, viu João e Sheila, sentados no banco da quinta fileira, do outro lado da igreja. O professor Vagner estava sozinho mais atrás, ao lado de Marian, que, embora não tivesse conhecido a vítima, quis, de certa forma, dar seu apoio. Na última fileira, a imagem austera e severa de Duarte, o outro investigador.

Nicolas já tinha identificado Alex no banco em frente ao seu. Ao lado dele, a figura empertigada de Thierry, que se abanava com um imenso leque negro com detalhes amarelos.

"Realmente a cidade inteira está aqui dentro", pensou Nicolas.

O padre surgiu no altar com as mãos erguidas e imediatamente todos se levantaram. Ele proferiu uma bonita prece e em seguida pediu que todos rezassem com ele a Ave-maria.

Nicolas pediu licença para Mike, levantou-se e foi ficar ao lado de uma imensa pilastra, toda trabalhada. Dali tinha uma visão melhor do altar e de toda a igreja. Decidiu não ficar sentado porque teve a nítida impressão de que estava sendo observado.

E ele não estava errado. No meio da multidão, dentro da igreja, alguém o observava discretamente. E pensava: "Aí está você, Nicolas Bartole. Mal sabe que estamos tão próximos nesse momento. Se você realmente me conhecesse, tenho certeza de que me prenderia durante a missa. Mas você não é tão esperto quanto acha que é".

Esticou disfarçadamente as mãos para apoiá-las no banco da frente. Baixou o olhar e fixou-os nas costas de suas mãos.

"Veja só minhas mãos. Parecem mais novas, mais macias, mais bonitas. Sei que o rejuvenescimento está acontecendo aos poucos. Entretanto, o que consegui ainda é muito pouco. Preciso de mais. O que suguei daquelas crianças não é nada diante de tudo o que preciso para me saciar completamente."

Quando ergueu o olhar disfarçadamente, percebeu que Nicolas não estava prestando atenção à missa, e sim observando rosto por rosto das pessoas presentes ali. E então, de repente, por uns dois segundos, os olhos azuis escuros do maldito investigador se cravaram nos seus. Nicolas pareceu não perceber nada e continuou sua varredura ocular.

Estavam terminando de rezar a Ave-maria. Nicolas reparou em Alex, e viu que ele estava com os olhos fechados e as mãos esticadas ao longo do corpo. Thierry, ao seu lado, estava com os olhos abertos, as mãos esticadas no banco da frente. João também estava apoiado no banco da frente e, de repente, cochichou algo no ouvido de Sheila, que olhou fixamente para Nicolas, desviando o olhar em seguida. Ao fundo, Vagner olhava distraidamente para as próprias mãos, enquanto apertava os lábios, como se mal soubesse rezar a Ave-maria.

Enquanto o padre prosseguia com a missa, Nicolas pegou a pequena cruz falsificada que Miah lhe deu. Aquela peça não tinha nenhum valor financeiro. Apesar disso, Nicolas sentia uma estranha afeição por ela. Suas pedrinhas azuis e seus traços elegantes chamavam sua atenção, embora não soubesse o porquê.

Em seu último sonho, viu aquele mesmo crucifixo estampado na armadura do cavaleiro inquisidor, como um desenho. Havia outra cruz semelhante no cabo da sua espada. Só agora Nicolas se dava conta do motivo dos seus sonhos. Começaram na noite em que Miah lhe deu aquele objeto. Provavelmente, não tinha nada a ver com vidas passadas, como sugeriu Marian. Os sonhos eram apenas reflexo do seu esgotamento físico aliado à imagem do crucifixo. Quando tudo acabasse, Nicolas estava certo de que os sonhos cessariam.

A pedido do padre, todos se levantaram e entoaram o Pai-nosso em uníssono. Pouco depois o padre mencionou o nome de Felipe e comentou que os anjos do Senhor o receberam no céu. Os pais do menino choraram baixinho.

O par de olhos sinistros continuava a espreitar Nicolas disfarçadamente. Sentia o sangue ferver diante da audácia daquele investigador. Ele se considerava o maioral. Grande coisa! Se fosse bom, já teria efetuado sua prisão.

Finalmente o padre concluiu a missa, e algumas pessoas choravam por causa da morte bárbara de Felipe. Antes que todos se dispersassem, o padre anunciou que tinha um comunicado a fazer.

— Como todos vocês sabem, anualmente, realizamos uma quermesse em frente à nossa capela, não só visando angariar fundos para a igreja, mas também em comemoração ao aniversário de nossa cidade. Por isso, meus queridos amigos, gostaria de convidá-los a participar de nossa festa. Sei que a cidade está de luto, mas Deus está com todos nós, iluminando cada coração, para que a tristeza e a dor possam ser substituídas por ternura e compreensão. Participem do nosso evento. Não deixem a alegria morrer dentro de vocês.

Logo depois, alguns colaboradores começaram a distribuir panfletos com informações sobre a quermesse. Nicolas viu no papel que a festa seria na próxima quinta, à tarde, e terminaria por volta das dezoito horas. Nicolas acreditava que haveria poucas pessoas na festa.

Ele foi cumprimentado por algumas pessoas na saída da igreja, que teceram comentários a respeito da entrevista que concedeu a Miah. A notícia ainda não tinha se espalhado, mas Miah disse que a reportagem seria reprisada à noite e, então, todos saberiam. Nicolas torcia para que o assassino também assistisse ao noticiário noturno.

Como as pessoas começaram a rodeá-lo para fazer muitas perguntas, ele rapidamente se esquivou e abriu caminho até seu carro. Sem olhar para trás, entrou no veículo e saiu disparado.

Capítulo 28

Nicolas hesitou entre ir à delegacia ou passar em seu apartamento. Decidiu pela segunda opção. Apesar de ser o primeiro dia de inverno, a temperatura ainda estava razoavelmente quente.

Assim que entrou, arrependeu-se por ter deixado Marian na igreja. Ele saiu com tanta pressa que até se esqueceu de dar carona para a irmã ou trocar impressões com Oswaldo. De qualquer forma, já tinha dado seu dia por encerrado. Analisaria algumas informações relacionadas ao caso no conforto do seu lar.

Marian chegou vinte minutos depois e Nicolas se derreteu em desculpas. Ela disse que estava tudo bem e o abraçou, enquanto sorria amavelmente.

— Você fez o que achou ser certo. Jamais o repreenderia. Além disso, voltei pra cá a pé, admirando as belezas com que Deus nos presenteou.

— Só você para encontrar tantas belezas assim.

— O que acontece, Nic, é que vivemos uma vida tão agitada, tão complexa e dinâmica, que acabamos nos esquecendo dos detalhes. Enquanto voltava para cá, levantei a cabeça e observei as estrelas. No Rio de Janeiro o céu é mais poluído e as estrelas quase não podem ser vistas. Mas aqui elas parecem brilhar no firmamento, como se fossem lantejoulas prateadas. Dá até a impressão de que elas estão nos observando lá de cima. Sabia que tem gente que acredita nisso, que as estrelas nos observam?

— Como eu ando muito ocupado com esse caso, não tenho tempo para pensar se as estrelas me olham ou se são cegas — opinou Nicolas, meio espantado.

— Foi o que eu acabei de dizer. Não vemos a vida passar. Não paramos por cinco minutos para olhar em volta e encontrar as pequenas provas da existência divina.

— Acho lindo quando você fala em Deus, maninha, mas, às vezes, eu duvido que Ele exista — confessou Nicolas, medindo as palavras, pois temia ofender a irmã. — Afinal, eu acredito que um Deus bondoso não poderia permitir que duas crianças fossem assassinadas. Se as estrelas nos observam, Deus, mais do que elas, também está nos vendo.

— Tudo na vida tem um motivo para acontecer, de forma que haja equilíbrio e harmonia. Já imaginou como seria o mundo se não houvesse esse controle? Viraria de cabeça para baixo.

— Mais do que já está?

— Eu não acho que o mundo esteja em uma situação tão crítica assim. Nós observamos o planeta por uma ótica reduzida, colocando-nos como vítimas desse processo. E aí culpamos o governo, a sociedade, o salário, a humanidade etc. E qual a nossa contribuição para reverter essa situação? Nenhuma. Cruzamos os braços e dizemos que o mundo não tem mais jeito, que a corrupção contaminou todos os governos, que ninguém respeita ninguém e que tudo isso representa o fim dos tempos — explicou Marian, calmamente.

— Seja realista, Marian. O que você vê no mundo que não pode ser chamado de crítico? A fome que dizima países, as drogas que matam nossos jovens e destroem famílias, filhos que matam pais e vice-versa. A população sai às ruas armada e por qualquer motivo atira para matar. Crimes acontecem todos os dias, em qualquer lugar do mundo. Isso sem contar os fenômenos naturais. Furacões, terremotos, maremotos... Faz muito calor em um país, chove demais em outro, esfria muito em outro. E as pessoas estão morrendo. Você chamaria isso de um mundo normal?

Ele expressava suas palavras em um tom que chegava muito próximo da revolta.

— Alguns países do Oriente continuam travando sua eterna guerra e mais pessoas perdem a vida — ele continuou. — Aqui no Brasil temos um dos piores salários do mundo, um grande índice de analfabetos. Nosso país é visto no exterior como um dos maiores fabricantes e distribuidores de drogas. Nossa querida cidade natal tem assustado os turistas, que associam o Rio com assaltos e tráfico. Aqui temos um psicopata que estrangulou duas crianças com as próprias mãos e só Deus sabe o motivo. E você ainda não quer que nos coloquemos como vítimas?

— Eu entendo seu modo de pensar, Nic, mas peço a você que reflita sobre o meu. O que tem acontecido com a população mundial é que cada vez mais as pessoas se afastam das leis da vida e da espiritualidade. Antigamente, os pais ensinavam as crianças a fazerem uma oração antes de dormir. Hoje, muitos pais mal dialogam com seus filhos. Antes, os filhos temiam os pais, hoje, perderam o respeito por eles. Antes, tínhamos bailes aos fins de semana, e não essas baladas noturnas onde costumam correr muitas drogas. É preciso entender que o mundo está mudando, e isso é fato.

— E mudando para pior — atalhou Nicolas.

— Não exatamente. As novas gerações adotaram novos conceitos e formas de vida. No passado, as crianças faziam amizades jogando amarelinha e brincando de pega-pega. Atualmente, elas se conhecem pela internet. A tecnologia é o principal fator que surgiu neste novo século. E trouxe muitos benefícios, é verdade, mas também afastou o calor humano, a sensação gostosa de estar conversando com alguém olhando nos olhos. Por isso, Nic, volto a afirmar que o mundo mudou e as pessoas mudaram com ele. Mudaram de forma drástica e, durante essa mudança, deixaram as questões espirituais de lado, porque falar nisso é chato, rezar é coisa para carolas, ter fé é perda de tempo.

Nicolas não respondeu, atento às palavras da irmã.

— A partir do momento em que deixamos a nossa fé para trás e desacreditamos a vida, começam a aparecer coisas ruins: o consumo descontrolado de bebidas alcoólicas, o uso de drogas, a violência em excesso. Acreditar na ação da vida é ter luz e paz no coração. Pena que poucos compreendem isso.

— Então a culpa é de cada um que age assim?

— Não gosto de falar em culpa, e sim em responsabilidade. É tarefa nossa cuidar de nós mesmos e colaborar com a manutenção do mundo. A Terra é o planeta mais perfeito de todo o Universo. Possui riquezas que a ciência jamais descobriu em nenhum outro. Mas, como toda escolha traz um resultado, temos visto respostas da natureza em decorrência da ação do homem.

— E quais seriam essas respostas?

— Você mencionou os fenômenos naturais que têm causado devastação em algumas regiões. Por que isso acontece? Porque nós temos sabotado o nosso planeta das formas mais violentas possíveis. Por que a fome existe?

Porque os governos são corruptos, e pessoas que estão afastadas da divindade assumiram o poder e são ambiciosas demais para pensar no bem da população. E a proliferação de doenças? Não seria um descuido do próprio homem? Quantas pessoas fazem uma visita ao médico apenas para um exame de rotina? São pouquíssimas, Nic. A maioria só procura um especialista quando a situação já está grave.

— Boa parte das pessoas tem medo de ir ao médico.

— Esse medo não deveria existir, quando estamos falando da própria saúde. Por que doenças, como a aids, continuam se espalhando? As pessoas não querem se conscientizar, principalmente os jovens, dos perigos e riscos de uma relação sexual sem proteção — Marian fez uma pausa para analisar o efeito que suas palavras estavam causando no irmão. — Nic, já encontraram há muito tempo a cura para o câncer e para a aids, mas sabe por que isso não é divulgado? Porque é lucrativo manter um paciente em tratamento por anos, recebendo medicamentos pelos quais tem de pagar uma fortuna.

— Eu já ouvi falar nisso.

— Pois é. Estou falando tudo isso para que você tente entender a forma como eu penso. Tudo isso que vemos no mundo e que achamos ser ruim são apenas reflexos das próprias atitudes das pessoas. E qual seria a solução para isso, então? Primeiramente, deveríamos usar o nosso poder interno para construir, e não para devastar. Aprender a nos dar o devido valor. Aumentar a nossa fé na espiritualidade, que nunca nos abandona, e tentar dar um pequeno passo à frente dos outros. Precisamos ter iniciativa. Se todos se unissem em prol do planeta, o mundo seria totalmente diferente.

— Realmente, tudo isso que você falou me fez parar para pensar, Marian. Mas é muito difícil começar sozinho essa mudança, sem apoio e ajuda de alguém.

— E quem disse que estamos sozinhos? Lembre-se de que jamais estamos desamparados. Para começar essa mudança em favor do bem, contamos com um imenso número de amigos espirituais, sempre prontos a nos auxiliar. E também podemos contar com o nosso guia espiritual... — vendo a expressão de espanto e curiosidade de Nicolas, Marian sorriu e explicou: — Lembra-se de que, quando éramos pequenos, a mãe dizia que tínhamos de rezar para o nosso anjo da guarda? Quando ficamos maiores, deixamos de fazer isso, pois achamos que é coisa só para crianças. Todavia, quando passei a conhecer mais os assuntos espirituais, descobri que o chamado anjo da guarda, ou seja, uma entidade que nos guia e nos orienta, realmente existe.

— Você está falando sério?

— Claro que estou. Todos nós temos um. Esse guia pode ser um amigo de vidas passadas, um parente desencarnado mais instruído do que nós ou mesmo alguém que tenha decidido nos amparar apenas por uma questão de afinidade. O fato é que o guia nos instrui, nos inspira, nos direciona para o melhor caminho a ser seguido, sempre, é claro, respeitando nosso direito de escolha, o chamado livre-arbítrio. Sempre que quisermos uma orientação, um auxílio ou uma ajuda em momentos cruciais de nossa vida, basta pedirmos a esse amigo. E a ajuda virá, pode ter certeza.

— Você sabe que eu não entendo muito sobre espíritos, mas respeito seu ponto de vista. Se eles realmente existirem, deve ser muito bom poder contar com uma ajuda invisível ao nosso lado. Porém, acho que o meu deve estar ausente. Durante esse caso, o que mais venho precisando é de orientação. Por que esse guia, que conhece meus problemas, simplesmente não assopra em meu ouvido o nome do assassino? Pouparia um imenso trabalho para mim.

— As coisas não funcionam assim, Nic. Para que você quer poupar trabalho? Nada que é feito pelo caminho mais fácil nos traz bons resultados. O caminho mais tortuoso é aquele que nos propicia mais experiência. O caminho mais longo é aquele que fortalece nossos passos. O caminho mais difícil é aquele que nos leva ao sucesso e amadurece nosso espírito. Qual seria seu aprendizado se você simplesmente "soubesse" a identidade da pessoa que procura? Onde estaria o mérito do seu trabalho, onde ficaria a justiça que você busca levar aos familiares das vítimas?

— Isso é verdade. Meu trabalho não teria sentido — Nicolas sorriu: — Como você está filosófica hoje. Cada vez que conversamos, você me surpreende mais. Tenho uma enciclopédia em casa, no que se refere aos assuntos da vida.

— Quem me dera ser detentora de tanto conhecimento assim. Só quis deixar claro duas coisas: que as causas de o mundo estar assim são as próprias ações da humanidade e que nunca estaremos sozinhos quando quisermos dar início a uma verdadeira reforma, interna e externa.

— Eu queria realmente acreditar em espíritos, Marian, mas é complicado. Nunca vi nenhum na minha frente e tenho certeza de que você também não.

— Aí é que você se engana. Eu já vi, sim — afirmou Marian, muito séria.

— E onde você viu? Na tevê? Em filmes de terror?

— Nos meus sonhos. Eu via nosso pai, Nic.

A confissão de Marian pegou Nicolas de surpresa. Ele tinha pouquíssimas lembranças do pai. Estava com três anos quando Antero Bartole morreu de uma grave doença no fígado. Por mais que Lourdes insistisse, ele nunca conseguiu largar o álcool. Não houve outro jeito e Antero morreu de cirrose. A partir daí, Lourdes Bartole decidiu cuidar dos pequenos Nicolas e Marian, então com poucos meses de vida.

Um ano depois, Lourdes descobriu o amor novamente, embora jamais tenha se casado outra vez. Com o segundo companheiro, ela teve outros dois filhos, Willian e Ariadne. Quando a filha caçula, Ariadne, estava com dois anos, Lourdes foi abandonada pelo pai das crianças, sem que ele lhe desse qualquer explicação. Somente anos depois, com os filhos já adolescentes, ela soube, por intermédio de algumas amigas, que Heitor havia fugido com uma amante rica e se mudado para Rio das Ostras, onde viveu muito bem em uma bela residência à beira da praia até ser assaltado e morto por bandidos, que nunca foram detidos. Lourdes sentiu pena de Heitor e desejou sinceramente que ele tivesse sido feliz com a vida que escolheu.

— Qual dos nossos pais você via, Marian? Antero, nosso pai biológico, ou Heitor, que praticamente nos adotou durante o tempo em que esteve com a mãe?

— Antero, embora eu só o conhecesse pelas fotos que a mãe nos mostrava. Nos meus sonhos, ele aparecia nitidamente para mim. Lembro-me de que tinha catorze anos quando sonhei com ele pela primeira vez. Ele aparecia me pedindo desculpas por ter escolhido a bebida em vez de ver os filhos crescerem. Estava malvestido e as lágrimas escorriam de seus olhos. Aquilo me deixou bastante impressionada e muito assustada. Evitei comentar sobre o sonho com alguém, temendo ser tachada de doida.

Ela coçou o queixo, pensativa, num gesto gracioso.

— Passou-se algum tempo e novamente sonhei com ele — continuou Marian. — Nesta ocasião, ele estava limpo, bem vestido e não chorava, ao contrário, parecia feliz e bem-disposto. Disse que estava arrependido de algumas escolhas que fez. Contou também que pessoas amigas o haviam ajudado a superar suas dificuldades e seguir em frente. Claro que sonhar com algo assim me pareceu totalmente sem sentido. Jamais havia tido contato com os assuntos espirituais e, nessa época, aos catorze anos, não compreendia que estava me encontrando com o espírito do nosso pai.

— Você o viu apenas nesses dois sonhos?

— Sonhei com ele muitas outras vezes. E venho sonhando desde então. Agora ele está totalmente refeito e me disse que aprendeu muito no lugar onde está vivendo. Sempre repete que nos ama muito e que jamais deixou de amar a mamãe — Marian fez uma pausa, vendo a expressão atordoada de Nicolas. — Acho que você não acredita muito nisso, não é, Nic?

— Não posso duvidar do que você está falando. Acredito que realmente tenha sonhado com alguém, só não creio que tenha sido com nosso pai. É estranho assimilar a ideia de que as pessoas que morreram continuam vivas do mesmo jeito que eram aqui na Terra. A morte não é o fim, Marian?

— O homem que eu via e ainda vejo nos meus sonhos é o mesmo que aparece nas fotografias que a mãe guarda até hoje. De fato, as pessoas continuam vivas em outros planos de existência, com uma pequena diferença: o corpo de carne foi substituído por um corpo astral. E a morte não é o fim, ao contrário, é um recomeço. A morte é, na verdade, uma transformação, uma renovação, uma forma diferente de dar seguimento à nossa evolução. A morte encerra o ciclo de vida na matéria para dar início a novos ciclos, em que novos percursos serão trilhados e novos conhecimentos serão apreendidos.

— Foi a partir daí que você se tornou espiritualista?

— Exatamente. Depois dos sonhos, fui buscar respostas para tentar descobrir o que realmente era aquilo. Ouvi de tudo. Afirmaram que eu estava ficando louca, que aquilo era um transtorno da adolescência, que eu estava lidando com o demônio que assumiu a forma do pai, e muitas outras barbaridades. Somente depois que descobri a espiritualidade, com a leitura de alguns romances espiritualistas, pude esclarecer minhas dúvidas. O homem que eu via nos sonhos é o espírito do pai, que desejava uma forma de comunicação comigo. Muitas vezes, Nic, os sonhos são mais reveladores do que podemos imaginar.

Nicolas esfregou o rosto, enquanto lhe vinha à mente as imagens do inquisidor ferindo o braço do camponês, que jazia na lama. Aproveitando que Marian estava falando sobre espiritualidade, ele fez um breve resumo do último sonho à irmã. Ao final, considerou:

— Você comentou comigo que, às vezes, sonhamos com trechos de nossas vidas passadas. Tenho sonhado, com nitidez impressionante, com esse cavaleiro assassino. O pior é que eu sinto que estou ao lado dele, posso ler seus pensamentos e saber o que ele deseja. Seu nível de crueldade é tão grande que me faz acordar com o coração aos pulos. E olha que sou um policial treinado e quase nada me impressiona.

— Realmente eu disse que isso pode ser algo que esteja relacionado a alguma vida passada sua, durante a Idade Média, talvez, ou em outros períodos da Inquisição. Infelizmente, não posso lhe dar certeza quanto a isso porque não conheço todos os segredos que a vida nos oculta. Claro que, quando buscamos a verdade, a vida nos mostra que nada permanece escondido para sempre, mas destaca também que cada coisa só acontece na hora certa.

Marian mostrou um sorriso benevolente.

— Creio que esteja sendo repetitiva quanto a isso, Nic. Peço-lhe que não se desespere e evite que as sensações cruéis do homem do seu sonho possam intervir em sua rotina diária. De repente, é apenas resultado da fadiga e da pressão que você vem sofrendo. Quem sabe se, ao término deste caso, os sonhos misteriosos também desaparecem?

— Mas houve um detalhe curioso desta vez. Lembra-se daquele crucifixo que a Miah me deu e que você me contou que era falso? — Marian assentiu e Nicolas concluiu: — Pois bem. Na noite em que ela me deu o crucifixo, sonhei pela primeira vez com o inquisidor. Vi claramente que no centro de sua armadura e no cabo de sua espada havia o desenho de uma cruz. E o desenho era bem parecido com o crucifixo, inclusive as pedras azuis. Como pode ser, Marian?

— Eu poderia dar muitas opiniões quanto ao que isso significa, mas não o ajudaria em nada e você acabaria ainda mais confuso. Nesse caso, só lhe faço um único pedido: aguarde e confie na vida, que lhe trará todas as respostas que está buscando hoje. Tenha paciência, maninho, e você vai ver que no final tudo sempre dá certo.

Marian sorriu, transmitindo conforto e confiança. Nicolas abriu a boca para tecer outro comentário quando o telefone de sua casa tocou. Ele esticou o braço e atendeu à ligação.

— Nicolas? — a voz de sua mãe trovejou ao telefone. — Vou ser rápida. Seus irmãos e eu decidimos conhecer sua nova casa e matar a saudade que sentimos de você.

— O quê? — Nicolas mal acreditou. — Quando pretendem vir?

— Agora. Já estamos na rodoviária de sua cidade, esperando que venha nos buscar — respondeu Lourdes com euforia.

Capítulo 29

Algumas pessoas temem morrer. Outras temem a solidão. Outras temem ser feridas. As pessoas, em geral, têm medo de muitas coisas. Nicolas Bartole, porém, sempre foi um homem corajoso e não temia quase nada na vida, exceto sua mãe e seus irmãos mais novos.

Enquanto dirigia a caminho da rodoviária com Marian no assento do carona, ele mal acreditava em tanto azar. O que deu na cabeça oca de sua mãe para decidir visitá-lo no meio da semana, fazendo uma viagem demorada e cansativa, e ainda trazendo Ariadne e Willian a tiracolo? Para piorar, nem sequer o avisou da visita para que ele pudesse preparar os fuzis.

Marian alegou que também não estava sabendo de nada e Nicolas acreditava nela. De vez em quando, Lourdes tinha uns rompantes de loucura. Como não se satisfez com as informações que Nicolas lhe passou a respeito da própria alimentação, era provável que ela estivesse indo conferir pessoalmente como os dois filhos mais velhos estavam se virando longe do seu olhar protetor.

Nicolas quase chorou quando viu a rodoviária aparecer em seu campo de visão, e Marian não evitou o sorriso. Ele também estava com saudades de sua família, mas admitia que agora, com a situação que vinha enfrentando no trabalho, era um péssimo momento para receber a mãe e os irmãos.

Marian sentiu um tranco quando Nicolas freou o carro bruscamente e saltou com evidente irritação. Ela o seguiu, enquanto olhava para todos os lados à procura dos visitantes. Não demorou a localizá-los. Até um cego poderia vê-los.

A primeira coisa que Nicolas e Marian enxergaram foram os cabelos roxos da irmã caçula. Ariadne gesticulava a Willian, que se fazia de surdo. Lógico que os irmãos estavam brigando. Ariadne e Willian brigavam até mesmo quando estavam dormindo. E claro que Lourdes, parada ao lado deles e das malas, repreendia-os com o mesmo sermão que eles ouviam desde que eram crianças.

Assim que avistou os irmãos mais velhos, Willian os indicou para a mãe. Lourdes e Ariadne começaram a gritar e a saltar, erguendo os braços e berrando: "Aqui, aqui!". As pessoas ao redor se viraram para ver o que estava acontecendo. Nicolas fechou os olhos, tentando imaginar por que nasceu naquela família.

Quando finalmente chegaram perto deles, Lourdes locomoveu o corpo gordinho e abraçou os dois mais velhos de uma só vez. Seus braços fortes e roliços os apertaram com a força de um lutador de sumô.

— Muito obrigada, Deus amado! Tenho novamente ao meu lado meus quatro filhos queridos, a quem criei com tanto amor — gritou Lourdes, tão alto quanto a voz que saía pelo alto-falante da rodoviária, anunciando o próximo embarque.

— Mãe, quer me largar? Ou vai me matar aqui mesmo? — perguntou Nicolas, esforçando-se para se desvencilhar dos braços da mãe, que apertavam seu pescoço como uma sucuri faminta. — Sou um policial, mãe, um investigador criminal. Não posso ser visto por aí sendo abraçado pela minha mãe como se eu fosse uma criança de cinco anos de idade.

— O que é isso? — Lourdes tornou a berrar, assustada. — Está com vergonha de sua mãe? O que foi que lhe fizeram nesta cidade, meu bebê? Quem virou sua cabeça desse jeito? — ela se virou para Marian: — Exijo uma explicação.

— Podemos ao menos cumprimentar nossos irmãos? — perguntou Marian, sorrindo e beijando Ariadne e Willian. — Adorei a cor dos seus cabelos, Ariadne.

— É mesmo? — Ariadne balançou os cabelos curtos e seu brilho roxo pareceu emitir reflexos. Era uma moça bonita. Tinha vinte e cinco anos, olhos castanhos e feições bem parecidas com as de Marian. Era mais baixa e mais magra que a irmã mais velha. Usava um piercing no nariz e outros dois na sobrancelha esquerda. Suas roupas continham todas as cores do arco-íris e mais umas vinte tonalidades diferentes. — Eu os pintei ontem, quando soube que mamãe tinha resolvido vir para cá. Estava sem fazer nada mesmo, já que estou desempregada.

— A última vez que a vi, seus cabelos estavam laranja — lembrou Nicolas, beijando a irmã caçula.

— Não eram laranja, e sim vermelho-fogo. Depois daquela vez, já os tingi com cinco outras cores.

— Não sei como ainda não ficou careca — troçou Willian, abraçando o irmão vigorosamente. Quando era pequeno, Willian sempre quis ser como o irmão mais velho, mas desistiu de adotar o modelo de Nicolas quando entrou na adolescência. A partir daí, decidiu ser ele mesmo. No Rio, fazia o que lhe dava na telha. Aos vinte e oito anos, adorava surfe, baladas, festinhas e curtição com seus amigos. Tinha incontáveis namoradas, que se apaixonavam pelos seus longos cabelos castanhos, quase na altura dos ombros, e pelos seus olhos também castanhos, que transbordavam charme e atração. Era dois centímetros mais baixo que Nicolas, mas, vistos de longe, os dois pareciam ser da mesma altura. — Tá bonitão, hein, Nic? — brincou Willian. — Tá azarando as gatas desta cidade?

— Que coisa mais feia de se perguntar, Willian — reclamou Lourdes. — Mal chegamos e você já está tentando empurrar uma namorada para o seu irmão?

— Afinal, o que vocês vieram fazer aqui? — indagou Nicolas, curioso com o motivo da visita-surpresa.

— Conhecer sua nova cidade e sua nova casa. Queríamos ver vocês — explicou Lourdes, emocionada. — E também quero ver se Érica está sendo bem tratada. Se souber que você esteve judiando de nossa gatinha...

— Pode levá-la de volta quando partirem, já que está tão preocupada com aquela gata molambenta — atalhou Nicolas. — Aliás, vocês pretendem ficar até quando?

— O que deu nele? — gritou Lourdes, soando dolorosamente triste. — Primeiro nem me deixou abraçá-lo e agora quer se ver livre da própria mãe. Deixou de amar sua mãezinha querida, Nicolas, meu filho? Você também, Marian?

— Acho melhor irmos todos para o carro de Nicolas e seguirmos para o apartamento — sugeriu Marian, tentando estabelecer a paz. — Depois que todos estiveram acomodados, poderemos conversar em paz.

— Meu apartamento é pequeno e não vai caber esse povo todo lá dentro — resmungou Nicolas. — Alguém vai ter que dormir no corredor porque...

— Viram só? — choramingou Lourdes. — Ele quer colocar a própria família para dormir na sarjeta, sujeita ao frio e às tormentas da madrugada. Amanhã posso contrair uma pneumonia e você será responsável pela morte de sua mãe e de seus irmãos.

— Acabou o teatro? — Nicolas parecia tudo, menos satisfeito com a visita dos familiares. Não acharia ruim se eles viessem depois que ele fechasse o caso, mas agora estava tudo tão difícil. Além disso, não poderia mais levar Miah ao seu apartamento, pois sua privacidade foi de vez por água abaixo. Teria de descobrir onde e com quem ela vivia, para ver se era possível ir à casa dela quando quisessem estar a sós.

— Mexeram com a cabeça do meu Nicolas — lamentava Lourdes com voz enfraquecida. Mas assim que ela entrou no carro prateado de Nicolas, seu tom de voz mudou e ganhou firmeza. — Vou querer saber quem está influenciando meu filho a agir assim com a própria mãe. Se você estiver namorando escondido, coitada da sua namorada.

Lourdes já havia colocado muitas namoradas de Nicolas para correr. Assim que descobria que o filho mais velho estava namorando, Lourdes se tornava o diabo na vida da candidata à nora. Contudo, ele achava que, desta vez, ela teria um pouco mais de trabalho com Miah.

O trajeto de volta ao apartamento de Nicolas foi bem rápido, pois ele dirigiu velozmente para se ver livre do falatório. Assim que entraram no apartamento, Willian foi o primeiro a se expressar:

— Que lugarzinho maneiro, cara! Quanto você paga de aluguel? Tô até pensando em arrumar um apartamento assim pra eu morar sozinho no Rio.

— E como pretende pagar o aluguel? — inquiriu Ariadne, admirando a bela sala de estar de Nicolas. — Com a merreca que ganha como vendedor naquela loja de artigos para praia?

— Diferentemente de você, que não para em emprego nenhum. Deveria se envergonhar, pois no último emprego você foi demitida no sexto dia de trabalho — lembrou Nicolas.

— Sua irmã não se adapta a nenhum emprego — defendeu Lourdes, seguindo para a cozinha. Na verdade, estava mais do que impressionada com a perfeita organização que Nicolas mantinha ali. Mas era notável que havia um toque feminino naquilo tudo. — Marian, você também está morando aqui com seu irmão?

— Sim, mas somente até minhas aulas do mestrado começarem. Já avisei ao Nic que pretendo me mudar. Ele deve ter sua privacidade — respondeu Marian.

— E para quê você quer privacidade, Nicolas? — desejou saber a mãe. — Afinal, você está namorando?

— Estou — respondeu Nicolas firmemente, disposto a não deixar que Lourdes se intrometesse em sua vida particular.

Ela ia abrir a boca para retrucar quando Érica surgiu em seus pés, miando de alegria ao reconhecer a voz de sua antiga dona. Lourdes se abaixou para pegá-la no colo e afagou sua cabeça.

— Esta gata está tão magrinha! Nicolas, você anda alimentando Érica como se deve?

— Vá conferir a ração dela. Só compro a melhor marca. Nós nos detestamos, mas fome ela não passa. E isso é tudo o que eu posso fazer por essa... — Nicolas aproximou o rosto do focinho da gata — felina medíocre.

Como resposta ao insulto, Érica soltou um silvo furioso, que fez Nicolas recuar. Nesse exato instante, Ariadne e Willian começaram a discutir e Nicolas desejou desaparecer dali.

— Por que estão brigando agora? — ele perguntou.

— Porque esse energúmeno que você tem como irmão disse que vai dormir no sofá — contou Ariadne.

— Como não tem camas e colchões para todos nós, eu devo dormir no sofá, por ser mais frágil, e ele se ajeita no chão.

— Você pode dormir em cima da pia da cozinha — sugeriu Willian. — Aliás, até de cabeça pra baixo você se ajeita, já que parece um morcego.

Ariadne revidou com um tapa na cabeça do irmão e Lourdes precisou intervir:

— Vamos parar de brigar? Nicolas já não está vendo com bons olhos nossa visita. Se vocês ficarem brigando, ele é bem capaz de prender todos nós — respondeu Lourdes, ofendida. Ela beijou o topo da cabeça da gata e a pôs no chão. — Seu irmão deixou de gostar da gente.

Nicolas implorou por paciência e força de vontade para não mandar todo mundo voltar para o Rio de Janeiro. Antes de abrir a boca, Ariadne e Willian já estavam brigando outra vez, disputando a tevê da sala. Lourdes dizia algo sobre a geladeira de Nicolas estar vazia e Marian se ofereceu para fazer o jantar. O tumulto era tanto que ele sentiu que estava em um campo de refugiados de guerra.

Ele já pensava em telefonar para o celular de Miah e convidá-la para sair quando recebeu um chamado pelo rádio. Rapidamente, apanhou o aparelho e se trancou no quarto, deixando a furiosa família se digladiando.

— Bartole falando.

— Aqui é o Mike — a voz do policial soava diferente devido à estática. — O doutor Oswaldo está aqui ao meu lado. O senhor precisa vir para a delegacia agora mesmo.

— O que foi que houve? — perguntou Nicolas, sentindo um arrepio na espinha, sinal de que algo ruim estava por vir.

Foi Oswaldo quem respondeu:

— Venha logo, Bartole. Temos outra criança morta.

Capítulo 30

Nicolas não se lembrava de ter chegado à delegacia em tão pouco tempo. Pisou tão fundo no acelerador que imaginou que seu carro de civil não escaparia de receber uma multa pela infração no trânsito. Contudo, uma multa era um problema insignificante, considerando o fato de que uma terceira criança havia sido assassinada.

Em rápidas palavras, Oswaldo e Mike o colocaram a par do novo crime. O nome do garoto era Isaac Saldanha e tinha nove anos. Foi estrangulado por volta das sete da noite, ou seja, umas duas horas antes, quando levava uma sacolinha com lixo até o poste onde o caminhão de coleta recolhia todos os sacos de lixo por volta da meia-noite. A rua onde morava era deserta e escura, mas, como ele caminhava apenas meio quarteirão até o poste, os avós, com quem Isaac morava, jamais imaginaram que isso pudesse acontecer. O menino saiu para se encontrar com um assassino que já havia levado outras três vidas.

Nicolas não precisou perguntar onde Isaac estudava. Ele era aluno da terceira série e foi colega de sala de Felipe, ou seja, Isaac também era aluno de Alex e Vagner. Oswaldo acrescentou que os avós de Isaac já estavam a caminho da delegacia, acompanhados por policiais, e que o corpo do menino já tinha sido levado ao necrotério.

— Com que espécie de ser humano estamos lidando, Oswaldo? — perguntou Nicolas, de olhos fechados, ainda absorvendo todas as informações.

— Com alguém que provavelmente não vai parar por aí. Aposto meu cargo que outras vítimas virão — lamentou o delegado, parecendo comovido com o assassinato de mais uma criança. — E o pior é que o criminoso parece querer desafiar você.

— Por quê? Ele deixou outra carta ou um recado ao lado do corpo, como fez com Isolda?

— Não. Ele apenas usou os métodos anteriores — antecipou-se Mike. — Não consigo imaginar quem possa ter essa mente tão perversa.

— Eu vou descobrir, Mike, esteja certo de que vou descobrir. Eu me comprometi a fechar esse caso ainda nesta semana e farei tudo para que isso se concretize, nem que eu tenha de passar vinte e quatro horas acordado.

— Quando eu puser as minhas mãos nessa pessoa... não queria nem estar em sua pele — ameaçou Mike.

Nesse momento, ouviu-se um burburinho e os avós de Isaac adentraram a delegacia rapidamente, como se estivessem fugindo de alguém. Então Nicolas compreendeu quem estava causando o tumulto: a imprensa. A nuvem de repórteres tinha se materializado do lado de fora. Nicolas não teve dificuldade para reconhecer os cabelos mal cortados de Miah entre a multidão.

Ele se perguntava como era possível que a mídia, em uma cidade do interior, à noite, pudesse ser tão agitada e frenética como a imprensa de grandes capitais? O que eles não faziam por um furo jornalístico? Cada canal querendo informar melhor sobre algo tão triste como a morte de crianças. E havia pessoas que a tudo acompanhavam, detalhadamente, como fãs de filmes de terror.

Os avós de Isaac eram duas pessoas de idade bastante avançada. Eles disseram que o pai de Isaac nunca quis reconhecê-lo como filho e fugiu um mês antes do parto de Luciana, a filha deles. Quando Isaac completou três anos, Luciana enfrentou um doloroso câncer de estômago e sucumbiu à doença. Como não havia outros parentes, Malvina e Josuel criaram o neto. E o fizeram com amor, carinho e zelo, até um desconhecido aparecer e arrebatar a vida dessa criança, que nada de mau tinha feito a ninguém. Eles choravam muito e Nicolas se sentiu penalizado, garantindo que capturaria o criminoso, que já estava sendo reconhecido pela cidade como um assassino em série, um psicopata de alto grau de periculosidade.

Mike, Moira e três outros policiais tentavam conter a turba furiosa de repórteres que queria entrar na delegacia a qualquer custo. Questionavam o fato de Nicolas e Oswaldo terem comentado em entrevista realizada pela manhã que já sabiam quem era o assassino e que estavam muito perto de prendê-lo. Se já tinham identificado o criminoso, por que esperaram que ele fizesse outra vítima?

Nicolas se sentiu um pouco acuado, mas estava disposto a manter sua mentira. Na realidade, ele não acreditava que realmente tinha mentido, e sim ocultado algo que ainda estava por acontecer. E só fez isso para desmentir Duarte, que o chamou de incompetente. Era grato a Oswaldo por tê-lo ajudado a sustentar uma ilusão, que estava perto de se tornar realidade.

Assim que terminou de interrogar os avós de Isaac, ele os liberou pela saída dos fundos, mas por ali os repórteres também já haviam fechado o cerco.

"Como pode haver tantos repórteres em uma cidade que nem é tão grande? Se aqui nunca houve nada de tão extraordinário, do que a mídia local vivia antes disso?", questionou Nicolas, em pensamento.

Ele estava dando instruções a um policial quando uma mão delicada tocou seu ombro. Ele se virou e quase abriu a boca de espanto ao se deparar com Miah parada atrás dele, inteiramente vestida de preto, como se estivesse de luto pelas crianças mortas. Ela não estava sorrindo, mas seu semblante demonstrava tranquilidade.

— Como você entrou? — questionou Mike. — A imprensa está proibida de entrar aqui e eu a vi lá fora entre os repórteres.

— Sou Miah Fiorentino, você se esqueceu? — ela sorriu. — Entrei pela janela basculante do banheiro masculino. Havia um policial urinando no mictório bem na hora em que eu estava entrando. Por sorte ele não me viu. Muito boa a polícia daqui, viu?

Nicolas não sabia se sorria ou se ficava zangado por vê-la diante dele. Decidiu que a primeira opção era a melhor. Sempre soube que Miah era uma mulher inteligente e determinada e que conseguia tudo o que queria. Para aliviar o estresse, Nicolas esvaziou tudo da mente por alguns segundos e beijou Miah na boca com força. Quando ele se afastou, ela percebeu que ele tremia levemente, mas não soube dizer se o gesto se devia à pressão do momento ou ao efeito do beijo.

— Você não perde essa sua mania de me beijar quando está magoado ou irritado — comentou ela, sorrindo de novo. Seus olhos cor de mel estavam luminosos.

— Venha até minha sala — ordenou Nicolas. Assim que entraram, ele trancou a porta e Miah achou que ele fosse beijá-la novamente. Em vez disso, ele pediu:

— Preciso de sua ajuda, Miah.

— O que você quiser.

— Você não está usando nenhum gravador por baixo da roupa, está? — ele perguntou, preocupado. Miah pareceu ofendida com a pergunta, mas sacudiu a cabeça negativamente. Nicolas continuou: — Meus superiores vão querer minha cabeça amanhã cedo, porque ainda não prendi o assassino. Todos pensam que eu sei quem é o culpado, mas ainda não tenho nem ideia. Tenho meus suspeitos, mas não posso prender todos eles. Por isso, preciso que me ajude: vá lá fora e disperse todos os seus colegas de profissão. Pode dizer a eles que você conseguiu entrar aqui pela janela do banheiro e que quase foi presa por isso. Diga-lhes ainda que Oswaldo e eu já fomos embora e que saímos por uma passagem de emergência que eles não conhecem. Sei lá, invente qualquer bobagem para tirá-los de cena. Quando estiver certa de que ficou sozinha, você me telefona e nos encontramos em meu carro. Não tenho onde dormir hoje à noite.

— Espere aí, Nicolas. Não é porque você ainda não fechou o caso que eles podem tirar seu apartamento. E aqueles crimes que permanecem sem resposta por anos e ninguém fala nada? Você conseguiu reunir muito material em apenas uma semana. Quer dizer, eu ainda não tive acesso a todo esse material, mas...

Nicolas sorriu e a beijou. Mais do que nunca ele precisava daquele apoio de Miah. Embora se mostrasse forte e destemido, naquele instante, ele era quase um bebê crescido, que precisava ser bem cuidado.

— Ninguém disse nada a respeito do meu apartamento — garantiu Nicolas, acalmando Miah. — Acontece que minha mãe e meus irmãos chegaram do Rio agora há pouco e estão todos lá. Nem sei como eles vão se virar para se acomodar. Quero deixar o apartamento livre para eles. Estou com a cabeça muito cheia para ter de aturar suas brigas e desavenças. Quero ficar em paz para colocar meus pensamentos no lugar e estar refeito amanhã. Tenho certeza de que terei de enfrentar outras bombas assim que amanhecer. Vou ter de capturar esse psicopata, pois não quero que ninguém mais morra.

— E as famílias das vítimas merecem justiça — completou Miah, consultando o relógio. — Bem, vou fazer o que me pediu. Assim que eu me livrar dos meus concorrentes, e farei isso com muito gosto, telefono para você e a gente se encontra de novo.

Nicolas a beijou e Miah rapidamente se afastou pelos corredores semivazios da delegacia. Poucos minutos depois, ele percebeu que as vozes das equipes de reportagem estavam enfraquecendo. Nesse ínterim, Oswaldo apareceu na sala de Nicolas dizendo que algo teria de ser feito às pressas, ou poderiam ficar com a reputação manchada para sempre.

— Eu sei, Oswaldo, mas de nada adianta trocar de panela. Estamos cozinhando de qualquer maneira.

— A verdade nua e crua é que estamos de mãos atadas — retrucou Oswaldo, sem ânimo. — E eu detesto estar de mãos atadas. Sinto-me um incapaz.

— Não se diminua dessa forma, meu amigo. Vamos sair dessa, dou-lhe a minha palavra. A pessoa que procuramos será capturada por esses dias. Vou me empenhar ao máximo, trabalhar até o esgotamento total, passar e repassar as informações que tenho, acordar qualquer juiz durante a madrugada para conseguir um mandado judicial...

Oswaldo estava sorrindo agora e deu um tapinha na coxa de Nicolas.

— Você diz isso porque traz consigo toda experiência que adquiriu no Rio de Janeiro. E eu? Sou o quê?

Um pobre coitado que representa a força policial de uma cidade pequena. Penso até em me afastar da corporação policial.

— De jeito nenhum, Oswaldo. Você e eu estamos juntos nessa lama, mas vamos dar a volta por cima. Você está comigo desde que começamos as investigações e agora vem com fricotes? Isso eu não aceito. Se eu continuar na cidade, quero continuar trabalhando com você em outros casos que possam surgir.

— Nesta cidade? — Oswaldo quase sorriu. — Outra série de homicídios como esta somente daqui a uns cinquenta anos. Aí você terá oitenta e três e creio que não será de grande valia.

— Quem sabe até lá o Duarte já tenha morrido e deixado de me perturbar? — provocou Nicolas, somente para fazer Oswaldo rir. — E quer saber de outra coisa, meu amigo? Quando isso tudo acabar, vamos direto para um bar encher a cara. O que acha?

— Seria uma boa ideia, se eu bebesse, mas o álcool não traz muitos benefícios, principalmente quando consumido em excesso. Aliás, foi por causa dele que eu perdi alguém que amava — confessou o delegado com voz fraca.

Somente agora Nicolas percebeu que não sabia nada sobre seu colega de trabalho, assim como não sabia nada sobre a vida de Miah.

— Há algo que queira me contar? — Nicolas não queria ser inconveniente, invadindo a privacidade de Oswaldo.

— Não há muito a ser dito. Fui casado por vinte anos com uma mulher maravilhosa, que me deixou quando comecei a beber. Eu não bebia a ponto de me embriagar, mesmo porque eu já era delegado nessa época e não passaria uma boa imagem se saísse por aí "trançando" as pernas. Eu apenas curtia umas cervejas, como qualquer trabalhador faz após um dia de serviço. Entretanto, Solange detestava cheiro de cerveja, odiava qualquer coisa relacionada a bebida alcoólica. E, simplesmente, me deixou. Arrumou a casa e disse que estava de saída. Soube naquela mesma semana que ela tinha arrumado outro homem, um moleque de vinte anos. Achei aquilo um tremendo absurdo. Então Solange, com quarenta e sete anos, julgava-se uma mocinha para estar com um homem de vinte? Claro que tudo era despeito da minha parte, porque ela está com ele até hoje. Eles moram em São Paulo e ela nunca mais voltou para me ver.

— Sinto muito, Oswaldo. Não sabia que você tinha passado por uma fase tão difícil.

— Eu superei isso. Mas agora essa sensação de fraqueza, de impotência, de incapacidade voltou com força e me derrubou. Não sabe como estou deprimido hoje. Como você disse, talvez sejam apenas fricotes.

— O que importa é que você vai superar isso outra vez e agora pode contar comigo. E repito: estamos juntos nesse barco. Juro que não vou deixar que ele afunde.

Deixando todo o profissionalismo de lado, Oswaldo se curvou e abraçou Nicolas, como um pai abraçando seu filho. Ele disse que voltaria à sua própria sala e que ficaria na delegacia até bem tarde. Nicolas explicou que estava de saída, mas que na manhã seguinte iria direto procurar a doutora Ema para que ela lhe desse um relatório formal sobre a morte de Isolda e de Isaac.

— Torço muito por você e por essa mocinha, Bartole.

— Miah? — Nicolas suspirou, pensando nela. — Eu também torço por mim mesmo.

Eles sorriram de novo e se separaram. Pouco depois, o telefone tocou. Era Miah, dizendo que havia cumprido com o combinado. Nicolas desligou o computador de sua sala, apagou as luzes e trancou a porta. Iria para o carro, onde se encontraria com Miah.

Capítulo 31

— Os crimes estão acontecendo com um intervalo de tempo menor — observou Miah, assim que Nicolas abriu a porta de seu veículo prateado e eles se acomodaram nos assentos.

— É verdade. O primeiro assassinato ocorreu em uma terça-feira, no início da noite. O segundo aconteceu no domingo de manhã. Temos um espaço de quatro dias entre os dois primeiros crimes. E, com esse menino de hoje, morto em outra terça-feira, ficamos com um intervalo de apenas dois dias. O assassino reduziu o tempo pela metade. Não quer mais esperar. Quer mostrar que seus crimes estão enganando a polícia e vai continuar a mostrar seus serviços.

— Ou seja — concluiu Miah —, há uma grande chance de que ele reduza o intervalo pela metade novamente, para apenas um dia. Pode haver outro crime amanhã.

— Provavelmente.

— Já sei o que posso fazer. Posso aparecer ao vivo pedindo que os pais proíbam seus filhos de saírem às ruas desacompanhados, nem que seja até a esquina. Um alerta vermelho deve circular pela cidade, ainda que isso gere certo pânico — sugeriu Miah.

— Já gerou pânico. As pessoas estão apavoradas. Quem não teria medo? Como saber se o filho não será a próxima vítima? Mas acho sua ideia bem criativa. Faça isso. Quanto menos crianças estiverem nas ruas, menores serão as chances desse crápula matá-las.

— Aonde você vai agora? — perguntou Miah, enquanto Nicolas dirigia rapidamente.

— Pensei em ficar essa noite no seu apartamento. Posso?

A pergunta pegou Miah tão desprevenida que o susto que ela tomou fez Nicolas se sobressaltar também. Ela empalideceu e olhou para as próprias mãos.

— Falei alguma coisa errada? — ele perguntou.

— Você ficou branca feito leite.

— Não. É que eu não estava esperando por isso — desculpou-se ela, visivelmente sem graça.

— Então, qual é o problema? O que tem em seu apartamento que você não quer que eu saiba? — como Nicolas era um homem insistente, desviou o carro para o meio-fio e parou. Virou-se para Miah, a fim de poder encará-la. E a palidez em seu rosto ressaltou na penumbra do interior do veículo. — Acho que já passamos da fase de segredos e mistérios, não acha?

— Acho — respondeu Miah com a voz enfraquecida.

— Então quero que me diga o que está escondendo. Por que ficou tão assustada quando sugeri dormir em seu apartamento? Tem algo lá que eu não possa ver ou saber?

— Claro que não. E, mesmo que houvesse, você acabaria descobrindo sozinho — a voz de Miah saía tão baixa que Nicolas precisava se curvar para ouvi-la. Em nenhum momento ela o encarou.

— Então me diga o que é — Nicolas pegou as mãos de Miah e se surpreendeu ao notar o quanto estavam geladas. — Você é casada?

Ela conseguiu esboçar um leve sorriso e negou com a cabeça. Nicolas ainda perguntou se ela namorava outra pessoa, se vivia com a família, mas Miah continuou negando.

— Então você mora sozinha?

— Moro.

— E por que não me quer por perto? Por que você quase não me fala sobre seu passado, Miah?

"Porque eu apaguei meu passado", pensou Miah, desesperada por estar mentindo para Nicolas, odiando a si mesma por não ter coragem suficiente para se abrir com ele. Sabia que, se Nicolas descobrisse o que ela escondia, não em seu apartamento, mas em seu passado, ele passaria a odiá-la até o último dia de vida. "Se eu não tivesse me apaixonado por ele, não hesitaria em lhe dizer a verdade e arcar com as consequências depois. Mas agora... eu não posso. Se ele pudesse imaginar..."

Miah não gostava de se recordar do seu passado, porque não lhe trazia nada de bom. As pessoas envolvidas não podiam mais atingi-la, não faziam a menor ideia de onde ela estava. Atualmente, ela era apenas Miah Fiorentino, repórter do Canal local. Sua vida antes disso tinha sido totalmente apagada.

"Para que eu vou contar a ele a verdade? Para que ele me veja como a última das mulheres?", refletia Miah, procurando não enfrentar o olhar ansioso e perspicaz de Nicolas. "Claro que no meu apartamento ele não vai descobrir nada, porque mantenho aquilo muito bem escondido. Porém, ele tem um faro especial, por ser investigador de polícia, e pode compreender tudo. Contudo, se eu não levá-lo para casa, ele ficará curioso e não vai ter sossego até descobrir."

"O que eu faço agora?", ela raciocinava em desespero. "Meu Deus, se eu ainda for digna de pedir Seu auxílio, por favor, ajude-me a tomar a melhor decisão. Já menti outras vezes para ele e o resultado foi catastrófico. Nicolas disse que não suportaria outra traição. E eu o amo. Não posso vê-lo sofrer. Ele está passando por momentos difíceis e eu quero ajudá-lo a superar isso tudo. Mas eu também preciso tanto de ajuda."

— Miah, você ouviu o que eu falei? — inquiriu Nicolas, desconfiado. Miah continuava pálida e agora estava respirando com dificuldade, como se estivesse com falta de ar. — Você está se sentindo bem?

— Sim. Estou melhor — respondeu ela, abrindo os olhos.

— Miah, sabe o quanto eu prezo a sinceridade e a honestidade. Quero saber o que está acontecendo. O que está me escondendo? Diga de uma vez.

— Já disse que não há nada. Vou levá-lo ao meu apartamento.

Nicolas segurou Miah pelo queixo e a obrigou a virar o rosto para encará-lo nos olhos. E, quando ele percebeu que ela estava quase chorando, viu que foi rude demais com ela.

— Não fique assim, Miah. Eu só quero ajudá-la. Sabe que gosto demais de você para vê-la sofrendo em silêncio.

— Meu apartamento fica na zona norte. Eu vou lhe indicando o caminho — respondeu Miah, ignorando o que Nicolas acabara de dizer. Como ele não fez outras perguntas, Miah se limitou a explicar o caminho, enquanto ele dirigia. Ao final, pararam diante de um edifício de três andares, bonito e tranquilo. Miah saltou assim que Nicolas parou o carro. — Terá de deixar seu carro aqui na rua. No meu prédio não tem garagem.

Ele deu de ombros e desceu do carro também. Miah destrancou a porta do prédio. Nicolas se perguntou por que ela morava em um lugar tão afastado. Com certeza ela não ganhava mal como repórter do Canal local.

O prédio não tinha elevador e eles subiram os três andares de escadas. No último andar, o último apartamento do corredor era o de Miah. "Escondido de tudo e de todos", notou Nicolas.

Porém, por dentro o apartamento era alegre e aconchegante. Tinha dois quartos, uma sala espaçosa, um banheiro bem arejado e uma ampla cozinha. Todos os móveis de Miah eram simples e alguns já eram bem velhos, sinal de que há um bom tempo ela não adquiria móveis novos.

— Não estou vendo nenhum bicho de sete cabeças aqui dentro — opinou Nicolas, depois de dar uma conferida superficial no apartamento. — O que você tinha para me esconder aqui?

— Eu sei que você vai me cobrar uma resposta e eu vou lhe dar uma — afirmou Miah. — Sente-se no sofá. Quer beber alguma coisa? Uma cerveja, talvez?

— O dia de hoje foi tão estressante que eu até aceitaria. Mas prefiro um refresco mesmo. Tem suco de melancia?

Miah sorriu com o pedido e negou com a cabeça. Por fim, Nicolas aceitou uma água tônica e ambos seguiram para a cozinha.

— Bem, Nicolas, vou lhe contar os motivos que me levaram a ter essa reação. Mas, por favor, não me faça muitas perguntas. É algo extremamente doloroso para mim.

Nicolas assentiu e eles se sentaram à pequena mesa redonda que havia ali. Miah respirou fundo, enquanto pedia perdão a si mesma pela mentira que estava prestes a contar para Nicolas.

— Fui criada pelo meu padrasto, sabe? Ele era um homem rígido, com costumes antigos e não permitia que eu namorasse. Minha mãe tinha medo dele e não dizia nada para não contrariá-lo. Quando fiz dezoito anos, decidi sair de casa. Meu pai me deixou uma pequena herança e eu pude recebê-la. Então, mudei-me para um apartamento pequeno, não muito longe do apartamento deles. Mas meu padrasto continuava a me vigiar e me fazia passar vergonha quando eu levava um namorado para o meu apartamento.

Ela liberou um suspiro proposital, para dar mais emoção ao relato. Prosseguiu:

— Sofri muito por isso, sabe? Agora, quando você sugeriu vir para cá, o fantasma do meu padrasto pareceu surgir na minha frente, ameaçando-me, insultando-me, dizendo-me que somente uma mulher vagabunda levava um homem para a sua casa antes do casamento. Sei que estou livre dele, que ele está morto, mas não consigo esquecer certas coisas. Acho que nunca conseguirei — admitiu Miah, torcendo para que sua história pudesse ter convencido Nicolas.

Ele ficou consternado com os fatos narrados por Miah. Imediatamente, abraçou-a e lhe pediu perdão por ter desconfiado das palavras dela. Miah se deixou ser abraçada e beijada por ele, enquanto duas lágrimas quentes escorriam dos seus olhos. Chorar não fazia parte de sua cena para enganar Nicolas. Chorava porque estava mentindo para ele, chorava porque tudo o que disse jamais aconteceu. Realmente foi criada por um padrasto, mas ele foi um homem bom, que tentou ajudá-la quando mais precisou. E foi ele quem sugeriu a Miah que fugisse da cidade, quando o escândalo veio à tona.

Às vezes, ela chorava ao pensar no quanto o padrasto a guiou por um bom caminho. Ele estava morto agora, mas Miah sabia que, se realmente existisse vida após a morte, como a irmã de Nicolas acreditava, seu padrasto estaria em um bom lugar.

— Sinto muito mesmo, Miah. Detesto julgar as pessoas, no entanto, julguei você. Estou me sentindo um canalha agora.

— Não fique assim. Já estou acostumada com isso. Além do mais, se você ficar abatido, o criminoso que ainda está à solta vai deitar e rolar, matando outras crianças inocentes. A única esperança desta cidade é você, Nicolas. Mesmo aqueles que não gostam de você estão torcendo para que sua missão tenha êxito. Mostre a eles o quanto é capaz.

Aquilo era o que Nicolas precisava ouvir naquele instante. As palavras de Miah lhe valeram como uma verdadeira injeção de ânimo. Era a reafirmação em seu potencial. Sim, ele não poderia esmorecer de forma alguma, não agora. Tinha de colocar alguém na cadeia, mas, para isso, precisaria se esforçar ao máximo.

— Quer conversar comigo sobre o caso? — perguntou Miah, por dois motivos. Primeiro, porque queria desviar o rumo da conversa para longe daquilo que pudesse se referir ao seu passado sombrio. Segundo, porque falar sobre o trabalho deixava Nicolas empolgado. Ele parecia ganhar vida com isso.

— Sabe que eu não posso lhe falar muitas coisas. Afinal, você é uma repórter, e a imprensa é muito linguaruda.

Miah sorriu e Nicolas ficou aliviado ao perceber que ela já estava mais calma. Os dois estavam se sentindo melhor.

— Não vou citar nomes. Só posso lhe dizer que um dos meus suspeitos, que é uma mulher, aparentemente se divorciou do marido há alguns anos. Agora, eles estão juntos, creio que como amantes. Ela, no entanto, tem outro amante na empresa em que trabalha. Os três se enquadram no perfil do assassino. Além disso, há outro homem que também teria grandes motivos para matar a primeira criança, mas ainda não entendi por que mataria as outras duas.

— Você tem ao menos ideia do gênero do assassino? Há alguma pista que diga se ele é homem ou mulher? — indagou Miah.

— Infelizmente, não. As crianças morreram estranguladas, portanto, qualquer um poderia ter feito isso, homem ou mulher. Não é difícil tirar a vida de uma criança, assustada e indefesa, principalmente quando o objetivo é realmente matá-la — explicou Nicolas, sem revelar que uma mulher também foi assassinada.

— Já soube que nenhuma das vítimas foi molestada sexualmente — lembrou Miah, cruzando as mãos sobre a pequena mesa na cozinha.

— Sim. Portanto, a hipótese de que estejamos lidando com um pedófilo fica temporariamente descartada — informou Nicolas, embora não desconsiderasse João da lista de suspeitos. — No entanto, há uma coisa que me deixa desconcertado. Por que alguém iria querer acabar com todas as crianças de uma cidade? O que uma criança ingênua pode fazer de mal a um adulto? Que ódio é esse, Miah?

— Talvez a questão não seja o ódio contra a vítima. Pode ser que a criança seja um meio para chegar a um fim.

A informação de Miah ficou pairando no ar e Nicolas ficou em silêncio, remoendo-a. Imediatamente, ele se lembrou da carta que Isolda deixou na delegacia. O criminoso dizia algo sobre alcançar objetivos, falava sobre obter poder e rejuvenescimento. E a opinião de Miah se ajustava com perfeição ao conteúdo da carta.

— Miah, está lembrada da carta que o assassino me enviou? — ela fez que sim e ele prosseguiu: — Não acha que tem algo a ver com o que acaba de me dizer?

— Lembro-me de que dizia algo sobre rejuvenescer. Você sabe que quando estamos perto de crianças nos sentimos mais jovens. As crianças nos fazem ser crianças também.

As engrenagens no cérebro de Nicolas rodavam a uma velocidade assustadora, enquanto ele tentava chegar a um denominador comum. E, antes de continuar a quebrar a cabeça, lembrou-se de que trazia uma cópia da carta no bolso da calça jeans. Desdobrou o papel e tornou a ler a carta em voz alta. Quando terminou, comentou:

— Ele diz que não pode parar aquilo que lhe traz poder e prazer, satisfação e rejuvenescimento. Alguns assassinos confessam ter sentido prazer e euforia ao matar a vítima, mas nunca ouvi nada a respeito de rejuvenescimento.

— Talvez porque estamos lidando com alguém que mata crianças?

— Um dos meus suspeitos esteve na cadeia por duas vezes sob acusação de ter espancado algumas crianças, e umas delas era o próprio sobrinho. O outro suspeito foi acusado de pedofilia, embora nada tenha sido provado. As vítimas não foram abusadas sexualmente, mas não sabemos se o criminoso não teria tentado algo antes de matá-las. Quem sabe tenha feito alguma proposta indecente à criança e, diante da recusa, se enfureceu e a matou?

— Por que ele mencionou na carta que está buscando alcançar objetivos? Qual o objetivo de um pedófilo senão a satisfação momentânea de prazer sexual? O prazer dito aqui na carta não me parece ser de cunho sexual.

— Eu não sei, Miah. Está tudo tão nebuloso. Preciso encontrar alguma conexão entre as vítimas. Não posso continuar de braços cruzados, esperando outra morte — nervoso, Nicolas se levantou e começou a caminhar pela cozinha de Miah. — Deve haver algum ponto de ligação entre as vítimas, além do fato de todas serem crianças e estudarem no mesmo colégio. — Nicolas não enquadrava Isolda no perfil das vítimas. Sabia que a inspetora foi morta apenas para ser silenciada.

Miah também se levantou, e os dois seguiram para a sala. Nicolas pediu um papel e uma caneta e Miah os entregou a ele. Então, ele se sentou no chão da sala, apoiou o papel sobre a mesinha de centro e começou a rascunhar as ideias que lhe chegavam à mente.

— Duas das vítimas eram do sexo masculino e outra do sexo feminino. Os dois meninos tinham nove anos, estavam na terceira série e estudavam na mesma classe. A menina tinha onze anos, estava na sexta série e também estudava na mesma escola. Felipe era filho de um casal simples e não tinha irmãos. Isaac também era filho único e morava com os avós. Isabella tinha um irmão menor e morava com a mãe e o padrasto. Os meninos foram mortos durante à noite e a menina, durante o dia. Felipe morava na zona norte da cidade, Isabella, no centro e Isaac, na zona sul. A *causa mortis* foi a mesma para todos: estrangulamento com as mãos, claro que cobertas com luvas, para não deixar vestígios nem impressões digitais.

— Mas com tudo isso não chegamos a lugar nenhum ainda — ressaltou Miah. — Você já tentou reconstituir o momento do crime?

— Muitas e muitas vezes — respondeu Nicolas.

— E sempre visualizo o ocorrido assim: a criança está caminhando tranquilamente pela rua quando, de repente, é empurrada ou derrubada pelo criminoso. Ele está usando luvas, mas é convencido e arrogante o suficiente para deixar o rosto à mostra. Quer que a criança veja o que vai acontecer. Quer que a vítima veja em seus olhos o reflexo da própria morte. Tudo não deve demorar mais do que uns dois ou três minutos. Tem de ser rápido, pois alguém pode aparecer e ver o que está acontecendo. Essa pessoa, para sentir poder, deve dizer algumas palavras antes de matar a criança. Eu só queria descobrir que palavras são essas.

Ele fechou os olhos, para melhor visualizar as cenas que imaginava.

— A vítima pede socorro e o criminoso tapa sua boca para que ela não grite. Imediatamente, as mãos se fecham em sua garganta e começam a apertá-la até que a sua presa pare de respirar. Nesses instantes, a sensação de satisfação toma conta de todo o seu corpo. Ele pode decidir se a criança vive ou morre. Em seguida, levanta-se, tira as luvas e caminha pela rua tranquilamente, como se nada tivesse acontecido. É um cidadão comum, cumpridor dos seus deveres. É tão comum que eu já estive frente a frente com ele e não fui capaz de reconhecê-lo.

— Deve ser alguém meticuloso. Eu aposto que já vinha observando a criança há alguns dias. Deve escolher a dedo. Tem de ser a criança certa, para que seus planos deem certo — atalhou Miah, e mais uma vez Nicolas concordou. — Portanto, Nicolas, ouso lhe dizer que essa pessoa pode não ser nenhum dos seus suspeitos.

— Como assim?

— Ora, o policial aqui é você — Miah sorriu.

— Talvez você esteja perdendo tempo cercando as pessoas que acha ser suspeitas quando, na verdade, o assassino verdadeiro pode estar mais próximo de você. Afinal, na carta, ele diz que mora perto da sua casa. Você já pesquisou onde moram seus suspeitos?

— Sim, nenhum deles mora muito longe, pelo menos não tão longe quanto você — percebendo que sua frase manteve Miah muito séria, ele contornou a conversa: — Já cometi muitos erros como investigador. Pensava estar certo sobre a culpabilidade de uma pessoa e, ao descobrir a verdade, o assassino era outra pessoa, completamente diferente de quem eu imaginava. Mas já fiz um balanço de todas as pessoas com quem conversei desde que houve o primeiro crime. Se o tal Mistery já deu a pista de que já nos falamos, então tem de ser uma dessas pessoas. Não pode ser diferente.

Miah concordou, mas não respondeu. Colocou as mãos sobre os ombros de Nicolas e sentiu os pontos de tensão.

— Não acha melhor descansar? Trabalho em excesso nunca rendeu bons frutos.

— Agora você está parecendo a Marian falando — riu Nicolas, embora admitisse para si mesmo que estava bastante exausto. Apesar de sua linha de raciocínio estar funcionando rapidamente, ele reconhecia que era preciso fazer uma pausa.

— Já que você pretende dormir aqui essa noite, por que não vai tomar banho? — sugeriu Miah, sorrindo amavelmente.

— É uma boa ideia — tomando as mãos de Miah, que estavam pousadas em seus ombros, Nicolas se levantou. — Eu não trouxe roupas.

— Bem... — uma expressão de malícia percorreu os olhos de Miah. — Não acho que você precisará continuar vestido após o banho.

Ambos soltaram uma gargalhada. Ela foi ao quarto apanhar duas toalhas e os dois seguiram juntos para o banheiro.

Capítulo 32

"Jamais poderia imaginar o quanto isso daria certo. No começo parecia loucura, mas agora estou vendo que realmente funciona. Matar as três crianças não foi simplesmente um ato de crueldade como todos estão pensando, e sim um ato de solidariedade. Embora ninguém possa imaginar, essas três crianças juntas somam vinte e nove anos para mim. E agora bastará apenas mais uma para que eu consiga aquilo que desejo. Então serei uma pessoa completa.

Nicolas Bartole está chegando muito perto de mim e devo tomar bastante cuidado. Um único movimento em falso e ele irá descobrir a verdade. Preciso apagar mais uma criança somente. E depois poderei viver em paz, já que serei alguém tão jovem.

Rejuvenescer sempre foi apenas uma fantasia para mim. Dizem que existem cremes rejuvenescedores, loções que fazem mágica com a pele, aulas de meditação que deixam o espírito mais jovem. Tudo isso é mentira. Eu poderia ter tentado um pouco de cada coisa, mas hoje vejo que teria sido pura perda de tempo. A humanidade nem sequer desconfia que a tão desejada fonte da juventude, o segredo que nos possibilita ter uma aparência mais jovem, está nas crianças. A energia que elas liberam assim que morrem é capaz de fazer milagres. E eu estou sentindo isso na pele. As três crianças juntas somam vinte e nove anos de idade, ou seja, enganei o tempo em vinte e nove anos. Isso é fantástico, é fascinante, é realmente mágico. E apenas eu sei de tudo isso.

Isolda Bicão foi um erro. Odiei ter de matá-la, porque ela fugiu dos meus padrões. Contudo, não podia correr o risco de que ela me denunciasse para Nicolas. No momento em que ela descobriu que eu havia matado as duas primeiras crianças, tive de manter o sangue-frio para aquietá-la. Temi perder toda a juventude conquistada até então, mas ainda bem que nada aconteceu. Continuo me tornando mais jovem a cada dia que passa. Fisicamente, ninguém está percebendo nada. E quando finalmente notarem será tarde demais. Nada poderão fazer para que eu envelheça novamente.

Amanhã será quarta-feira. Pretendia esperar até o próximo fim de semana, mas não consigo controlar meus ímpetos. Por uma questão de necessidade, foi preciso reduzir o espaço de tempo entre a morte de cada criança. Sou uma pessoa muito ansiosa e incapaz de esperar. Sou imediatista; comigo as coisas devem acontecer o mais depressa possível. E amanhã será minha oportunidade final. Tenho de encontrar outra criança, pouco importa que seja menino ou menina. Preciso matá-la para que consiga absorver toda a juventude ali escondida."

O vulto deslizou em silêncio pela escuridão de seus aposentos. Soltou uma tenebrosa gargalhada enquanto meditava. E o som de sua risada era digno de uma pessoa totalmente descontrolada. Ou louca.

Nicolas mal acreditou quando despertou no dia seguinte. Sentia-se tão bem que parecia que estava de férias. O corpo estava relaxado, a cabeça, tranquila, o raciocínio, funcionando perfeitamente bem. E o motivo de toda essa cura física e mental estava deitado ao seu lado, na cama. Miah ainda dormia e Nicolas achou-a mais linda do que nunca.

Eram sete da manhã e ele se levantou. Tomou um banho rápido e vestiu a mesma roupa com a qual havia chegado lá. Miah finalmente abriu os olhos, assoprou um beijo para Nicolas e também foi tomar uma ducha.

Depois, os dois prepararam um rápido café da manhã. Quando Nicolas ligou o celular, ficou surpreso com a quantidade de ligações perdidas vindas do seu apartamento. Com certeza, sua mãe passou a noite preocupada com seu sumiço.

— Ela pensa que ainda tenho dez anos — riu Nicolas.

— Diga a ela que se você estiver em perigo vai chamar um bom policial para ajudá-lo — brincou Miah, alegre.

— Eu conheço um que é nota dez. Alto, bonitão, charmoso, musculoso, com belos olhos azuis...

— Esse estará ocupado com uma simples repórter apaixonada — confessou Miah, beijando-o nos lábios, perto da pequena e quase invisível cicatriz. — Por que você tem essa cicatriz, Nicolas?

— Briga. Foi no meu primeiro caso como investigador oficial de polícia. Um louco havia assassinado a esposa com um bastão de golfe, em um apartamento em São Conrado, e fugido. Ele foi meio burro e deixou diversas pistas que provavam que ele era o assassino. Ele matou a pobre mulher para fugir com uma amante. Descobrimos o fugitivo na casa da tal amante e anunciamos a prisão. No entanto, ele sacou um pequeno canivete do bolso e fez a arma voar na direção dos meus olhos. Consegui evitar ficar cego, mas o canivete acertou minha boca. O assassino ficou preso por dois meses e depois soubemos que ele se suicidou na prisão. Ao menos essa foi a versão oficial do caso.

— Você já enfrentou gente da pior espécie, né? — indagou Miah, comendo uma fatia fininha de mamão.

— Muitos tipos esquisitos. Mas confesso que nesse tempo todo nunca peguei nada parecido com este caso. Um louco que, aparentemente, escolhe crianças de forma aleatória, mata-as estranguladas, visando alcançar seus objetivos macabros, obter poder e rejuvenescimento. E ainda tem a pachorra de me insultar por cartas e recados.

— O que você vai fazer agora? Porque eu pretendo conseguir uma matéria para transmitir um alerta geral para a população, como lhe disse ontem. Todos trancados em casa até segunda ordem.

— Não sei se isso vai funcionar, mas algo precisa ser feito. Vou até o necrotério conversar com a médica--legista. Preciso saber se ela conseguiu descobrir algo de diferente no corpo de Isaac.

— Se você pretende encerrar esse caso até o próximo sábado, terá de ser rápido. Não se esqueça de que amanhã, quinta-feira, é aniversário da cidade, o dia em que a igreja organiza a quermesse. As crianças adoram a festa, mas não sei como vai ser este ano. As pessoas estão apavoradas.

— Nesse caso — refletiu Nicolas —, acho que você terá de suspender a ideia de transmitir o alerta geral pela tevê. Se as pessoas ficarem apavoradas, ninguém vai à festa. E creio que precisamos justamente disso, que as crianças saiam às ruas. Claro que pedirei ao Oswaldo um grande número de policiais à paisana espalhados pela cidade. Será um risco que teremos de correr, mas precisamos das crianças, Miah. Se não houver crianças, o assassino não vai atacar e, se ele não atacar, não teremos a menor chance de prendê-lo.

Miah pensou um pouco e decidiu que Nicolas estava com a razão. Ele prendeu o revólver no cinto da calça e já estava saindo do apartamento quando voltou até o quarto. Eles haviam se esquecido de arrumar a cama, mas Miah garantiu que o faria quando voltasse.

— Mas eu faço questão. Para bagunçar foi uma beleza, mas para arrumar não posso sair fora — riu Nicolas.

Um dos travesseiros caiu aos pés da cama e Nicolas se abaixou para pegá-lo. Ele não reparou, mas Miah empalideceu e mal pôde abafar um grito. Embaixo da cama era um dos locais em que ela guardava as memórias do seu passado. Ali estavam as provas de tudo o que ela fez. E que poderiam arruinar o restante dos seus dias, se Nicolas soubesse.

Aparentemente, ele nada percebeu e continuou arrumando a cama normalmente. Para que ele não notasse a transformação em seu rosto, Miah o ajudou a estender o lençol e a dobrar as cobertas. Quando deixaram o apartamento, Miah deixou escapar um suspiro de alívio.

Quando chegaram à rua, eles se separaram depois de um longo beijo. Miah seguiu para o estúdio do Canal local e Nicolas partiu diretamente para o necrotério. Assim que chegou, procurou pela médica-legista. Não demorou para que Ema Linhares surgisse com um sorriso meio forçado. Ela estava com o rosto abatido e cansado, revelando que havia dias não tirava uma folga.

— Aí está você, Bartole — apontou ela. — É o homem que vem me dando tanto trabalho.

— Quem me dera ser o culpado — retrucou Nicolas, cumprimentando a médica. — Na verdade, vim aqui para perturbá-la. Tem alguma coisa para mim?

— Acho que não deve ser muito importante, mas não custa eu lhe informar. As três crianças foram estranguladas por alguém que usou as próprias mãos.

Até aí todo mundo já sabia. Porém, há um diferencial em relação à última vítima, Isaac Saldanha.

Nicolas se mostrou subitamente interessado e Ema pediu que a seguisse para ver o corpo. Nicolas colocou um par de luvas brancas, contendo os calafrios que sentia ao entrar em locais onde se viam tantos corpos. Ema caminhou até um gavetão na parede e o puxou. O corpo miúdo de Isaac apareceu em meio ao vapor gelado. Era uma criança bonita, que aparentava estar apenas dormindo.

Então, Ema tocou no pescoço do menino e iluminou o local com uma pequena lanterna que ela sacou do bolso do jaleco branco. Nicolas se aproximou para ver o que a médica indicava. Notou que a garganta do menino estava muito mais escura do que as gargantas das outras vítimas. Ergueu um olhar de curiosidade para Ema, que se prontificou a explicar:

— A pessoa que fez isso usou toda a força para estrangular Isaac. O ataque foi bem mais violento do que com Felipe ou Isabella. É como se o criminoso estivesse com muito ódio deste menino. Ele intensificou o aperto de tal forma que as marcas escureceram até ficarem assim. A técnica utilizada para o crime foi a mesma, porém, a forma foi diferente. A não ser que este crime tenha sido cometido por outra pessoa.

— O que a senhora está sugerindo? Que há dois assassinos? — perguntou Nicolas, completamente aturdido. Era só o que lhe faltava. Se caçar uma pessoa já estava sendo terrivelmente complexo, o que faria se fossem dois assassinos? E quem poderia agir em dupla, em cumplicidade? Alex e Thierry? Sheila e João? Sheila e Vagner? Não havia como deduzir.

— Talvez não sejam duas pessoas, Bartole — tranquilizou Ema. — Acredito em outra hipótese. O assassino está se precipitando. Ele agiu com muita pressa desta vez. Quis acabar logo o serviço. E essa força que ele utilizou... é como se ele tivesse ficado ainda mais forte. Sei lá, talvez seja uma concepção minha, algo meio idiota. Mas ou essa pessoa realmente estava com ódio deste menino em particular ou suas forças redobraram.

"Ele ou ela rejuvenesceu", lembrou Nicolas com um sobressalto. "Está se sentindo mais forte. Miah tinha razão. Oh, Deus, como não pensei nisso antes? Estou realmente enfrentando um pirado. Quando ele fala na carta sobre rejuvenescer, ele realmente acredita nisso. Mata-se uma criança para se tornar mais jovem, mais forte, mais poderoso. Será possível que isso realmente exista?"

— E o que pode me dizer sobre Isolda Bicão? — indagou Nicolas, enquanto sua cabeça dava um milhão de voltas.

— Morta com nove facadas — respondeu Ema, secamente. — A primeira facada, segundo minhas análises, foi nas costas. A pessoa que a matou a atacou pelas costas.

— Ainda por cima é um covarde. Mas isso está para acabar, doutora Ema. Dou minha palavra à senhora. Antes que esta semana termine, vou prender esse criminoso.

— Eu acredito nisso, Bartole. Mas seja rápido, porque hoje é quarta-feira e amanhã será o feriado da cidade.

Nicolas balançou a cabeça, agradeceu à legista e deixou o local gélido e esquisito. Antes de ir à delegacia, ele ainda pretendia passar em seu apartamento para ver como sua adorável família tinha passado a noite em sua ausência.

Ele tirou as chaves do bolso e caminhou tranquilamente até seu carro, que estava estacionado do outro lado da rua. Quando estava a menos de cinco metros do carro, uma massa pesada se chocou violentamente contra as costas de Nicolas e por pouco ele não perdeu o equilíbrio. Em um gesto rápido, ele levou as mãos para trás, enquanto suas chaves caíam no chão.

O homem que continuava pendurado às costas de Nicolas cheirava a maconha e uísque e mantinha um canivete pressionado contra sua carótida. Nicolas sabia que reagir agora não seria uma boa opção.

— O que você quer? — gemeu Nicolas, fingindo estar apavorado. — Saia das minhas costas, por favor.

O homem, cujo rosto Nicolas ainda não podia ver, desmontou das costas do investigador, mas manteve o canivete encostado em seu pescoço.

— Tu vai tirar tua grana bem devagar, rapá — ameaçou o bandido. — E depois vai tirar essa calça jeans de marca e esse sapato de bacana que tu usa. E nem tenta bancar o esperto. Não estou sozinho e meus amigos podem mandar bala em tu.

Nicolas, com seu olhar bem treinado, correu os olhos para os lados e não teve dificuldade para localizar outros dois homens. E percebeu que um deles tinha uma arma de fogo presa por dentro da calça.

— Você vai me deixar pelado? — perguntou Nicolas, demonstrando estar com muito medo do assalto. Aproveitou e olhou para trás até finalmente ter certeza de que eles estavam em três.

— Qual o problema, rapá? Vamos de uma vez, tira logo essa roupa e esses sapatos. Aproveita e passa o relógio também. As chaves do teu carro eu já peguei — avisou ele, abaixando-se velozmente para apanhar as chaves do chão.

— Mas aqui na calçada, não. Tenha piedade, amigo. Sou pai de família, tenho uma filha para alimentar...

— Cala a tua boca se tu não quiser morrer — mas o bandido considerou a ideia de Nicolas. Fez um gesto para seus comparsas e empurrou Nicolas para dentro de algumas árvores frondosas. Os outros dois rapazes se aproximaram. O que estava com o revólver sacou a arma. O outro tinha um estilete afiado, mas se manteve calado.

— Vai, rapá. Aqui somos tudo espada e não queremos te ver pelado. Tira logo os sapatos porque...

O bandido não chegou a terminar a frase. Nicolas rodou o corpo com uma agilidade incrível e aplicou um violento chute no pulso do rapaz que segurava o revólver. Ele gritou e a arma caiu no chão. O ajudante armado de estilete avançou para cima de Nicolas, que o ergueu pelos ombros como se ele fosse feito de espuma e o jogou de costas contra as árvores. Sem perder tempo, Nicolas girou de novo e agarrou o homem que tinha pulado em suas costas, imobilizando seu braço armado com a mão esquerda, enquanto com a mão direita desferia um soco fortíssimo contra o queixo do assaltante, que tombou para trás.

— Os três estão presos — anunciou Nicolas, puxando sua identificação policial. — Mexeram com a pessoa errada.

— Por que não vai para o inferno? — rosnou o homem que levou um chute no pulso, arrastando-se pelo chão, tentando apanhar seu revólver.

A bala disparada pela arma de Nicolas atingiu o chão a centímetros da mão do homem, que berrou com o susto.

— Essa eu não quis acertar, mas a próxima eu garanto que acerto. E quem vai para o inferno é você. Agora encostem os três nas árvores. Vou me comunicar com as patrulhas da região.

Um dos rapazes tocou nas genitálias, fazendo um gesto obsceno para Nicolas. Ele se aproximou e acertou outro pontapé na virilha do criminoso, que se dobrou ao meio e escorregou até o chão.

Ele sacou o rádio e anunciou:

— Aqui é o investigador Nicolas Bartole falando. Estou em frente ao necrotério municipal. Prendi três meliantes e preciso de uma viatura para levá-los à delegacia. Todos estavam armados e eu fui atacado. Quero... ai, droga!

Nicolas não conteve uma exclamação de dor quando um quarto membro do grupo surgiu do nada e cravou uma navalha contra as costelas de Nicolas. Imediatamente, o sangue empapou a camisa que Nicolas usava. Ele tornou a erguer a arma. Então, Nicolas atirou.

A bala não foi disparada para matar. Acertou o atacante na perna, um pouco abaixo do joelho. Ele gemeu e caiu no chão. Os outros três nem ousaram sair do lugar.

— Vou ser bem sincero — avisou Nicolas, sentindo o ferimento ardendo e sangrando muito. — Se houver outro ajudante de vocês tentando me atacar pelas costas, eu acabo com vocês quatro. Ouviram?

Eles engoliram em seco e juraram que não havia mais ninguém. Em dez minutos uma viatura apareceu e três policiais se aproximaram com as armas em punho. Nicolas se alegrou ao reconhecer a policial que trabalhava na recepção da delegacia atuando em campo.

— Estamos com falta de pessoal e o doutor Oswaldo me mandou aqui para verificar como estava, assim que recebemos seu chamado — explicou Moira, loirinha e sisuda como sempre. — Vou levá-lo ao médico — prometeu ela, assim que viu a extensão do ferimento de Nicolas.

Os outros dois policiais estavam acabando de algemar os assaltantes.

— Não precisa. Estou bem. Só quero uma bandagem para fechar o corte.

— Nada de bandagens. A saúde em primeiro lugar. Acompanhe-me, por gentileza — o tom firme de Moira agradou Nicolas sobremaneira.

Ele procurou não discutir e Moira pediu outra viatura, que os levou diretamente ao hospital. O médico que veio atender Nicolas, doutor Enzo Motta, era responsável unicamente pelas ocorrências envolvendo policiais.

— Até que enfim nos conhecemos, senhor Bartole, apenas lamento que seja nesta circunstância nada agradável. Mas o importante é estancarmos esse ferimento — alertou Enzo, guiando Nicolas e Moira até uma sala particular. Assim que entraram e fecharam a porta, Enzo pediu: — Tire a camisa, por favor, senhor Bartole.

Ele obedeceu ao médico, e a policial Moira, embora estivesse impressionada com o ferimento de Nicolas, ficou ainda mais impressionada com sua musculatura bem definida.

Nicolas logo compreendeu por que os policiais feridos eram atendidos pelo doutor Enzo. O homem era ágil e habilidoso e em menos de dez minutos limpou, medicou e cobriu o ferimento com gazes e ataduras.

— O senhor teve sorte de não precisar levar nenhum ponto, senhor Bartole. O corte foi longo, mas não foi tão profundo como pensávamos. Como está se sentindo?

— Novo em folha — sorriu Nicolas, ficando em pé. Olhou no imenso espelho que havia ali. O corte foi do lado direito do abdome, perto das costelas. Ainda doía bastante, mas agora a dor era tranquilamente suportável. — Obrigado, doutor.

Enzo Motta sorriu para Nicolas. Era um homem jovem e simpático, aparentando cerca de trinta anos. Era magro e forte, embora bem menos musculoso do que Nicolas. Os cabelos eram lisos e ele os penteava para trás e os mantinha fixos com algum gel poderoso.

Seus olhos eram esverdeados e seu sorriso era capaz de fazer estremecer o coração de uma mulher. Moira estremeceu tanto com o sorriso do médico quanto com os músculos de Nicolas.

— Bem, Moira, acho que pode se retirar — disse Nicolas. — Quero pegar algumas recomendações com o doutor Enzo e daqui a pouco irei à delegacia. Diga ao doutor Oswaldo que está tudo bem comigo.

Moira balançou a cabeça, lançou mais um ou dois olhares para o rosto do médico e para o peitoral de Nicolas e, relutante, saiu da sala.

— Embora o ferimento não tenha sido grave, permaneça uns três dias em descanso. Depois disso, vou examiná-lo novamente e o senhor poderá voltar a trabalhar — recomendou Enzo, enquanto prescrevia um remédio que Nicolas deveria tomar para evitar infecções.

— De jeito nenhum, doutor. Não sei se sabe, mas fui nomeado investigador oficial desses crimes que aconteceram aqui nos últimos dias, envolvendo três crianças. Não posso me dar ao luxo de ficar descansando por causa de um cortezinho de nada enquanto outra criança pode perder a vida.

— Senhor Barlole, sei o quanto seu trabalho é importante para o senhor, mas lembre-se de que sua saúde não tem preço.

— A vida de outras crianças também não têm preço, doutor Enzo. Prefiro pegar uma infecção ou mesmo ver esse ferimento inflamar a correr o risco de ter outras crianças mortas.

Enzo suspirou. Ele já tinha ouvido falar do investigador recém-chegado do Rio de Janeiro, mas não imaginava que o homem fosse mais teimoso que uma mula.

— Façamos o seguinte: acabo de terminar o meu turno e também estava indo para casa. Como estou de carro, vou deixá-lo em sua residência, para que descanse ao menos por hoje. Se tiver de trabalhar no seu caso, evite ao máximo alguma tarefa exaustiva, senhor Bartole.

— Pode me chamar de você e de Nicolas, por favor. E eu também quero chamá-lo de Enzo, posso?

— Pode — Enzo sorriu e despiu o avental branco.

— Muito bem... Nicolas. Vamos para sua casa?

Capítulo 33

Enzo teria deixado Nicolas em frente à entrada do seu prédio, mas o investigador tanto insistiu que ele concordou em subir. Nicolas prometeu apresentar sua família ao médico e disse que Enzo jamais havia tomado um café tão gostoso quanto o que Lourdes Bartole iria preparar para ele.

Fora do hospital, Nicolas reparava que Enzo parecia ser um homem comum e até bem atraente. Nas mãos não tinha nenhuma aliança, mas Nicolas tinha certeza de que ele devia ser casado. Ou, ao menos, mantinha um relacionamento sério, embora ele e Miah não usassem alianças.

Nicolas tocou a campainha e a porta foi aberta silenciosamente por Marian. Ela sorriu, abraçou e beijou o irmão.

— Por onde andou? Quase matou a mãe do coração.

Foi só então que Marian notou Enzo, tímido, parado perto da porta. Ele também a olhava com curiosidade, admirado com a beleza cativante de Marian.

— Passei a noite com Miah — confessou Nicolas. Agora não havia mais motivos para esconder seu namoro com a repórter. — E este é o doutor Enzo. Ele é o médico dos policiais.

Marian pareceu nem compreender a última frase de Nicolas. Olhava fixamente para os olhos verdes do médico. Ele também a olhava sem piscar, impressionado com os traços perfeitos do rosto de Marian. Nicolas a apresentou como uma de suas irmãs.

— Você é uma moça muito bonita — ele disse, corando em seguida.

— Obrigada — agradeceu Marian, enrubescendo também.

Nicolas percebeu os olhares e riu intimamente. Bem que seria bom se Marian arrumasse um namorado. Assim, quem sabe ela superasse a traição do ex-namorado, que a deixou para fugir com sua melhor amiga.

— Noto a casa silenciosa e tudo parece estar inteiro. Onde estão aqueles nossos parentes, Marian?

Ela soltou uma gargalhada cativante e Enzo notou o quanto os dentes dela eram brancos.

— Saíram. Mamãe quis conhecer a cidade. Disse que se o encontrasse na rua iria puxá-lo pelas orelhas na frente de qualquer um.

Nicolas revirou os olhos e todos riram.

— Prometi o café da mamãe ao Enzo, mas se ela não está... o meu café sempre sai horrível — confessou Nicolas. — Tem aparência e gosto de petróleo.

— Por que não tenta vendê-lo? Quem sabe não fica rico? — sugeriu Enzo, levando todos a sorrirem.

Desta vez, foi Marian quem reparou nas covinhas que apareciam quando Enzo sorria.

— Eu faço o café — ofereceu-se Marian. — Vamos para a cozinha?

Enquanto preparava o café, Marian contou que acabou de pintar seu último quadro e que pretendia expor todos na quermesse do dia seguinte.

— Será que o padre vai deixar?

— Claro que vai — garantiu Nicolas. — Ele vai arrecadar o dinheiro das barracas da festa, mas a praça é pública. Você pode vender lá sempre que quiser. E, se alguém não deixar, diga que tem um irmão policial forte e valente.

Mais risadas. Ela serviu o café a Enzo e ele fechou os olhos ao aspirar o aroma. Se o café dela já era tão saboroso, Enzo não conseguia imaginar como o café da mãe deles poderia ser ainda melhor.

Enzo não se lembrava de ter se sentido tão bem desde... o acidente. Passou a achar que a vida se resumia em ser vivida sem grandes méritos. Sabia que jamais voltaria a amar outra pessoa como amou aquelas que partiram, mas poderia fazer novas amizades. Nicolas se mostrava ser um homem muito especial e sua irmã... uma mulher fascinante.

O toque da campainha interrompeu seus pensamentos. Nicolas foi abrir a porta certo de que a mãe e os irmãos haviam chegado, mas ficou surpreso ao ver Miah parada ali.

— O que está fazendo...

— Que história é essa de você ter sido ferido? — ela perguntou, lívida de preocupação. — Nem perca seu tempo perguntando como eu soube. Não se esqueça de que sou uma repórter e sempre obtenho informações em primeira mão.

— O quê? Nicolas foi ferido? — perguntou Marian, ficando igualmente assustada. — Ninguém me falou nada. E ele está me parecendo tão bem — ela se virou para o irmão. — O que houve?

— Ah, um cortezinho à toa. Uns caras cometeram a tolice de assaltar um policial — respondeu Nicolas, como se o ferimento fosse de pouca importância.

— Eu quis lhe dar três dias de descanso, mas ele recusou — explicou Enzo, falando em voz baixa. — O corte não foi profundo, apesar de ser extenso.

— Deixe-me ver como está — pediu Miah, levantando a camisa de Nicolas. Espantou-se ao ver que as gazes estavam levemente avermelhadas. Ela desviou o olhar para Enzo: — Você é o médico?

— Sim. Sou Enzo Motta. E a senhorita eu já conheço da tevê — ele sorriu. — Gosto de assistir às suas reportagens.

— Obrigada. Mas vamos voltar ao Nicolas. Tem certeza de que ele ficará bem mesmo? — quis saber Miah.

— Que coisa! Já falei que estou ótimo. Não posso ficar chorando cada vez que eu for ferido — zangou-se Nicolas.

Érica entrou com seu caminhar elegante e silencioso e ergueu a cabeça para fitar Enzo. Então, esfregou a cabeça em sua perna e ele a pegou no colo.

— Cuidado — alertou Nicolas. — Um pitbull reencarnou no corpo de uma gata. Ela pode arranhá-lo.

— Ela está ronronando — sorriu Enzo. — Acho que ela gostou de mim.

— Érica gosta de todo mundo, menos de Nicolas — disse Marian, divertida. — E aí, Nicolas fica com ciúmes e briga com a pobre gatinha.

— Quando minha mãe for embora, vou despachar essa gata mal-amada com ela — prometeu Nicolas.

Todos riram e a campainha tornou a tocar.

— Será que meu apartamento virou a casa do Pai Nicolas? — tornou ele, irritado, enquanto ia abrir a porta.

Quase foi atropelado por um Mike agitado e ansioso, que entrou disparado porta adentro. Apalpou Nicolas como se o estivesse revistando.

— Quem o feriu, Bartole? Diga-me quem foi que eu vou caçar o salafrário. Você está muito mal?

— Qual é, Mike? Tire essas mãos pegajosas de mim. Aparento estar tão mal?

— As aparências enganam — foi então que ele reparou em Enzo parado ali. A palidez que cobria o rosto de Mike revelava que sua preocupação com Nicolas era realmente sincera. — Doutor Enzo, como o Bartole está? Sei que ele foi gravemente ferido. Moira me contou tudo. Ele vai ficar bem? Tem chances de sobreviver?

Antes que Enzo respondesse, Nicolas puxou Mike pelo braço e ergueu a camisa novamente. Mike arregalou os olhos e fez um bico ao ver o curativo.

— Arre égua, acertaram um tiro em você? Quem fez isso? Foi o matador de crianças?

— Se fosse ele, eu não estaria aqui agora, esteja certo disso — tranquilizou Nicolas. — Tentaram me assaltar e me acertaram com uma navalha. Mas o doutor Enzo já deu um jeitinho aqui. Pode ficar sossegado que eu não vou morrer, por enquanto. Por falar nisso, você já conhecia minha irmã Marian, Mike?

— Não — ele sorriu para Marian e beijou-a no rosto. — Você é muito bonita. Nem parece irmã de quem é.

— Sério? Muito obrigada — riu Marian. Ela olhou para Nicolas: — E você pretendia ficar calado, não? — Não ia me contar nada, Nic? Sabe o quanto eu gosto de você.

— Não achei que era necessário, Marian. Aliás, agora que todo mundo já viu que estou bem, que tal cada um retomar seus afazeres?

A campainha soou pela terceira vez e Nicolas resmungou enquanto se perguntava quem seria desta vez.

Marian desviou o olhar para Enzo e o achou encantador segurando a gata de Nicolas. Quando ele percebeu que ela o observava, corou novamente e colocou a bichana no chão.

— Não precisa ter vergonha de mim — ela sorriu, embora também estivesse envergonhada.

— Está tudo bem. Você disse que é pintora. Fiquei curioso para ver seus quadros. Posso?

— Bem, eles estão no meu quarto. Venha, vou mostrá-los a você.

Enquanto eles se afastavam, Miah provocou:

— Podem trancar a porta, se quiserem privacidade.

Os dois ficaram vermelhos como pimentões e Miah fechou os olhos e soltou uma gargalhada. E quando tornou a abri-los se deparou com o olhar furioso de Lourdes Bartole a fitá-la fixamente.

— Miah, esta é minha mãe, Lourdes — apresentou Nicolas, enquanto Ariadne e Willian vinham atrás dele, observando a desconhecida com curiosidade mal disfarçada. — Mãe, esta é Miah Fiorentino, repórter local e minha namorada.

Nicolas sabia que não valia a pena esconder nada de sua mãe. Ela acabaria descobrindo tudo, com seu incrível faro de mãe ciumenta.

Ele via com certa apreensão o momento em que sua mãe e Miah estivessem frente a frente. Lourdes Bartole sempre lhe deu trabalho quando ele arrumava uma namorada e a levava para apresentar a ela. Lourdes dizia que nenhuma mulher era adequada para o filho mais velho e que ela o avisaria quando a mulher certa aparecesse. Mas Nicolas sabia que, no que dependesse de sua mãe, jamais haveria uma mulher certa para ele.

Quando moravam no Rio de Janeiro, Nicolas namorou uma moça chamada Selena. Quando a levou para apresentá-la à sua mãe, Lourdes preparou um almoço que alimentaria um time de futebol e quase matou a moça com tanta comida. Ao final, depois de Selena ter vomitado e passado muito mal, Lourdes lhe disse que não gostava dela e que ela não daria certo com seu filho. Tempos depois, Nicolas conheceu Aninha, mas com essa foi ainda pior. Aninha se engraçou com seu irmão, Willian, e Lourdes a pôs para correr. Nicolas namorou muitas outras moças, mas não achou que valia a pena apresentar nenhuma delas a Lourdes.

Contudo, Miah era diferente de todas as outras namoradas que Nicolas já tinha tido. Era inteligente, bonita, arrojada e sedutora. Era obstinada, teimosa, misteriosa e corajosa. Ela já pisara na bola com ele, mas não era nada que ele não pudesse perdoar. E, ao descobrir que no passado Miah havia sofrido por causa do padrasto, Nicolas se sentiu ainda mais penalizado. E só então percebeu o quanto a amava.

Acreditava que haveria uma boa briga entre Miah e sua mãe. Lourdes era teimosa e Miah também, Lourdes era uma mãe superprotetora e Miah não desistia do que queria. Ele não conseguia prever o que poderia resultar daquele encontro.

— Nuuussa — fez Willian, adiantando-se para beijar o rosto de Miah. — Nic, você nunca disse que tinha outra gata além da Érica.

— Pode ir se afastando, maninho. Essa gata já tem onde afiar suas unhas — respondeu Nicolas. — Além disso, você troca de namoradas como troca de prancha de surfe. Jamais daria certo com alguém como Miah.

— A gente faz um esforço, né? — sorriu Willian, encantado com a aparência de Miah. Ele estava com os cabelos castanhos presos em um rabo de cavalo, e Miah o achou bastante sedutor, mas muito inferior ao irmão mais velho no quesito beleza.

— E como ficaria a Jéssica, sua namorada atual? — interveio Ariadne. — Com vários chifres?

321

— Não pedi sua opinião — reclamou Willian.

— Não comecem a brigar na frente das minhas visitas — cortou Nicolas. — Bem, quero lhes apresentar outra pessoa de quem gosto muito — Nicolas olhou para Mike: — Este é o policial Michael, que trabalha comigo. Podem chamá-lo de Mike.

— É que faz soar americano. E eu quase me sinto americano, às vezes — ele sorriu.

Ariadne lhe lançou um olhar de pouco caso e respondeu:

— Você está mais para africano.

Mike a encarou antes de responder. Ariadne, com seus cabelos roxos e suas unhas pintadas de dez cores diferentes, era uma gracinha. Parecia uma versão menor de Marian. Porém, tinha ares de ser bem sapequinha. E Mike adorava isso em uma mulher.

— Você não gosta de homens mais... morenos? — ele perguntou, tentando provocá-la.

— Ah, isso não é do seu interesse. Além disso, já tenho namorado. E o Paulinho é bastante ciumento.

— É verdade. Ela namora o Paulinho — interferiu Willian. — Mas ele ainda não sabe.

Ariadne se virou para encarar Willian, e os dois começaram a discutir. Lourdes levantou a mão e ordenou que eles parassem. Imediatamente, o silêncio se fez.

— Então, você está namorando meu filho? — perguntou Lourdes, encarando Miah friamente.

— Ah, sim, estou. Sinto-me bem namorando Nicolas — a resposta de Miah teve a intenção de enfurecer Lourdes. — Acredito que teremos um futuro bastante promissor.

— Isso é o que veremos — murmurou Lourdes, e Miah mal pôde compreendê-la.

— Descobri que amo o seu filho. E me sinto realizada por saber que sou correspondida na mesma medida.

Ariadne e Willian trocaram um olhar de cumplicidade. Aquela moça era mesmo muito atrevida. Mal sabia ela que desafiar a fúria de Lourdes Bartole era a pior opção para um namoro feliz com Nicolas.

— Muito bem. Nesse caso, vou preparar um almoço excelente. Enquanto comemos, nós duas podemos nos conhecer melhor. O que acha, Miah? — sugeriu Lourdes, tentando usar a mesma tática que usara com Selena. — E quero acrescentar que seu nome é lindo. Lembra mesmo uma gata, pois toda gata "mia".

Willian e Ariadne soltaram uma risada zombeteira com o trocadilho da mãe, e Mike mal conseguia tirar os olhos dos lábios de Ariadne. Não hesitaria em beijá-la na frente de todo mundo, desde que ela concordasse.

— Obrigada pela comparação — sorriu Miah, sarcástica. — E acho que a senhora também sabe que toda gata arranha. E morde também, principalmente se ficar bastante irritada.

Desta vez, foi Nicolas quem riu, o que lhe rendeu um olhar perverso de sua mãe. Lourdes achou que já havia trocado desaforos suficientes com a candidata a nora e se dirigiu para a cozinha.

— Não ligue para a minha mãe — amenizou Nicolas, beijando os lábios de Miah. — Ela é muito ciumenta. Você fica para o almoço, claro.

— Eu não me preocupo com ela, meu amor. E entendo o modo de ela agir. Quer apenas evitar que você se renda aos encantos de uma golpista, muito embora seu instinto policial não permitisse que isso acontecesse. Ademais, com o passar do tempo, nós duas nos tornaremos grandes amigas e confidentes — garantiu Miah. Mas a verdade é que ela não acreditava naquilo. Detestou a mãe de Nicolas à primeira vista e sabia de antemão que a mulher esteve prestes a esganá-la.

— Fico muito feliz com isso. E você, Mike, também fica para o almoço? — convidou Nicolas.

— Boca-livre eu nunca perco, Bartole — Mike tocou na própria barriga. — E mande sua mãe fazer bastante comida, porque aqui cabe um banquete.

— Haja comida para abastecer esse corpanzil — insultou Ariadne, sentindo-se ao mesmo tempo irritada e satisfeita com a presença de Mike. Sentia uma mistura confusa de sentimentos. Ao mesmo tempo em que o odiou, principalmente pela intromissão contínua, ela gostaria que ele ficasse para o almoço. Ele era divertido e chato de uma só vez.

— Onde está Marian? — Willian perguntou, pois sentiu falta da irmã.

— Ela levou o homem para o quarto para mostrar alguma coisa que só ele podia ver — respondeu Mike, sem medir as palavras.

Todos olharam para ele ao mesmo tempo e Mike corou, mas não escondeu o sorriso:

— Arre égua! Falei demais?

Enzo terminou de analisar o último quadro de Marian. Tinha de admitir que as obras dela eram impressionantes e não se pareciam em nada com o trabalho de uma amadora. As pinturas eram tão nítidas que pareciam ter sido desenhadas em alto-relevo. E Enzo poderia jurar que cada tela transmitia uma mensagem a quem a observasse melhor.

— Não lhe dou nem dez minutos para que você venda seus três quadros amanhã. São belíssimos — elogiou Enzo, realmente fascinado pela grandiosidade da arte de Marian.

— Obrigada. Mas são quatro quadros, e não três — lembrou Marian, apontando para os quadros que ela expôs sobre a cama.

— São três porque um deles já é meu — Enzo sorriu, e ampliou seu sorriso quando viu que Marian sorria.

— Quanto custa? — ele tornou a olhar para as obras e escolheu a do navio que partia do porto. — Quero este. Qual o preço? — a pergunta de Enzo pegou Marian de surpresa.

— Eu não sei. Quanto você quer pagar? — ela sempre quis vender suas obras, mas nunca parou para pensar no preço. Qual seria o preço pelo seu trabalho? Não havia resposta.

— Os quadros são seus. É você quem deve dar o preço.

— Você é o cliente e deve decidir quanto vale meu quadro — rebateu Marian, sorrindo.

Para não prolongar a discussão, Enzo enfiou a mão no bolso da camisa e sacou um talão de cheques e uma caneta. Rapidamente, preencheu um valor em uma das folhas do talão e a entregou a Marian. Ao ver o preço, ela abriu a boca, espantada, e tentou lhe devolver o cheque.

— Não posso aceitar esse preço, sinto muito.

— Por quê? Acha que é pouco? Eu faço outro cheque e...

— Pouco? Você está me pagando uma fortuna e minha tela não vale isso tudo. Sejamos realistas. Com esse dinheiro você poderia comprar um quadro muito maior e melhor do que o meu, talvez de um pintor até mais conhecido no meio artístico. Não posso extorqui--lo também.

— Você me perguntou quanto eu queria pagar e eu acho que seu quadro vale este preço. Quem está pagando sou eu, portanto, fique de boca fechada, a não ser que ache pouco. Além disso, não quero um quadro de alguém renomado, e sim o seu quadro, no qual você empregou seu trabalho e sua dedicação. Quando eu olhar para ele no meu consultório, quero me lembrar de que veio de uma pessoa muito especial — Enzo disse isso e enrubesceu. Não era um homem de muitas palavras e falou mais do que devia. Marian continuava fitando-o atentamente, mas Enzo desviou o olhar.

— Obrigada, Enzo — foi tudo o que Marian conseguiu dizer. Vendo-o rubro de vergonha, ela o achou parecido com um tímido adolescente e desejou abraçá-lo por tê-la motivado e por ter valorizado tanto seu trabalho.

Nesse momento, a porta do quarto se abriu e várias cabeças surgiram para espiar os dois. Ariadne, Willian e Miah pareceram quase decepcionados ao vê-los em pé, diante da cama, que estava coberta de quadros.

— Vocês não estão fazendo nada? — perguntou Ariadne, incrédula pela falta de ação daqueles dois.

— Mais respeito, querida. O doutor Enzo é um médico muito conceituado aqui na cidade para perder tempo com suas criancices — retrucou Marian. — Além disso, para matar a curiosidade de todos vocês, eu o trouxe ao meu quarto apenas para que ele apreciasse meus quadros. E ele acaba de comprar um.

Menos de uma hora depois, Lourdes avisou que o almoço seria servido e todos se prepararam para comer.

Capítulo 34

Marcos Teixeira nunca reclamou de sua vida como engraxate. Nasceu pobre e sua família era numerosa. Ele era o mais velho dos filhos e depois dele nasceram outros seis. Sua mãe lavava e passava roupas para fora e seu pai era engraxate, assim como ele. Foi seu pai que o treinou para que ele seguisse essa profissão. E agora Marcos já tinha sua própria freguesia, embora fossem poucos os clientes.

Ele era um menino muito pequeno e mirrado para os seus catorze anos. Muitos não acreditavam quando ele informava a idade. Marcos tranquilamente passaria por um menino de nove ou dez anos. Sua infância árdua e sofrida o levou a comer e dormir mal e agora sentia os efeitos disso em seu desenvolvimento. Media muitos centímetros abaixo da estatura média para a sua faixa etária.

Marcos sabia dos crimes que vinham acontecendo com as crianças da cidade e temia pelos irmãos menores. Mas ele não podia se dar ao luxo de ficar em casa. Precisava trabalhar e ajudar os pais a manterem sua família. E, depois, sempre era bom ter seu próprio dinheirinho para quando quisesse comprar um sorvete ou uma pipoca.

Nos últimos dias, Marcos economizou bastante para gastar na quermesse do dia seguinte. Não via a hora de poder comprar aqueles lindos morangos caramelizados que ele viu no ano anterior, mas que não pôde comprar porque não tinha dinheiro naquela ocasião.

Enquanto seguia ao lado do canavial que pertencia ao coronel Eufrásio, Marcos pensava no assassino que a polícia ainda não capturara. Ele não tinha medo de ser pego. Sabia como se defender. Mas lamentava pelos que haviam sido mortos. Quem poderia estrangular crianças tão pequenas? Marcos nem sabia o que seus pais fariam se a vítima fosse um dos seus seis irmãos.

Enquanto caminhava com sua caixinha de engraxate nas costas, Marcos não percebeu quando sua flanela suja de graxa escorregou do compartimento da caixa e caiu no chão. A pessoa que o observava, oculta entre a plantação de cana, também não percebeu.

Marcos seguia pela estradinha de terra, assoviando uma melodia animada. De repente, sentiu um puxão violento em seu braço direito ao mesmo tempo em que era arrastado para dentro do canavial. A caixinha de madeira se soltou das suas costas e desabou entre as canas. Marcos caiu com o rosto na terra e mal pôde respirar quando duas mãos enluvadas apertaram sua nuca, mantendo-o de encontro ao chão.

— Qual a sua idade? — sussurrou a voz ameaçadora.

— Tenho catorze — respondeu Marcos, mas sua voz também soou estranha, pois sua boca estava em contato com a terra. — Me larga.

— Quantos anos disse que tem? — Marcos ouviu a voz rouca lhe perguntar.

— Catorze. Agora me solte, idiota.

— Catorze anos? — questionou a voz. — Então você não me serve. Uma pessoa de catorze anos já não pode mais ser considerada uma criança. Você já é um adolescente. Não vou rejuvenescer com você.

Enquanto era mantido preso ao chão, Marcos levou a mão ao bolso da calça e sacou um pequeno estilete que o pai lhe dera para se defender. Movendo-se como podia, ele passou a lâmina em alguma parte do corpo de quem o imobilizava. Sabia que não foi um ferimento grave, mas ouviu um grito alucinante de dor e de frustração. As mãos enluvadas perderam a força e afrouxaram.

Sem se deixar abater, Marcos se virou rapidamente a fim de ver o rosto da pessoa que esteve prestes a matá-lo. Mas tudo o que conseguiu ver foi um pedaço do tecido da calça do assassino. Marcos se levantou, apanhou sua caixinha com seus materiais de engraxate, fechou o estilete e saiu correndo a toda brida. Esteve com o matador de crianças, conseguiu feri-lo, mas não pôde ver seu rosto. Tinha de procurar a polícia e fazer a denúncia.

––––––––

O almoço na casa de Nicolas transcorreu muito mais tranquilo do que ele esperava. Willian e Ariadne conseguiram se manter calados e Lourdes e Miah pouco falaram. Somente Mike não parava de falar um minuto sequer. Contava piadas e coisas engraçadas e fazia todos rirem.

Quando o almoço estava quase terminando, Nicolas recebeu um chamado pelo rádio. Afastou-se do grupo e foi atender o chamado dentro do banheiro.

— Bartole falando.

— Sou eu, Oswaldo. Venha à delegacia com urgência. Aconteceu algo que vai causar uma reviravolta no caso.

— Do que se trata? — perguntou Nicolas, curioso.

— Eu explico aqui. Traga o Mike também. Não demore.

Oswaldo encerrou a comunicação e Nicolas não perdeu tempo. Chamou Mike para acompanhá-lo. Miah se prontificou a ir com eles, mas Nicolas recusou.

— Acho que o assunto, por enquanto, será particular. Mas, assim que puder, passo-lhe informações.

Miah assentiu. Nicolas a beijou, pediu licença aos demais e partiu com Mike. Logo que ele saiu, Miah colocou a bolsa no ombro, despediu-se dos outros e saiu em seguida.

Nicolas entrou disparado na sala de Oswaldo. Como fazia frio, o delegado estava usando um casacão de couro preto que o deixava ainda mais gordinho. Nicolas havia colocado um blusão de moletom cinza, porque o inverno finalmente mostrava as caras.

Oswaldo não disse nenhuma palavra. Fez um sinal para Nicolas e Mike que o seguiram até uma das salas de interrogatório. Oswaldo apontou para dentro e Nicolas entrou na sala. Não demonstrou surpresa ao ver quem estava ali.

João, o coordenador da escola, estava sentado com olhos muito arregalados por trás dos seus óculos de grau. Nicolas viu que seus lábios estavam inchados e seu rosto, bastante arranhado, como se tivesse lutado contra uma fera. Seus cabelos estavam em desalinho e suas roupas, amarrotadas. Ele tremia e, desta vez, aparentava estar mais nervoso do que nunca.

Sentada diante dele, do outro lado da mesa, estava Sheila, usando um terninho feminino que a deixava muito elegante. Os cabelos estavam soltos e sua pele, lívida, apesar da maquiagem bem-feita. Ela aparentava fúria e indignação e encarava João com frieza.

Ao lado dela estava Vagner, o professor de Educação Física. Ele mantinha a cabeça baixa e só levantou o olhar quando Nicolas entrou na sala. Nicolas reparou que ele tinha uma mancha roxa no rosto, como se tivesse sido agredido.

— O que houve? — perguntou Nicolas. Quando Oswaldo abriu a boca para responder, Nicolas levantou a mão, deixando claro que desejava ouvir a versão dos fatos dos próprios envolvidos, a mesma que eles deveriam ter contado ao delegado assim que chegaram.

— Essa piranha estava me traindo — acusou João, fulminando Sheila com o olhar. — Mal sabia eu que ela me traía com nosso funcionário — ele evitou encarar Vagner.

— Há muito tempo nós deixamos de ter um relacionamento formal, João, e você sabe muito bem disso — retrucou Sheila, sua voz, mais do que nunca, soando como a de um homem. — Eu achei que você tivesse uma visão aberta sobre nós dois. Sabe que já não é mais exclusividade.

— A senhora pode ser clara, por favor? — indagou Nicolas, começando a perder a paciência.

— Sim, serei clara porque quero acabar logo com isso. João e eu fomos casados por alguns anos. Foi uma época boa e tranquila e, provavelmente, nós nos amávamos naquele tempo. Mas eu tive uns pequenos desajustes em minha vida e nosso casamento começou a ruir. Tive de me ausentar por algum tempo e...

— Podemos pular essa parte, senhora Sheila? — cortou Nicolas. — Já consegui informações sobre o passado de ambos. E confesso que não foram informações bonitas.

Sheila apenas fitou Nicolas inexpressivamente. Então deu de ombros e continuou:

— Nesse caso, o senhor sabe que já tive passagem pela polícia por duas vezes e sabe também o motivo, não é? — Sheila sabia que era inútil continuar negando. Seu passado a perseguia como um monstro assassino e agora já não havia mais por que mantê-lo oculto.

— Sim, eu sei. A pessoa que me informou sabe muito a seu respeito — disse Nicolas.

— Então só pode ser minha irmã Sueli. E pode acreditar, investigador. Tudo o que ela lhe disse a meu respeito é verdade. Minha irmã é muito santa para mentir.

Vagner prestava atenção à conversa com curiosidade. Não sabia que Sheila tinha passagem pela polícia. O que ela andou aprontando?

— Admito que meu temperamento nunca foi comum. Sempre fui explosiva e, depois de algum tempo, me tornei assim com crianças. Perdi o filho que estava esperando — ela olhou para João rapidamente e tornou a encarar Nicolas. — Acho que, a partir daí, eu não conseguia mais observar outras crianças. Sueli tinha um lindo menino, mimado por ela e pelo pai. Por que eu não podia ter um também? Aquilo foi gerando em mim certo ódio contra crianças. Eu queria que elas pagassem pelo filho que perdi. Então, dei uma surra violenta no meu sobrinho. E fui presa. Um bom advogado me tirou da cadeia, depois de pagar fiança, mas não consegui segurar meus impulsos e tornei a cometer o mesmo ato, com outras duas crianças. Uma delas teve até traumatismo craniano e por pouco não morreu. Então, a polícia me pegou e fui presa outra vez. Dessa vez, passei longos doze meses atrás das grades. E João, em vez de agir como um bom marido solidário, partiu atrás de outras formas de diversão. E não eram mulheres, não. João descobriu que tinha apetite sexual por... crianças.

João pulou ao ouvir o último comentário de Sheila. Virou-se para ela e apontou um dedo em riste.

— Isso é mentira. Nunca fui pedófilo.

— Diz isso porque não conseguiram provar nada. Mas aquelas duas meninas juravam de pés juntos que você tinha abusado delas sexualmente. Não dê de santinho agora. Você também deveria ter sido preso para ver o que é bom.

— E o que aconteceu depois? — perguntou Nicolas, ignorando a troca de acusações.

— Quando saí da cadeia — prosseguiu Sheila —, nós nos divorciamos. No entanto... — a frase morreu em seus lábios e ela silenciou.

— No entanto — continuou João —, ela se arrependeu do que fez e me convidou para vir para cá. Sheila tinha dinheiro depositado em um banco e, logo depois que saiu da cadeia, comprou a *Paraíso do saber*. E ela pagou para dois advogados limparem seu nome, para que pudesse administrar a instituição escolar tranquilamente, sem que nenhum órgão do governo desconfiasse de nada. Mas, pelo jeito, eles limparam seu nome muito mal.

— A polícia sempre descobre o que quer, senhor João — emendou Nicolas, tentando imaginar o verdadeiro motivo de aquelas pessoas estarem ali, trocando ofensas e acusações. Não pareciam ser tão unidos?

— Acontece que mantivemos nosso relacionamento, mas como dois amantes, livres de responsabilidades um com o outro. Sheila foi quem me convidou para ser o coordenador pedagógico de sua escola, porque queria me manter por perto. Ela sempre me amou, essa é a verdade — disparou João.

— Não minta, João. Foi você quem me pediu emprego, porque nunca teve onde cair morto — rebateu

333

Sheila. — E, se eu o amasse tanto como diz, não levaria Vagner para a minha cama logo depois de você sair dela.

O comentário despudorado fez Vagner corar e Nicolas se perguntar como aquele tipo de gente poderia atuar na área da Educação. Que crianças aqueles seres pretendiam formar?

— Há quanto tempo isso estava acontecendo? — quis saber João. — E iria continuar como estava, se eu não tivesse esquecido minha carteira no seu quarto. Eu mal havia chegado ao carro quando Vagner já estava tomando meu lugar no seu quarto. Não sabia que, além de ser agressora de crianças, você também se tornou uma prostituta sem-vergonha e mau-caráter.

— Chega! Deixem a lavação de roupa suja em casa. Nesta delegacia, quero apenas que me digam por que vieram até aqui — cortou Nicolas, impaciente.

— Eu digo — Vagner, que até então esteve calado, ofereceu-se para falar. — João havia acabado de sair quando subi ao quarto de Sheila. Sabia que ele estava lá e sabia também que deveria esperar minha vez. Mas esse foi um acordo que Sheila e eu fizemos. João em primeiro lugar e eu em segundo. Mas gosto de Sheila e gosto do que fazemos a sós. Não sei com qual de nós dois Sheila sente mais prazer, mas, da minha parte, estou bastante satisfeito.

— Isso porque você é um homem casado — recordou João, soando despeitado e ciumento.

— Casamento nunca foi impeditivo para uma relação extraconjugal e todos sabem disso — continuou Vagner. — Eu tinha acabado de me despir no quarto de Sheila, quando João invadiu o cômodo furioso. Rapidamente, ele compreendeu tudo e, em vez de me atacar, partiu para cima de Sheila. Ela o arranhou no rosto e eu tentei separá-los. Então, ele me pegou de surpresa ao desferir um soco em meu rosto — ele tocou na mancha roxa. — Eu revidei e esmurrei a boca dele. Sheila ficou apavorada, chamou a polícia e aqui estamos nós.

Nicolas continuou esperando que alguém continuasse a falar, mas parecia que a história realmente terminava ali. Ele quase ficou decepcionado. Atuar com brigas entre casais e amantes nunca foi de sua alçada, exceto quando envolvia homicídio. Mas uma discussão violenta entre uma mulher e dois homens era algo completamente ridículo. Nicolas teria deixado o caso aos cuidados do delegado Oswaldo, não fosse um pequeno detalhe: os três eram suspeitos no caso da morte das crianças.

— Então, não entendo o que está esperando, senhor Bartole — prosseguiu Sheila, depois de um longo momento de silêncio.

— Não entendi do que a senhora está falando.

— Não mesmo? Pois vou lhe explicar, embora as evidências estejam bem claras. João Menezes é o homem que procura, investigador. Ele é o assassino que está matando meus alunos.

_____

Miah entrou disparada no estúdio do Canal local. Ignorou a recepcionista, que comentava algo a respeito de uma matéria sua sobre o meio ambiente, e apertou freneticamente o botão do elevador. Enquanto subia, ela discou no celular o telefone de Ed, seu operador de câmera.

— Ed, sou eu. Prepare seus apetrechos. Temos uma matéria para fazer em grande estilo. Estou indo falar com o Bob para ver se conseguimos uma brecha para o jornal da tarde.

Ela explicou os detalhes para seu auxiliar. Meia hora depois, ambos saíam velozmente do estúdio. Miah estava satisfeita, pois conseguiu a autorização para entrar ao vivo às duas da tarde. Já sabia o que faria, com ou sem o consentimento de Nicolas.

Miah decidiu se postar diante da igreja principal, onde algumas barraquinhas já estavam sendo montadas para a quermesse do dia seguinte. Haveria vários brinquedos mecânicos para as crianças e diversas atrações para os adultos.

A um sinal de Ed, Miah passou as mãos pelas pontas esticadas e mal cortadas de seus cabelos, segurou com firmeza seu microfone e olhou no centro da câmera. Preparou seu melhor sorriso, para cativar os telespectadores que a acompanhavam ao vivo.

— Boa tarde a todos. Estou, neste momento, diante da nossa igreja matriz onde, amanhã à tarde, haverá mais uma quermesse em comemoração ao aniversário de nossa querida e respeitada cidade. Sei que posso soar estranha ao mencionar nossa cidade dessa forma, devido aos últimos fatos, mas uma coisa eu garanto a todos vocês: o suspeito de assassinato que fez três vítimas já foi localizado e está sendo vigiado pela polícia. A prisão dele deve acontecer em questão de horas. Portanto, todos vocês podem comparecer à festa da quermesse de nossa igreja sem temor algum. Nada acontecerá a seus filhos. A polícia garante a segurança de nossa quermesse. Tragam seus filhos, sobrinhos e netos, e compareçam como todos os anos. Não vamos deixar que uma pessoa sem coração, que, lamentavelmente, destruiu a vida de três famílias, destrua a vida de todas as outras famílias também. Somos mais fortes, e garanto a todos que amanhã teremos uma grande surpresa. Aqui é Miah Fiorentino para o Canal local.

Miah fez um discreto gesto com a cabeça e Ed desligou a câmera. Ele tirou o fone do ouvido e indagou:

— Miah, você tem certeza do que disse? Foi o tal Bartole quem lhe deu essas informações?

— Eu não tenho certeza de nada, Ed. Mas alguém precisa mostrar às pessoas que elas estão seguras. Eu até havia cogitado a possibilidade de transmitir um alerta vermelho, pedindo que as crianças, que são os alvos em questão, permanecessem trancadas dentro de casa. Mas hoje entendi que teria de fazer justamente o contrário. O objetivo não é trancar as crianças, e sim deixá-las expostas.

— Aí você as entregaria de bandeja ao assassino?

— Essa é a ideia — confessou Miah, rezando para não ter cometido a maior tolice de sua vida. — Usar as crianças como isca, acredito eu, é a única maneira de atrair o criminoso para que a polícia possa prendê-lo.

Capítulo 35

Um silêncio pesado e constrangedor pairava na sala de interrogatório. Oswaldo olhava para Nicolas e ele encarava Sheila, que havia acabado de acusar João de cometer os crimes.

— A senhora pode repetir o que acaba de dizer? — pediu Nicolas, visando frisar as palavras de Sheila.

— João é o assassino. Ele matou aquelas crianças.

— Isso é mentira! — João gritou, colocando-se de pé. — Sheila está dizendo isso para se vingar de mim, mas é mentira e ela sabe disso. Eu jamais mataria uma criança. Nunca cometeria uma maldade dessas com alguém com tão pouca idade.

— Mas com aquelas duas meninas de doze anos você bem que aprontou — alfinetou Sheila, referindo-se ao motivo pelo qual João foi acusado de pedofilia. — E isso não era maldade?

— Nada disso aconteceu. Eu não abusei daquelas meninas nem estrangulei essas crianças agora — desesperado, João se virou para olhar para Nicolas, preocupado com a possibilidade de o investigador acreditar nas palavras de sua ex-esposa e ex-amante. — Eu não matei ninguém. Eu juro.

"Onde está toda a sua valentia agora, senhor João?", pensou Nicolas. "Não vai chamar seu advogado espertinho?"

— O fato é o seguinte... — Nicolas recuperou a palavra. — Essa troca de ofensas e de falsas acusações não nos levará a nada. Se a senhora Sheila acusa o senhor João de cometer os assassinatos, ela deverá provar o que está dizendo. A mesma coisa vale para quem quiser acusar outra pessoa. Quero provas, ou nada feito — Nicolas sabia que Sheila disse aquilo da boca para fora. Duvidava de que se, o tal Mistery fosse o mesmo João, ela saberia ou o denunciaria assim, por livre e espontânea vontade. Nicolas sabia que de duas opções uma era certa: ou os três eram inocentes e apenas protagonizavam rixas amorosas ou um deles estava realmente envolvido nos crimes. Mas não havia nada que Nicolas pudesse fazer, ao menos por enquanto.

— Os senhores estão dispensados do meu interrogatório. O delegado Oswaldo conversará com os senhores sobre a discussão que resultou em agressão física. Obrigado pela atenção.

Oswaldo lançou um olhar incrédulo para Nicolas, que o ignorou e saiu da sala. Tinha muitas coisas a serem feitas.

_____

Quando Nicolas estava saindo da delegacia, Moira discretamente lhe apontou um casal com um menino. Todos pareciam ser muito humildes, pois se vestiam com simplicidade. O homem se levantou do banco da sala de espera quando Nicolas se aproximou.

— O senhor é o investigador Bartolas? — ele perguntou, estendendo a mão.

— Bartole — corrigiu Nicolas, apertando com firmeza a mão estendida. — Desejam falar comigo?

— Sim. Na verdade... Bem, meu nome é Anselmo, esta é minha esposa, Rita, e este é nosso filho mais velho, Marcos.

Embora ainda não soubesse o real motivo da visita daquelas pessoas, Nicolas cumprimentou Rita polidamente e brincou com os cabelos de Marcos.

— Muito bem. E em que posso lhes ser útil?

— O matador de crianças tentou me matar — revelou Marcos, parecendo muito menor para os seus catorze anos.

A informação deixou Nicolas subitamente em estado de alerta. Ele pediu que os três o acompanhassem à sua sala, e os acomodou como pôde no pequeno recinto. Marcos permaneceu em pé. Parecia nervoso e abalado.

— Você disse que o criminoso tentou matá-lo? — indagou Nicolas, sentindo-se subitamente empolgado com a informação. Se fosse mesmo verdade, ali estava a chance de desvendar todo o mistério. Aquele menino era a primeira testemunha do assassino, a única criança que sobrevivera ao ataque até aquele momento.

Marcos assentiu e respondeu:

— Ele me jogou no chão, mas não deu para eu ver o rosto dele. Foi tudo muito rápido.

— Ele? — perguntou Nicolas, ansioso por todas as respostas. — Apesar de você não ter visto o rosto do criminoso, acha que foi um homem?

— Acho que sim. A voz era meio rouca, mas era grossa, como a de um homem.

"Então Mistery é mesmo um homem", concluiu Nicolas em pensamento.

— E o que ele disse para você? — Nicolas nunca desejou tanto fazer dezenas de perguntas em um só instante. Mas a todo o tempo se lembrava de que estava lidando com uma criança.

— Ele me perguntou a minha idade duas vezes. E eu respondi duas vezes — contou Marcos, o coração subitamente disparando ao relembrar os momentos de pânico pelos quais passou horas antes.

"Não há dúvidas. Este menino está dizendo a verdade. Ele é um sobrevivente", pensou Nicolas, extremamente ansioso. "E me será de grande ajuda".

— Marcos chegou em casa desesperado — confessou Rita. — Quando ele me contou o que tinha acontecido, fiquei apavorada. Corremos para chamar Anselmo e viemos para cá.

— Temos outros seis filhos além do Marcos, senhor. E não queremos que nada de ruim aconteça com nenhum deles. Mas estamos com medo. Por pouco não perdemos nosso Marcos hoje — comentou Anselmo com voz tensa.

— A família do senhor estará em segurança, senhor Anselmo, eu lhes prometo — garantiu Nicolas, tentando afastar o pavor que pairava sobre suas cabeças. — Onde o criminoso atacou você, Marcos?

— Lá no canavial. Eu estava vindo pela estrada, mas ele me puxou para dentro do mato e me jogou de cara no chão. Com isso, minha caixa de madeira, que eu uso para trabalhar como engraxate, caiu das minhas costas. Ele me apertou e ficou perguntando minha idade. Mas, depois, aconteceu algo estranho.

— O que foi estranho? — indagou Nicolas, curvando o corpo para a frente tamanha a curiosidade que sentia.

— Quando eu disse que tenho catorze anos, ele falou que eu não servia. Que com catorze anos eu não era mais criança e que ele não podia rejune... revune...

341

— Rejuvenescer? — completou Nicolas.

— Isso. Aí eu abri meu estilete, que meu pai me deu para eu me defender, e acertei ele. Então ele me largou. Eu me virei, mas só vi um pedacinho da calça. Não deu para ver o rosto dele.

— Você usou a lâmina de seu estilete no assassino? Sabe dizer se sangrou?

— Sangrou. O sangue ainda está lá no canavial.

— E isso aconteceu quando?

— Hoje, na hora do almoço. Não tenho relógio, mas era meio-dia, mais ou menos.

— Em que colégio você estuda, Marcos? — Nicolas fez a pergunta, embora não tivesse dúvidas de que o nome da escola de Sheila seria mencionado novamente.

— Estudo em uma escola do município. Mas hoje não fui à escola porque preciso trabalhar muito.

Pela primeira vez havia uma ruptura no padrão de assassinato de Mistery. O alvo não era aluno da escola de Sheila. Teria sido um mero acaso ou algo planejado previamente?

Nicolas continuou fazendo perguntas até que coletou todas as informações que julgou serem úteis. Chamou Oswaldo, mas o delegado ainda estava falando com Sheila, João e Vagner. Nicolas continuou conversando com os pais de Marcos, enquanto, pelo rádio, solicitava uma equipe de peritos e dois policiais do plantão.

— Marcos, vou lhe pedir um grande favor. Se me ajudar direitinho, prometo que você vai ganhar um prêmio.

— É mesmo? O senhor vai me dar dinheiro para eu gastar na quermesse de amanhã? — os olhos de Marcos brilharam. Se o policial o ajudasse, ele nem precisaria mexer em suas economias.

— Se é o que quer, eu lhe dou o dinheiro, sim. E vou lhe dar este dinheiro do meu bolso, como forma de agradecimento.

— E o que eu preciso fazer? — Marcos se animou, olhando para os pais como se pedisse autorização.

— Você vai levar a equipe da perícia ao local do confronto. Eles precisarão coletar a amostra do sangue do nosso bandido e tentar levantar novas evidências. Combinado?

— Combinado — confirmou Marcos, sorridente. Até que, no final, o assassino lhe foi útil. De manhã ele era um simples engraxate e à tarde iria liderar uma equipe de peritos. Ele não sabia o que eram peritos, mas devia ser alguma coisa muito importante.

Antes de liberá-los, Nicolas acrescentou que colocaria dois policiais do plantão para vigiar a casa de Marcos. Era pouco provável que Mistery fosse abordar uma criança dentro de sua própria casa, mas Nicolas preferia garantir mais segurança e tranquilidade aos pais do garoto.

———

Nicolas se reuniu com Mike na sala de Oswaldo, assim que ele liberou Sheila e seus amantes. Contou-lhes em poucas palavras o relato de Marcos e finalizou:

— Com tudo isso, uma coisa fica bem clara: o objetivo desse mau-caráter que estamos procurando tem relação com a idade das crianças. Ele acredita que uma criança pode lhe conceder o poder de se tornar mais jovem. E quanto mais crianças forem mortas por suas mãos, mais jovem ele se torna, pois cada criança guarda dentro de si a fonte da juventude.

— Essa é a sua opinião, Bartole, mas será que é isso o que Mistery pensa? — indagou Oswaldo.

— Se não for, é algo bem próximo disso. Não pode ser diferente, Oswaldo. Há dias já sabemos que estamos enfrentando um doente mental, mas ainda não conhecíamos seus motivos. Unindo as informações de Marcos com o conteúdo da carta que o assassino me deixou, um fato fica explícito: recuperar a juventude perdida é seu objetivo, e as crianças são o meio para conseguir isso.

— Arre égua! — exclamou Mike, assustado com as conclusões de Nicolas. — Isso é muita doidice. Nunca ouvi falar nada sobre se tornar mais jovem matando crianças. Se minha prima Cibele souber disso, vai destruir tudo quanto for escola procurando por crianças.

— Marcos foi descartado — continuou Nicolas —, porque já tem catorze anos. Ele aparenta ser bem mais novo, devido à sua baixa estatura, e acredito que isso tenha confundido o assassino. Mas uma criança de catorze anos, na verdade, já é um adolescente e creio que isso, na concepção doentia de Mistery, não tenha serventia. Tem de ser uma criança, e não um adolescente ou um adulto. A pureza, a inocência, a ingenuidade, a juventude estão dentro do corpo de uma criança. E ele quer "sugar" tudo isso. Mas concordo com você, Mike. É loucura. Parece coisa de ficção científica.

— Existem pessoas muito mais loucas do que isso — atalhou Oswaldo. — E não podemos nos esquecer de que estas são suposições suas, Bartole. O verdadeiro motivo nós ainda desconhecemos.

— Por pouco tempo. Mistery deve ter ficado muito frustrado com Marcos. Seu plano escorreu pelo ralo. Mas, como ele vem atacando em intervalos cada vez menores, amanhã ele deverá abordar outra criança.

— Ou ainda hoje — opinou Mike.

— Não acredito. Ele ficou muito abalado depois da frustração de hoje. Vai se recompor para preparar a emboscada de amanhã. E, se me permitem dizer, sei aonde ele vai buscar suas próximas vítimas.

— Na quermesse de amanhã? — perguntou Mike.

— Ou nos arredores dela. É por isso que temos de criar nosso plano. Estou certo de que amanhã efetuaremos a prisão desse canalha. E há um fato bastante interessante no caso do Marcos: ele não é aluno da escola de Sheila. Marcos estuda em uma escola do município.

— Mas isso não isenta os suspeitos de culpa? — indagou Oswaldo.

— Claro que não. Penso que o fato de Marcos não ser aluno da escola de Sheila foi apenas uma jogada proposital do assassino para nos despistar. Mas acredito que o eixo central de tudo isso ainda seja o *Paraíso do saber.*

— Por que você o menciona como se ele fosse um homem? — perguntou Mike. — Nós ainda não sabemos se é um homem ou uma mulher.

— Eu me esqueci de lhes contar um detalhe importante. Marcos ouviu a voz do criminoso antes de feri-lo. Disse que a voz era rouca, mas que era a voz de um homem. Logo, estamos atrás de um homem.

Nicolas sorriu com essa ideia e se levantou. E, de repente, seu sorriso morreu. Lentamente, ele desviou seus olhos azuis, escuros como um lago à noite, para Oswaldo e Mike, e sua voz saiu como um sussurro:

— Sheila tem a voz semelhante à de um homem.

345

Capítulo 36

Miah entrou em seu apartamento e rapidamente trancou a porta por dentro. Não acendeu as luzes da sala e seguiu direto para o quarto. Ali, ligou o abajur e a lamparina. Agachou ao lado da cama e apanhou um pequeno baú de madeira debaixo dela.

Cuidadosamente, Miah o destrancou e abriu. Ali estavam os recortes de jornais, publicações e fotos sobre seu passado. Ali estava a desgraça do seu futuro, se aquilo tudo fosse visto por alguém. Claro que ela poderia, e deveria, eliminar qualquer evidência, mas sabia que ainda não era o momento. Tinha algumas contas a acertar com a pessoa que lhe fez tanto mal. Algumas outras já haviam pagado, mas aquela pessoa ainda tinha muito a pagar.

O telefone na sala soou estridente e Miah trancou o baú com rapidez e o enfiou embaixo da cama. O telefone já emitia o terceiro toque quando ela atendeu.

— Alô?

— Que diabo de matéria você fez para o jornal da tarde? — a voz de Nicolas trovejou em seus ouvidos. — Que história é essa de que as crianças devem vir em peso à quermesse?

— Eu não entendo você. O que quer, afinal? Que eu aterrorize a população dizendo que seus filhos podem ser as próximas vítimas? Que devem ficar trancados em casa, pois um assassino em série está solto?

— E usar as crianças como isca foi a melhor ideia que teve? E como você afirma com certeza que eu prenderei o criminoso amanhã?

— Porque você mesmo disse na entrevista anterior que já sabia quem era o assassino — rebateu Miah, furiosa. — Você mentiu primeiro, e eu menti depois. Assuma seus erros também.

— Nunca sei ao certo de que lado você está, Miah — retrucou Nicolas com irritação. — Às vezes, parece que quer me ajudar, outras vezes, parece que luta contra mim. Qual seu papel nisso tudo? Aliás, abra a porta.

— O quê? — Miah perguntou, confusa.

A campainha soou nesse instante e Miah caminhou até a porta, carregando o telefone sem fio. Assim que abriu a porta, não conteve uma exclamação de raiva ao ver Nicolas entrar falando no celular.

— Estou esperando uma resposta — continuou ele, ainda falando pelo celular.

— Palhaço — reclamou Miah, trancando a porta e desligando o telefone. — O que veio fazer na casa de uma mulher que não lhe incita confiança?

— Em primeiro lugar, beijá-la. E em segundo lugar, brigar com ela — Nicolas jogou o celular sobre o sofá e beijou Miah com ardor, como se desejasse nunca mais desgrudar seus lábios dos dela. Sempre sentia essa sensação quando a beijava. Quando se sentiu satisfeito, ele se sentou no sofá e lhe dirigiu um olhar cansado:

— Hoje meu dia foi terrível, porém, decisivo. Uma testemunha sobreviveu à agressão do assassino e me procurou na delegacia. Já sabemos que, de fato, o tal Mistery visa "roubar" a idade das crianças. É algo totalmente estapafúrdio, parece coisa de cinema, mas é real e está acontecendo aqui. Não sei qual é a dessa pessoa, mas tudo tem a ver com a questão do rejuvenescimento. Diferentemente do que pensávamos no início, Mistery não odeia as crianças, ele as ama, pois elas são a chave para seu sucesso.

— Não sei o que me deixa mais atordoada — disse Miah, colocando seu telefone sem fio de volta na base. — Se é essa sua mania de me beijar quando eu menos espero ou o fato de termos um psicopata morando em nossa cidade. Isso nunca aconteceu por aqui.

— Eu imagino — Nicolas suspirou. — Você nasceu aqui mesmo, Miah?

A pergunta a pegou desprevenida e ela virou de costas para que Nicolas não notasse a súbita palidez em seu rosto. Fingiu que estava arrumando seus enfeites na estante.

— Não. Eu não nasci aqui — pelo menos essa parte era verdade. — Mas, desde que vim para cá, sinto como se esta fosse a minha cidade natal.

— E, antes de vir para cá, você morava com quem? Em que cidade? — quis saber Nicolas, levantando-se e a abraçando por trás. — Sabe que eu quero saber tudo sobre você.

Ela sorriu, embora estivesse longe de se sentir bem-humorada. Não podia deixar que Nicolas notasse que estava em pânico. Se naquele momento ele a fitasse nos olhos, descobriria que ela omitia um grande segredo. E que era algo muito ruim.

— Minha vida nunca foi interessante, mas a sua deve ter sido. Afinal, você tem tantos irmãos. A Marian é uma irmã de ouro, não é?

— Isso é verdade. Na realidade, todos eles são bons à sua maneira — sorriu Nicolas. — Ariadne é toda estouvada, gosta de se vestir com cores berrantes, mas tem um coração enorme, embora não admita isso nem sob tortura. Willian é um típico surfista carioca. Gosta de praia e de mulheres e detesta qualquer coisa relacionada a trabalho. Mas ele também é um rapaz tranquilo e nunca nos causou nenhum problema. Mas Marian sempre foi a que teve a cabeça mais madura. Ela e eu sempre fomos mais ligados. Ariadne e Willian são nossos irmãos apenas por parte de mãe. Não sei se essa questão de laços sanguíneos tem algo a ver, mas a verdade é que Marian e eu sempre nos demos muito bem.

— Eu percebi. Mas quem não gosta dela? Ela é educada, gentil, amorosa, divertida e estudiosa. Eu gostaria de ter tempo para conversar com ela sobre assuntos espirituais. Percebi que ela é bem entendida.

— Eu também estou esperando esse caso terminar para que Marian me explique muitas coisas — Nicolas fez uma pausa e apanhou o crucifixo de latão do bolso. — Eu tenho andado com isso, sabe? Valor financeiro não tem nenhum, mas eu me sinto diferente quando toco nesta peça.

— Diferente como? — perguntou Miah, olhando para a bijuteria que ela adquiriu na feirinha.

— Não sei. É como se eu me sentisse mais poderoso, mais forte. Ela me passa uma sensação que não sei se é boa.

— Então você está como nosso assassino, que sente poder e satisfação quando mata uma criança.

— E esta pequena cruz tem me feito sonhar com coisas estranhas — contou Nicolas. — Eu vejo um homem de armadura, montado em um cavalo, matando pessoas com sua espada.

— Credo! — exclamou Miah. — Um criminoso na vida real e outro nos sonhos? É um pouco demais, não?

— Sei que esses sonhos têm a ver com meu caso e que, depois que eu capturar esse tal Mistery, eles vão parar. Marian disse que muitas vezes sonhamos com trechos de nossas vidas passadas, mas não sei se acredito nisso. Penso que vivemos apenas uma vida e que não existe nada depois dela. Mas, se eu expuser minha opinião, posso magoar minha irmã e não quero entristecê-la.

— Certa vez, ela falou comigo sobre reencarnação. Eu sempre tive curiosidade sobre esse assunto. Acho que pode nos explicar muitas coisas — "Como, por exemplo, por que eu tive uma vida tão miserável e por que todas aquelas coisas tinham que ter acontecido", pensou Miah. — Mas o que acontece com esse homem dos seus sonhos?

— Ele mata camponeses porque está atrás de uma mulher que, segundo ele, é uma bruxa muito procurada. Esses camponeses sabem onde está a tal bruxa, mas são fiéis a ela.

— E como você sabe que ele quer uma bruxa?

— Porque eu simplesmente sei os pensamentos dele. É como se eu estivesse ao lado dele, mas acompanho o desenrolar das cenas como em um filme. Não posso fazer nada, apenas observar. No último sonho, ele arrancou o braço de um homem com sua espada.

— Ai, que horror — espantou-se Miah. — Mas isso não são sonhos. São pesadelos, e dos brabos.

Os dois riram, porém Nicolas logo ficou sério novamente.

— E o que me chama atenção é que esses sonhos estão vindo na sequência dos acontecimentos. É como uma continuação, entende?

— Sei. Seus sonhos vêm em capítulos — brincou Miah. — Mas agora nada mais me assusta. Depois de um louco que quer se tornar jovem à custa de crianças inocentes, qualquer coisa me parecerá muito normal.

— Nesse último sonho, eu vi que o cavaleiro armado tinha um crucifixo desenhado em sua armadura. E no cabo de sua espada havia outro desenho dessa mesma cruz. E adivinha como esse crucifixo era?

Sem responder, Miah pegou a pequena cruz das mãos de Nicolas. Era uma peça muito bem trabalhada e se realmente fosse uma joia valeria muito dinheiro. As pedrinhas azuis lhe davam uma aparência ainda mais bonita.

— Se você viu este mesmo crucifixo no seu sonho, esteja certo de que tudo não passa de reflexos do seu dia a dia. Tenho certeza de que, depois desse desabafo, você nunca mais vai sonhar com ninguém. Agora vamos tomar um banho e nos deitar? Amanhã teremos um longo dia.

Mas os sonhos não cessaram. E, naquela noite, pareceram ser mais longos, mais complexos.

A lua cheia brilhava no céu como um gigantesco olho prateado. O cavaleiro seguia a pleno galope, mais rápido do que nunca. Não podia se demorar. Tinha de encontrar a maldita Angelique o quanto antes e mostrar a ela o que acontecia aos hereges.

Ele cavalgou por um imenso campo verde e ao longo dele pôde avistar as pequenas tochas acesas. Intensificou a corrida e, ao se aproximar, notou que as tochas iluminavam pequenas cabanas de um povoado.

Ele nunca esteve naquela região antes, por isso, sabia que deveria agir com cautela. Provavelmente, eles deveriam estar de tocaia, à espera de um possível ataque. Seriam muitos, enquanto ele, mesmo com sua espada letal, era um só.

Ele encostou seu cavalo ao lado de uma figueira e amarrou o animal ali. O povoado estava a cerca de dois quilômetros de distância, mas ele faria o restante do trajeto a pé. Não podia permitir que o vissem chegando em seu cavalo. O segredo era atacá-los na surdina. Agiu assim em pequenas vilas. Invadiu regiões, ateando fogo nas casas, no silêncio da madrugada. Chegava como um gatuno e causava desgraça. Prendeu muitas bruxas e muitos feiticeiros e os levou ao calor da fogueira, para que pagassem por seus pecados. Mas a líder de todas as bruxas ainda permanecia desaparecida.

Ele sabia que ela estava escondida em uma daquelas casas. Se fosse mesmo uma bruxa poderosa, como diziam, saberia de sua aproximação e estaria preparada para enfrentá-lo. E ele, Sebastian, ansiava por este momento.

Ele rapidamente se aproximou do povoado, sempre oculto entre as árvores. Agora podia ver nitidamente as pequenas cabanas de palha e bambu. Viu alguns camponeses armados com arco e flecha, olhando atentos para todos os lados. Mal sabiam o que os aguardava.

Evitando pisar em gravetos ou em folhas secas para não chamar atenção, Sebastian continuou seguindo por trás das árvores. Agora estava a cerca de cem metros da entrada da vila. Ao todo, ele contou doze cabanas e tinha certeza absoluta de que Angelique estava escondida em alguma delas. Ele seria obrigado a invadir uma por uma, matar quem estivesse dentro até encontrá-la.

Um camponês que fazia vigília se aproximou das árvores, certo de que havia escutado um ruído. Estava escuro e ele se aproximou segurando uma tocha. Na mão direita trazia uma pequena espada. Devagar, ele foi adentrando o matagal. Talvez fosse algum animal, mas era sempre bom verificar.

Ele mal suspirou quando a lâmina afiada de uma espada muito maior do que a sua roçou em sua garganta. O homem que o imobilizava perguntou:

— Diga-me onde está Angelique.

— Nunca falarei. Você é um homem cruel e quer matá-la.

— Angelique está escondida aqui? Vamos, fale.

— Nunca — teimou o camponês, embora temesse pela vida.

Sebastian não insistiu. Forçou a lâmina para baixo e rasgou a garganta do camponês, que desabou sem vida. Aquele não quis lhe contar onde ela estava, mas outros lhe diriam.

Chutando o corpo do camponês com violência, o cavaleiro o desvirou e se abaixou para apanhar seu arco e flecha. Então, ocultou-se atrás de uma árvore, preparou o arco, colocou a flecha nele e mirou-a no peito de outro camponês, a uns cinquenta metros de distância. Então, ele soltou a flecha e em dois segundos o homem emitia um gemido e caía no chão, com a flecha cravada em seu coração.

Houve um rebuliço em seguida. Todos começaram a gritar que estavam sendo atacados, embora não soubessem de onde estava vindo o ataque. As mulheres começaram a sair das cabanas, tentando conter o pranto das crianças assustadas. Os mais velhos tentavam correr como podiam, amparados pelos mais jovens.

Sebastian preparou outra flecha e, desta vez, acertou uma senhora que corria para proteger a vida dos seus três filhos. Ela caiu de bruços e as crianças começaram a gritar. Vários camponeses surgiram armados de arco e flecha, punhais e espadas, e se espalharam por todos os lados, tentando encontrar a origem dos ataques.

Sebastian usou as flechas mais três vezes e com todas elas vidas inocentes foram abatidas. Um dos camponeses olhou na direção da árvore atrás da qual Sebastian se escondia, pareceu ver alguma coisa e gritou para os outros, apontando a árvore. O cavaleiro se afastou velozmente dali, e quando eles chegaram só puderam se deparar com o corpo do amigo morto.

— Basta! Não vou mais me esconder — disse Sebastian, falando consigo mesmo. Então, ergueu sua espada com firmeza, abaixou o visor do capacete de sua armadura e partiu para o combate. — Morram, hereges — gritou ele.

Por onde sua espada passava, corpos caíam no chão. Alguém lhe acertou duas flechadas, que não surtiram efeito devido à proteção de sua roupa. Um homem empunhou a própria espada e, correndo, se aproximou de Sebastian por trás. Quando estava a três passos dele, Sebastian se virou rapidamente, agitou sua espada e o camponês caiu ao lado de duas crianças, que gritavam horrorizadas.

— Onde está Angelique? — ele gritou.

Outros três homens tentaram atacá-lo simultaneamente, mas não obtiveram êxito. O cavaleiro inquisidor era rápido demais e movia sua espada em todas as direções, cortando membros, decepando cabeças, eliminando vidas.

Pouco a pouco, ele foi deixando de ser atacado. Olhou para trás e viu que a grande maioria dos camponeses fugiu a pé. E os que ficaram estavam mortos, caídos aos seus pés. Ele nem quis perder tempo contando quantos havia matado. Sabia que eram muitos, mas ainda não tinha conseguido alcançar seu objetivo. Nem vislumbrou a imagem de Angelique.

Ele viu duas crianças abraçadas, chorando, do lado de fora de uma das cabanas. Eram loirinhas e muito pequenas. A maior devia ter menos de quatro anos. Ele se aproximou, depois de se certificar de que seus adversários estavam todos mortos.

— Angelique estava aqui? — ele perguntou.

— Sim — foi a resposta tímida da criança mais velha.

— E onde ela está agora?

— Ela fugiu.

Sebastian assentiu positivamente com a cabeça. Então, ele empurrou as duas crianças e as jogou no chão com violência. Ordenou que elas se despissem e um brilho de luxúria clareou seus olhos quando elas obedeceram. Era um menino e uma menina, que era a menor. Ele sentia um sádico prazer em violentar crianças, principalmente aquelas tão pequeninas. Curvou-se sobre a menina e abriu suas pequenas pernas.

— Pare — ele ouviu a voz feminina ordenar atrás de suas costas.

Antes mesmo de se virar, Sebastian já sabia quem estava ali. A súbita aceleração do sangue em suas veias revelava que o momento mais esperado havia chegado. E, no final, não foi preciso caçá-la. Ela foi atrás dele.

Sebastian lentamente se levantou e se virou para trás, segurando a espada pelo cabo, onde havia um crucifixo entalhado. Ela estava parada um pouco mais à frente. E, sob o brilho da luz do luar, Sebastian reconheceu o quanto ela era linda.

Tinha os cabelos negros como as asas de um corvo. Eram longos e cacheados e lhe tocavam a cintura. Seus olhos eram de um castanho tão claro que quase pareciam ser amarelos. Sua boca era vermelha e estava entreaberta, de forma quase sensual. Usava um vestido longo, tão vermelho quanto seus lábios. No alto da cabeça usava um diadema incrustado de brilhantes e um pingente de esmeralda. O corpete lhe levantava os seios e ela se tornava um súbito exemplar do sexo feminino.

Sebastian sabia que ela não era uma mulher comum. Era uma bruxa, a mais perigosa e procurada. Era a líder das magias e já havia dizimado grupos de inquisidores usando apenas seus poderes, os quais Sebastian ainda desconhecia. Agora que iria capturá-la, ele a faria confessar tudo, quando estivesse enclausurada nas profundezas das masmorras.

Ele arrancou o capacete e o jogou no chão, ao lado das crianças que vestiam seus trajes rapidamente. E seus olhos, que pareciam negros, assumiram uma tonalidade azul quando ele ergueu o rosto para a lua, baixando-o em seguida para fitar Angelique.

— Sou eu quem você está procurando. Deixe-os em paz — pediu ela, indicando as crianças. Sua voz era macia e provocante, rouca e melodiosa, mas Sebastian não se deixaria iludir. Não sabia como ela usaria seus poderes, e se fosse por meio da sedução, ela nada conseguiria com ele.

— Enfim, estamos a sós, Angelique — respondeu ele.

Ela se aproximou alguns passos até ficarem frente a frente, a menos de dois metros um do outro. Era uma distância perigosa para os dois e ambos sabiam disso. Mas não estavam preocupados com um possível ataque. Ambos eram disciplinados o suficiente para saber o momento certo do duelo.

— Você matou o meu povo. Saiba que vou me vingar de você — anunciou Angelique, com os olhos escurecendo, por causa da fúria que sentia.

— Eu a matarei antes disso, bruxa. Já matei outras antes de você — confessou Sebastian, erguendo a espada. — Pretendia levá-la com vida, mas não será possível. Por isso, devo abatê-la agora.

— Veremos, inquisidor — retrucou ela.

E, enquanto Sebastian erguia sua espada, Angelique levantava ambas as mãos para o céu.

E o duelo começou.

Capítulo 37

— Nicolas, acorde. Pelo amor de Deus, acorde.

Ele abriu os olhos e se deparou com os olhos de Miah a fitá-lo com preocupação. Olhos tão amarelados como os da bruxa que ele acabara de ver no sonho.

— O que aconteceu? — perguntou Miah, aflita. — Você estava se debatendo como uma truta recém--pescada.

— Eu não sei — confuso, Nicolas sacudiu a cabeça. — Só sei que sonhei com aquilo outra vez.

— E o que você sonhou?

— Lembra do que eu lhe falei ontem? Que existe um cavaleiro que está buscando uma bruxa? — ela assentiu e Nicolas prosseguiu: — No sonho de agora eles finalmente se encontraram. E eu descobri o nome dele: Sebastian.

— Um nome bonito para um assassino tão sanguinário. Mas o que aconteceu no momento do encontro?

— Antes disso, ele havia assassinado quase todos os moradores de um povoado. Quantas pessoas morrendo, meu Deus. Como ele pode ser tão cruel? Pretendia estuprar duas crianças que mal aprenderam a andar.

— Nicolas, calma — pediu Miah, beijando-o no rosto. — Lembre-se de que é apenas um sonho. Você não pode se deixar impressionar por um...

— Não é um sonho. Meu Deus, Miah, só agora eu entendo. Não é um sonho.

— Não é um sonho? — repetiu ela. — É o quê, então?

— É um fato. Algo que realmente aconteceu com alguém, em algum lugar. É como se eu visse esses fatos, entende? Tudo foi nítido e perfeito demais para ser um simples sonho.

— Mas o que aconteceu quando eles se encontraram? O tal Sebastian matou a tal bruxa?

— Não. Ela mandou que ele deixasse em paz as crianças que ele pretendia violentar. Aí eles discutiram qualquer coisa e então ele levantou a espada para matá-la. E ela ergueu as mãos para o céu. Aí eu acordei.

— Nicolas, como você acorda na melhor parte do sonho? Agora até eu fiquei curiosa. Isso está parecendo novela das seis.

— E quem mandou você ficar me sacudindo? Eu teria descoberto o que aconteceu.

— Você estava esperneando aqui na cama, como se estivesse levando choque. Eu fiquei com medo.

— Eu não entendo o que significa isso. Se eu tornar a sonhar, vou descobrir o que houve depois do duelo entre a bruxa e o inquisidor. Afinal, meus sonhos seguem uma sequência.

— Isso é o que eu chamo de sonhos organizados. Mas, como você acabou de dizer, não são meros sonhos.

Nicolas suspirou e olhou para Miah. No sonho, a bruxa era linda, mas Miah era ainda mais. Com seus cabelos curtos e repicados, ela parecia uma adorável garotinha.

— Esse duelo me deixou com vontade de fazer uma coisa.

— O quê? — perguntou ela, sorrindo.

— Eu quero duelar com você também — e, lentamente, eles começaram a fazer amor.

———

Por volta das duas da tarde, Nicolas estava na delegacia, repassando com Oswaldo e com vários policiais todos os detalhes da operação. Ele conseguiu com um funcionário da igreja um pequeno mapa com a disposição das barracas da quermesse. Ao lado da igreja, havia uma plantação de milho, que pertencia ao padre. As barracas começariam na plantação e se estenderiam por toda a praça.

— Todos nós estaremos à paisana — frisou Nicolas. — O assassino já deve ter me visto pela tevê e sabe quem eu sou. É bem provável que conheça também o doutor Oswaldo e muitos de vocês. Mas, mesmo assim, teremos de tentar. É importante que fiquemos misturados no meio da multidão, para não chamarmos atenção. A todo instante estaremos em comunicação pelo sistema de escuta. Lembrem-se: se precisarem usar o rádio, façam-no com toda a discrição possível. Nada pode sair errado, entendido?

— E o que acontece se o criminoso não aparecer? — perguntou Moira, a policial loirinha. Ela trabalhava na recepção, mas Oswaldo a convocou para atuar em campo.

— Se o criminoso não aparecer, teremos de pensar em uma nova operação. "Mas ele vai aparecer", pensou Nicolas. "Ele tem de aparecer." — Procurem se manter próximos das crianças. Sabemos que esse assassino, que se intitula Mistery, ataca crianças. Ele não vai buscar um adolescente ou um adulto. Seus alvos são crianças. Tenham isso em mente.

— E o que devemos fazer se o detivermos? — perguntou Mike. — Espremê-lo até sair o suco?

— Nada disso. Vocês deverão apenas mobilizá-lo até que eu me aproxime. Isso ficou claro? A ordem aqui não é matar, salvo em circunstâncias extraordinárias, como, por exemplo, se a vida de uma criança estiver em risco. De qualquer forma, nenhuma arma de fogo será disparada sem meu consentimento.

Todos consentiram e Nicolas explicou todo o plano mais uma vez, esclarecendo dúvidas eventuais. Na verdade, não era um plano complicado. Os policiais se espalhariam entre a multidão, procurando se manter próximos das crianças, sem, no entanto, levantar suspeitas.

— Tenho certeza de que hoje desvendaremos o "mistery" desse caso.

Nicolas foi obrigado a admitir que Miah fez um excelente trabalho com sua reportagem. As pessoas começaram a aparecer antes mesmo de as barracas estarem todas abertas. Havia uma quantidade impressionante de crianças, todas vigiadas atentamente por seus pais. Miah garantiu na tevê que eles teriam total segurança e Nicolas já começava a pensar que as palavras dela pareciam ser sagradas para aquelas pessoas.

Havia trinta e duas barracas ao todo. Vendiam de tudo: cachorro-quente, vinho quente, quentão, sucos e refrigerantes para a garotada, pipoca e doce de paçoca, bolos e tortas, pinhão cozido etc. Havia também as famosas barracas da pescaria, do tiro ao alvo, da canaleta e do saco-surpresa.

Três barracas azuis vendiam as fichas, que eram trocadas por comida, bebidas ou brincadeiras nas barracas escolhidas. As crianças não se cansavam de pedir dinheiro aos pais para brincar e tentar ganhar os prêmios. Na barraca da argola, havia imensos ursos de pelúcia e todos desejavam angariá-los.

Por volta das quatro da tarde, a festa estava tão lotada que Nicolas mal podia divisar os policias disfarçados entre a multidão. A todo instante, ele olhava para todos os lados, esperando ver alguma coisa suspeita. Mas até aquele momento tudo estava em paz.

Ele avistou Marcos, que lhe acenava, e acenou de volta para ele. Marcos cumpriu seu papel no dia anterior e levou os peritos ao local do crime. A única evidência disponível foi o sangue que Marcos tirou do assassino. As amostras foram levadas para o laboratório, mas Nicolas já tinha sido avisado de que o resultado de uma análise mais aprofundada só sairia na semana seguinte.

"E eu não posso esperar tanto", pensou Nicolas.

Como recompensa, Nicolas também cumpriu sua promessa e deu a Marcos cinquenta reais para que ele pudesse gastar na quermesse. Marcos mal acreditou quando pegou o dinheiro, que, para ele, era quase uma fortuna. Ele foi à quermesse com seus pais e seus seis irmãos menores e garantiu a Nicolas que o dinheiro daria para todos se divertirem.

Miah também estava na festa. Por dentro da blusa de lã, levava um pequeno gravador. Se a polícia realmente prendesse o culpado, ela pretendia gravar em primeira mão as informações que obtivesse. Propositadamente, ela se mantinha afastada de Nicolas, pois, momentos antes, por celular, ele lhe adiantou parte da operação da polícia na quermesse. Miah prometeu sigilo absoluto.

Nicolas virou o rosto para o lado e sorriu quando viu Marian e Enzo parados ao lado da barraca que vendia maçãs do amor. Ele estendeu uma para ela, que aceitou, sorridente. Eles se aproximaram de Nicolas quando o viram.

— Como está meu ferido? — perguntou Enzo, satisfeito ao ver que Nicolas se recuperava rapidamente do ferimento.

— Onde tem ferido aqui? — devolveu Nicolas, cumprimentando o médico e beijando a irmã. — Marian, você não disse que ia trazer seus quadros para vender aqui? Olhe quanta gente! Vai perder essa oportunidade?

Marian abriu um sorriso de orelha a orelha e abraçou Nicolas com carinho.

— Eu os trouxe, Nic. Em menos de vinte minutos, os três estavam vendidos — confessou ela, emocionada. — Nossa, estou tão feliz. Como é bom ter nosso trabalho reconhecido.

— Ela venderia os quatro, se eu já não tivesse me adiantado e comprado um deles — riu Enzo.

— O problema foi que este médico — rindo, ela apontou para Enzo — colocou preço nos meus quadros. Preços exorbitantes, aliás. Mas, mesmo assim, as pessoas compraram sem discutir o valor. E ainda me pediram mais. Uma senhora até me deixou seu cartão. Disse que assim que eu terminar o próximo quadro posso entregar a ela que ela compra.

— Nossa, Marian, essa foi a melhor notícia do dia. Estou realmente feliz e torço pelo seu sucesso — garantiu Nicolas, sentindo a língua coçar, pois ansiava perguntar se ela e Enzo estavam namorando. Ele ficaria satisfeito se eles estivessem. Mas, como sabia que Marian era muito discreta, preferiu se calar.

Eles tornaram a se abraçar, felizes.

363

Na barraca da frente, Mike tinha acabado de avistar a cabeleira roxa da irmã de Nicolas. Ele se aproximou devagar de Ariadne, que acabava de comprar um churro. Tinha uma missão a cumprir naquela festa e sabia disso. Nada o deixaria mais contente do que efetuar a primeira prisão de sua carreira. Mas isso não o impedia de se divertir um pouquinho.

— Oi.

— Ai, que susto! — exclamou Ariadne, observando Mike. Sem a farda ele parecia ficar maior. — O que está fazendo aqui?

— O mesmo que você. Curtindo a quermesse.

— Mas não precisa ficar em cima de mim, né?

— Eu não estou em cima de você — replicou Mike. — Mas se você quiser que eu fique em cima de você, nós dois podemos...

— Ora, por que não cala a boca? — rebateu Ariadne, soltando uma gargalhada em seguida. — Mas se você conseguir ganhar aquele ursão da barraca da argola para mim, nós podemos nos conhecer melhor.

— Ah, é? É pra já — fez Mike, puxando-a pela mão e levando-a até a barraca. Ali, ele pegou as fichas que já havia comprado e as trocou por três argolas. Jogou-as em sequência e as três se encaixaram perfeitamente nas garrafas. Quando terminou, a plateia o aplaudiu e Mike pediu que Ariadne escolhesse o bichinho de pelúcia que queria.

— Como você fez isso? — perguntou ela, abraçando o imenso tigre de pelúcia.

— Sou um policial, esqueceu? Preciso ter uma boa pontaria — Mike chegou mais perto e Ariadne soltou uma risadinha. — E agora? Vamos nos conhecer melhor?

Nicolas sentiu a visão se turvar quando Thierry apareceu acompanhado do professor Alex. Aquele era um casal muito incomum e Nicolas ainda não entendia como um homem tão conservador como Alex se relacionava com outro tão extrovertido e chamativo como Thierry. Enquanto Alex comprava algumas fichas, Thierry se aproximou de Nicolas.

— Olá, investigador. Como tem passado?

— Bem — respondeu Nicolas, admirando o visual de Thierry. Ele usava calça amarelo gema e um blusão azul bebê. A armação dos óculos escuros tinha formato de carinhas de ursos. — E você?

— Ótimo! Mais lindo e mais loiro a cada dia. Adoro esta quermesse, sabe? No ano passado, tinha uns bofes dando mole aqui e eu fiquei doido. Mas neste ano a coisa deu uma mirrada. Mas, também, agora sou um homem comprometido — disse ele, sorrindo, e Nicolas enxergou pequenos piercings em formato de flores colados em seus dentes. — E como vai sua investigação?

— Estou muito perto de conseguir meu objetivo — respondeu Nicolas, cumprimentando Alex, que acabava de chegar. — Tudo bem, professor?

— Poderia estar melhor. Em menos de quinze dias, três crianças da instituição onde trabalho foram mortas. E duas delas eram meus alunos. Estou transtornado.

— Embora o senhor não gostasse de Felipe — lembrou Nicolas.

— Mas isso não justificaria sua morte. Além disso, Isaac era um dos meus melhores alunos. Não era uma peste como Felipe. E, no entanto, ele também está morto.

— É verdade — o volume da música que tocava aumentou e Nicolas mal pôde ser ouvido. — Bem, a música ficou muito alta agora. Depois nós conversamos.

Nesse momento, Thierry gritou e deu pulinhos, apontando para a frente. Nicolas se virou e se deparou com Ariadne, carregando um tigre de pelúcia, acompanhada de Mike. Eles se aproximaram.

— Para quem ainda não conhece, esta é minha irmã Ariadne — apresentou Nicolas. — E este é Michael.

— Mike — corrigiu ele. — É que fica meio americano e eu me sinto melhor assim.

Nicolas sorriu, mas não o apresentou como policial, embora duvidasse que Thierry e Alex já não soubessem disso. Todo mundo sabia de tudo por ali.

— Menina, mas que roupa descolada! — admirou-se Thierry, fazendo Ariadne dar um rodopio. — Onde você estava que nunca a vi antes?

De fato, Ariadne não estava menos colorida que Thierry. Usava uma calça colante roxa, um cinto verde e uma blusa em tom pastel. As botas amarelas completavam seu visual.

— Acho que vamos nos tornar amigos — riu Thierry.

— Eu também acredito nisso. Pena que vou embora amanhã. Moro no Rio de Janeiro com minha mãe e meu outro irmão.

— Que pena! Que peninha! Mas então vamos aproveitar enquanto você está por aqui. Alex, com licença que Ariadne e eu temos muito que conversar — e, sem esperar resposta, Thierry se afastou de braços dados com Ariadne.

Capítulo 38

Quando o relógio de Nicolas anunciou cinco da tarde, ele começou a ficar preocupado. Estava tudo muito calmo até aquele momento. Calmo até demais. A quermesse se tornava mais cheia a cada minuto, mas até agora nada de diferente havia acontecido. Se Mistery não tentasse nada, todas as esperanças de Nicolas iriam por água abaixo.

De longe, ele avistou a doutora Ema com um homem que deveria ser seu marido e três meninos vestidos iguais, naturalmente os seus trigêmeos. Pouco depois, Nicolas viu Sheila. Ela estava ao lado de um rapaz bonitão. Nicolas não avistou João nem Vagner. Pelo jeito, a diretora não escolheu nenhum dos seus dois amantes e partiu para uma terceira opção.

Nicolas ainda não tirava da cabeça a possibilidade de que o assassino realmente fosse Sheila. A voz masculina que Marcos ouviu poderia muito bem ser a voz de Sheila, que era grave e forte. Se ela fosse a criminosa, despistaria seu acompanhante para entrar em ação.

— Boa tarde, senhor Bartole — cumprimentou uma voz amável. Nicolas se virou e viu Graziela e Renan, os vizinhos de Felipe de Lima. Renan estava muito arrumado e Graziela sorria timidamente.

— Boa tarde. Como vocês estão?

— Abalados com essa onda de crimes. Renan quer sair daquela escola. Está com muito medo, e com razão, pois dois amigos seus foram mortos. Eu só o trouxe à quermesse porque aquela repórter, a Miah, garantiu que o assassino já estava na mira de vocês. É verdade?

Nicolas olhou profundamente nos olhos da mulher e respondeu:

— Posso adiantar que nada de mau acontecerá à senhora ou ao seu filho. Eu lhe dou a minha palavra.

Satisfeita, ela se afastou com o filho e Nicolas continuou em frente. Avistou Duarte conversando com Humberto. Sabia que, provavelmente, ele era o tema da conversa e, visando deixar o investigador e o advogado irritados, se aproximou:

— Boa tarde, senhores. Como estão?

— Estaríamos melhor, se o criminoso estivesse preso — redarguiu Duarte, irritando-se com a intromissão brusca de Bartole. — Aliás, o que você espera para prender o assassino, se garante saber sua localização?

— Tenho tudo planejado, doutor Duarte, não se preocupe. O senhor já experimentou o quentão? Disseram que está uma delícia — troçou Nicolas, divertindo-se com a expressão furiosa de Duarte.

— O senhor ainda vai arranjar muitos inimigos nesta cidade, se continuar a tratar todo mundo com arrogância — avisou Humberto, olhando para Nicolas friamente.

— E o senhor ainda vai perder muitos clientes nesta cidade, se continuar a julgar as pessoas de forma errada — rebateu Nicolas. — Não sou arrogante, apenas gosto de colocar tudo em pratos limpos. Infelizmente, nem todos os membros da corporação da polícia trabalham como eu — dizendo isso, Nicolas olhou diretamente para Duarte.

— Você ainda vai arrumar briga comigo, seu moleque. Acha que é um grande policial só porque veio do Rio de Janeiro. Grande coisa, a experiência é que faz um grande homem — comentou Duarte, secamente.

— Sendo assim, por que retiraram o senhor do cargo e me colocaram para substituí-lo? — alfinetou Nicolas, deliciando-se com a raiva que avermelhava o rosto de Duarte. — Acho que o senhor deve pensar nisso. A propósito, retiro a sugestão de que experimente o quentão. O senhor já está vermelho. Temo que o álcool lhe suba à cabeça.

Sem esperar por resposta, Nicolas se afastou, satisfeito com o duelo oral que travou com Duarte.

Moira tocou no ombro de Nicolas e ele se virou com um sorriso. Reconhecia que ela ficava muito bonita sem o uniforme e o quepe. Seus cabelos loiros estavam soltos e tocavam em seus ombros. Apesar de bonita, sua expressão carrancuda e fechada a deixava com uma fisionomia muito séria.

— Alguma novidade, Moira?

— Não. Vim justamente perguntar se há algo de novo. Daqui a pouco vai anoitecer. Será que a pessoa que estamos esperando vai deixar para atacar à noite?

— Eu não sei, mas acredito que sim — embora Nicolas fosse contra essa ideia. Não queria que a prisão ocorresse à noite. Haveria maiores chances de que o assassino pudesse escapar, principalmente em meio à aglomeração de pessoas. — De qualquer forma, Moira, não podemos nos distrair em momento algum. Os demais policiais estão a postos?

Ela confirmou com a cabeça. Nesse momento, Nicolas ouviu um assovio e, quando se virou, viu seu irmão, Willian, se aproximar, mordendo um espeto de churrasco.

— Ora, ora, o mais velho dos Bartole já está jogando suas asinhas pra cima da loirinha. Você também quer todas, hein, maninho?

— A loirinha em questão — explicou Nicolas — é uma policial e pode prendê-lo, se eu lhe der a ordem ou se ela achar que você está tumultuando a festa. Portanto, mais respeito com a policial Moira.

— Mas eu não disse nada demais, disse? Só gostei de saber que, além da tal de Miah, você também está pegando essa. Colegas de serviço, hein? — Willian piscou.

— Não é da sua conta, Willian. Onde está a mãe?

— Ela não quis vir. Resolveu ficar em casa para fazer um megajantar pra você. Há duas noites você não dorme em casa e ela está muito nervosa. Disse que, se hoje você não for pra casa, ela vai revirar esta cidade de cabeça para baixo até encontrá-lo e levá-lo pelas orelhas.

Willian riu quando viu o irmão corar e nem percebeu que Moira esboçava um discreto sorriso, enquanto o fitava. Até que o irmão de Nicolas não era de se jogar fora, mas tinha ares de ser muito mulherengo.

Nicolas ia responder quando viu Oswaldo lhe fazendo um sinal. Nicolas se aproximou e Oswaldo também perguntou sobre novidades.

— Nada ainda, Oswaldo. Estou achando que nossa operação será um fiasco. E, sinceramente, se isso acontecer, amanhã Duarte vai cair matando em cima de mim. Provavelmente, vão colocá-lo para assumir o caso.

— Se você não concluiu a investigação, o que ele vai poder fazer? Não passa de um pobre coitado que se acha entendido em investigações criminais. Bem... eu vou dar mais uma circulada por aí. Mantenha o rádio ligado.

Nicolas assentiu. No segundo seguinte, ouviu um grito.

O grito agudo foi tão assustador e profundo que todas as pessoas da quermesse pararam o que estavam fazendo para ver quem havia gritado. E quando outro grito ecoou, as pessoas começaram a entrar em pânico.

Graziela gritou pela terceira vez, enquanto gesticulava na direção do matagal.

— Pegaram o meu filho! Levaram o Renan. Socorro, acudam, meu Deus.

Nicolas já corria em sua direção com a arma em punho. Os outros policiais começaram a se mobilizar e um verdadeiro pandemônio tomou conta da quermesse.

— O que houve, Graziela? — ele perguntou, observando as lágrimas pingarem dos olhos da moça.

— Não houve tempo para nada. Simplesmente levaram meu filho por ali — ela indicou a plantação de milho. — Quando eu vi, Renan deu um grito enquanto era arrastado para dentro do matagal. Vão matá-lo. Ai, meu Deus!

Nicolas sacou o rádio e abriu comunicação com todos os policiais na área.

— Suspeito seguiu para o milharal. Atenção, suspeito entrou no milharal e tem um refém consigo. Estou indo para lá — sem perder tempo, Nicolas correu para a direção apontada por Graziela.

Mike vinha em seu encalço, mas Nicolas ordenou que ele o cobrisse pela esquerda. Pouco antes de adentrar a plantação de milho, Nicolas avistou um homem caído no chão. Ainda tinha um pouco de sol, o que facilitava o trabalho.

Nicolas parou ao lado do ferido e soltou uma exclamação, ao ver o professor Alex caído ali com o ombro sangrando.

— Tentei impedi-los, mas não consegui — ele gemeu, por causa da dor lancinante que lhe rasgava a pele.

— Conseguiu ver quem era? — perguntou Nicolas, enquanto se preparava para usar o rádio.

— Eu vi... era... — mas a dor foi maior do que sua vontade de revelar o nome do culpado e ele não pôde terminar a frase.

Nicolas informou pelo rádio que havia um civil ferido e deu ordem aos policiais para que evacuassem as pessoas da festa. Todos deveriam desaparecer do raio de atuação da polícia.

— O socorro já está chegando, Alex. Desculpe-me por ter pensado que você era o culpado.

Alex apenas gemeu novamente, apertando o ombro com força. Nicolas lamentava não poder ajudá-lo, mas a vida de Renan naquele momento era mais importante. E, respirando profundamente, Nicolas desapareceu no milharal.

Era muito difícil seguir por ali. As plantações de milho eram muito próximas umas das outras, o que dificultava sua passagem. Dava para ver algumas folhas arrancadas com violência por onde Mistery passou com seu refém. Sabia que eles não podiam estar muito longe. Ele passou outra ordem por rádio para que toda a região do milharal fosse cercada. Não haveria como o criminoso fugir.

Enquanto corria como podia, Nicolas apurou os ouvidos e não gostou de notar o silêncio que fazia ali. Estava tudo quieto demais, silencioso demais. O assassino deveria estar tapando os lábios de Renan, para que o menino não gritasse e não pudesse revelar sua localização. O garoto tinha de estar vivo ainda. Essa era a esperança de Nicolas agora.

Ele se esforçava para seguir pelo caminho onde as folhas estavam caídas ou amassadas. Era óbvio que alguém passara por ali recentemente. Mas ele não dispunha de nenhuma outra pista além dessa.

Arma em punho, Nicolas refletia sobre os últimos acontecimentos, enquanto arrancava as folhas largas do seu caminho. O professor Alex não era culpado, ao contrário, arriscou a própria vida para impedir que mais um dos seus alunos fosse morto. Mas a pessoa que levou Renan reagiu com um tiro. Isso significava que Mistery estava armado, o que o tornava ainda mais perigoso.

Ele tentou se comunicar com Mike, mas não conseguiu contato. O silêncio era inquietante. Ele não ouvia nem mesmo as pesadas passadas de Mike e dos outros policiais. Os únicos ruídos eram os sons dos seus próprios passos.

O criminoso estava na quermesse o tempo todo, isso Nicolas já havia percebido. Da mesma forma que seus policiais estavam enrustidos, Mistery também estava. E talvez até tenha se aproximado de Nicolas. Era uma mente muito habilidosa, mas, infelizmente, voltada para o mal.

Nicolas continuava matutando sobre quem encontraria na sua frente? Sheila? João? Vagner? Thierry? Nenhum deles? Difícil acreditar que, mesmo no momento final, tudo ainda era uma terrível incógnita.

De repente, Nicolas parou para aguçar os ouvidos. A escuridão do início da noite começava a se fortalecer aos poucos e, então, as buscas se complicariam. Tinha de agir rápido. Tinha uma vida em perigo.

Quando parou, Nicolas pensou em ter ouvido sons à sua esquerda. Já pensava que pudesse ser Mike ou outro policial quando ouviu a voz de Renan, implorando para ser solto.

Rápido como um leopardo, Nicolas rodou nos calcanhares e disparou na direção da voz. Correu o mais rápido que pôde, pouco se importando com as folhas que se chocavam contra seu rosto, como tapas doloridos, ou com os galhos que lhe rasgavam a roupa e lhe arranhavam a pele.

— Pare — gritou Nicolas, apesar de ainda não ter avistado ninguém. — Polícia. Solte a arma e a criança.

Ele não foi obedecido, mas já podia ouvir os passos com nitidez agora. E o som ofegante de alguém que seguia adiante, arrastando uma criança.

Em um vislumbre, Nicolas avistou parte dos cabelos de Renan, que parecia estar sendo carregado nos ombros de alguém. Nicolas abaixou a cabeça para aumentar a velocidade da sua corrida. Quando tornou a erguer a cabeça, viu que estava a poucos metros do alvo.

— Pare, Mistery. Você não tem mais escapatória agora.

Para surpresa de Nicolas, o assasino se deteve. Colocou Renan no chão e encostou a arma em sua têmpora, enquanto se virava lentamente para Nicolas. E Nicolas sentiu o impacto do choque ao ver quem estava ali.

Epílogo

— Oswaldo? — a voz de Nicolas mal teve som, enquanto ele empalidecia até o âmago. Mágoa, choque, decepção, horror e surpresa tomaram conta de seus pensamentos.

— Oswaldo, não — respondeu o delegado. — Mistery.

— Mas... por quê...? — Nicolas não conseguia conceber a realidade. O que era aquilo, afinal? Ele era o criminoso o tempo todo?

— Por que está tão espantado, Nicolas Bartole? Você não era o poderoso, o bambambã que veio do Rio de Janeiro? Se fosse tão capaz como pensa que é, teria descoberto tudo desde o princípio. Por que não percebeu que estava trabalhando lado a lado com Mistery o tempo todo?

— Eu ainda não consigo organizar minhas ideias. Era você quem matava as crianças? Meu Deus, o próprio delegado é um criminoso? — perguntou Nicolas, atordoado com a grande revelação. Olhava para o rosto pálido de Oswaldo, que mantinha o revólver pressionado contra a têmpora de Renan. O menino chorava, silenciosamente.

— Nunca matei ninguém, seu idiota. Eu apenas fazia uma troca.

— Troca? Do que você está falando?

— Sim, tudo era uma troca. As crianças são fontes inesgotáveis de juventude. Eu sugava para mim a idade de cada criança que eu eliminava. Por exemplo, quando matei Felipe, sua idade de nove anos foi abatida da minha própria idade. Meus cinquenta e sete anos foram reduzidos para quarenta e oito. Mas claro que isso era muito pouco e eu precisava de mais. Rejuvenescer nove anos apenas não resolvia muita coisa. Então matei Isabella. Seus onze anos me pertenceram. E eu assumi meus trinta e sete anos. Mas eu achava que ainda não era o bastante. Então encontrei Isaac. Ele também tinha nove anos e eu me tornei jovem novamente. Agora tenho vinte e oito anos. E, com este garoto, que também tem nove anos, vou alcançar os dezenove. Serei praticamente um adolescente. Agora, já estou mais novo do que você, Bartole. Não percebe a transformação?

"Meu Deus", pensou Nicolas, "de onde saiu tanta loucura?"

— A única coisa que eu consigo perceber é que você está louco, Oswaldo, e precisa urgentemente de um tratamento mental. O que você diz não é real. Ninguém se torna mais novo matando crianças. Isso não existe.

— Cale a boca — gritou ele, roçando o dedo no gatilho. — Solte sua arma. Agora. Jogue-a aqui para mim.

Nicolas nem pestanejou e obedeceu imediatamente. Como contrariar uma pessoa tão perturbada mentalmente?

— Escute-me. Você pensa que está se tornando mais jovem, mas não está. Continua com a mesma cara de quando o conheci.

— Não é verdade. Estou mais novo, sim. Sinto-me muito mais forte e vigoroso. Vou mostrar a Solange que sou tão capaz quanto Diego.

— Quem são eles?

— Já se esqueceu, Bartole? Está ficando com a memória fraca. Isso é que dá envelhecer. Solange era a minha esposa. Fomos casados por vinte anos até que ela resolveu me trocar por um rapaz de vinte anos. Acha que isso é certo?

— Não, isso é errado — lentamente, Nicolas avançou um passo. — Mas você tinha dito que ela o deixou porque você bebia muito e ela não suportava o cheiro de álcool.

— E você realmente acreditou nisso? — riu Oswaldo, soltando uma tenebrosa gargalhada. — Só gosto de beber vinho. Solange me deixou porque era uma vadia sem-vergonha, que gostava de homens mais novos. Ela fugiu com Diego e foram para São Paulo. Diego era um policial aqui, sabe? Começo de carreira, como o Mike. Mas ele nunca vai crescer na vida.

— Por quê? — perguntou Nicolas, adiantando-se mais um passo. — Porque ele ficou com sua mulher?

— Que nada. Porque eu descobri onde eles moravam e acabei com os dois. Não é o máximo?

— E é por isso que você decidiu se tornar mais jovem?

— Ah, agora já está admitindo que eu rejuvenesci, não? Mas foi por isso mesmo. Meu objetivo era ter a mesma idade que Diego tinha. Ele tinha vinte anos e estou muito perto de conseguir isso. Você não vai me atrapalhar, Bartole.

— E qual foi o papel de Isolda nisso tudo? — "E onde está o meu reforço?", pensou Nicolas.

— Isolda? Ela era minha amante, mas nada sabia sobre meus desejos secretos. Naquele domingo, bem cedo, eu pedi a ela que deixasse na delegacia um bilhete aos seus cuidados. Eu disse a ela que era uma mensagem sobre o caso que estávamos investigando e ela foi sem desconfiar de nada. Como eu sabia que você pediria a gravação das câmeras de segurança, identificando-a mais tarde, não me restou outra alternativa a não ser matá-la.

— Mas você rompeu seus padrões. Isolda foi assassinada a facadas. E suas vítimas tinham de ser crianças.

— Isolda foi um acidente e não muda nada o rumo dos acontecimentos. Ela estava me atrapalhando e era uma ameaça para mim, assim como você está sendo uma ameaça agora, Bartole. Vou ter de matá-lo.

— Você se julga tão inteligente, Oswaldo. Desafiou-me nas cartas, disputando nossas habilidades intelectuais. Sabia desde o princípio da nossa operação aqui na polícia e que pretendíamos pegar o suspeito na quermesse. Por que agiu como se não soubesse de nada?

— Porque eu queria mostrar que sou melhor que você, Bartole. Queria mostrar que poderia tirar a essência da juventude de uma criança bem debaixo do seu nariz. E vou fazer isso, Bartole.

— Por que não matou Marcos? — perguntou Nicolas, tentando ganhar tempo, enquanto se perguntava onde estavam os demais policiais.

— Marcos é o engraxate, não é? — ele puxou a manga da blusa e revelou o corte deixado pelo estilete do garoto. — Ele me deixou isso daqui como recordação. Mas ele tinha catorze anos. Não servia para mim.

— Por que não? Seriam catorze anos a menos, em vez de nove ou dez. Se você matasse, ou melhor, tirasse a essência da juventude de um adolescente, ganharia muitos anos na sua vida.

— A pureza está na criança. Quem tem catorze anos é adolescente, e não criança. Claro que eu também poderia procurar uma criança recém-nascida, mas poucos meses não me ajudariam em nada. Felipe, Isabella e Isaac foram o eixo central para mim. Eles tinham a idade ideal. E agora, com vinte e oito anos, eu me tornei mais jovem do que você, Bartole. Não percebe nada mesmo?

Nicolas continuou avançando lentamente, temendo despertar a percepção de Oswaldo, pois, apesar de tudo, ele ainda era um policial.

— Agora estou percebendo que sua pele está mais bonita e viçosa. E sua calvície está desaparecendo — mentiu Nicolas. — Se o mundo descobrir esse seu segredo, Oswaldo...

— Talvez um dia eu conte a eles — riu Oswaldo. — Por enquanto, apenas este menino e nós dois sabemos do segredo. Mas como vocês vão morrer agora, ninguém vai saber de mais nada. E como eu acho que você já me cansou, Bartole, preciso fechar sua boca — e, dizendo isso, ele ergueu lentamente a arma e apontou para o rosto de Nicolas.

— Espere. Responda-me somente uma última pergunta. Por que escolhia crianças que eram estudantes da escola de Sheila? E por que reduziu o intervalo entre as mortes?

— Felipe eu escolhi ao acaso, mas Isabella e Isaac escolhi depois de observá-los. Preferi as crianças do *Paraíso do saber* justamente para poder confundi-lo e fazer você pensar que alguém lá de dentro era o culpado. Mas eu tinha muita urgência em ficar jovem e já não podia esperar tanto. Não podia mais me dar ao luxo de ficar esperando. Qualquer criança me serviria.

— E agora você vai me matar?

— Com certeza. Sinto muito, Bartole, mas nós nunca fomos amigos — e Oswaldo pressionou o gatilho levemente.

— Realmente. Eu jamais seria amigo de um velho delinquente como você.

As palavras de Nicolas surtiram o efeito de um raio no delegado. Nicolas prosseguiu:

— Você é doente. Pensa que ficou novo, mas está tão velho quanto antes. Nunca vai se tornar jovem. E, quando eu enfiar você atrás das grades, vai acabar de envelhecer rapidinho. Jamais será um adolescente, nem mesmo em seus sonhos de psicopata.

No instante seguinte, Oswaldo gritou de ódio e disparou. Mas Nicolas já segurava seu punho e a bala passou de raspão pelas suas costelas. Ele mal conteve a dor ao ser atingido no mesmo local onde os assaltantes o haviam cortado.

Oswaldo empurrou Renan para o lado e o menino desabou no chão. O delegado fechou a mão em punho e tentou aplicar um soco no rosto de Nicolas, errando o alvo por centímetros. Mas Nicolas, mesmo sentindo as costelas latejando, acertou uma violenta joelhada na barriga estufada de Oswaldo, que se contorceu. Sua arma caiu no chão.

— Acha que é páreo para mim, Bartole?

— Com certeza. Sou muito mais forte do que um velho decadente como você, que acha que rejuvenesceu.

Oswaldo agarrou Nicolas pelo braço e o torceu com rapidez para trás, enquanto aplicava uma série de murros no ferimento do investigador, que uivou de dor. Nicolas moveu o cotovelo para trás, que rangeu, ao entrar em contato com o queixo do delegado.

Atordoado com as pontadas de dor, Nicolas ergueu o pé e chutou a virilha de Oswaldo, que retrocedeu. Aos poucos, a fúria que Nicolas sentia se tornou mais violenta e pareceu acalmar as dores.

— Vai pagar por ter destruído tantas famílias, seu assassino. Por ter matado crianças inocentes que nem souberam o motivo de terem morrido.

Oswaldo avançou para a frente, mas Nicolas fechou ambas as mãos em punho e as direcionou contra a boca de Oswaldo. Imediatamente, os lábios se partiram, dentes se quebraram. Nada parecia deter Nicolas. Rugindo como um animal, ele agarrou Oswaldo pelo pescoço e começou a apertá-lo, como se quisesse repetir exatamente o que ele fez com as crianças. Por mais que se debatesse, Oswaldo não conseguia respirar.

— Viu como é bom isso que você fez, seu velho ordinário?

— Pare, Bartole — Nicolas ouviu a voz de Mike. — Pode soltar o criminoso. Eu acabo com ele e... arre égua. Doutor Oswaldo?

Nicolas pareceu recobrar a sanidade e, finalmente, largou Oswaldo, que ficou se retorcendo no chão. Outros policiais começaram a aparecer e mal compreenderam a ordem de Nicolas quando ele mandou que algemassem Oswaldo.

— Era ele o tempo todo? — Mike estava lívido, enquanto ajudava Bartole a se levantar. Outro policial amparava Renan, que chorava assustado. — Está sangrando o ferimento.

— Sim, era ele mesmo. Vou precisar de mais alguns curativos — gemeu Nicolas, as dores rasgando seu corpo.

— A senhorita não pode passar — um policial alertou.

— E quem vai deter a liberdade de imprensa? — gritou Miah, olhando para todos os lados à procura de Nicolas.

— Acho que já ouvi isso antes — ele sorriu amarelo, enquanto se lembrava do dia em que conheceu Miah, quando ela chegou gritando com os policiais e invadiu sua sala.

— Como você está, meu amor? Desculpe-me por não ter vindo antes, mas dois policiais ficaram me segurando. Oh, Deus, está ferido? Já chamaram o médico?

— O doutor Enzo está a caminho — informou Moira.

Miah não precisou fazer perguntas quando viu Oswaldo ser levado dali algemado. Embora surpresa com a revelação, sua preocupação no momento era com Nicolas.

— Vamos sair deste milharal? — perguntou ele.

Miah respondeu com um beijo e ele sentiu alívio e, acima de tudo, muito amor.

Miah não respondeu. Temeu pela vida de Nicolas, mas estava feliz que nada de muito grave tivesse lhe acontecido. Ela escondia um passado doloroso, que ainda não estava pronto para ser compartilhado com ninguém e talvez nunca estivesse. Tinha apenas de viver o presente. Amar Nicolas e ser retribuída no mesmo amor. E, quem sabe um dia, Nicolas e ela, juntos, pudessem descobrir os principais segredos que a vida oculta. Esse dia ainda chegaria.

Abraçados, rodeados por policiais, eles caminharam de volta na direção das barracas coloridas da quermesse. Ninguém notou o homem vestido com roupas simples, que os observava na saída do milharal. Ele encarou Nicolas e Miah fixamente. Em seguida, balançou a cabeça para os lados, como se estivesse desapontado com alguma coisa. E, finalmente, desapareceu no ar.

FIM DO PRIMEIRO VOLUME...

© 2015 por Amadeu Ribeiro
© Jasmina/Getty Images

Coordenadora editorial: Tânia Lins
Coordenador de comunicação: Marcio Lipari
Capa e projeto gráfico: Jaqueline Kir
Diagramação: Rafael Rojas
Preparação e revisão: Milene Albergaria

1ª edição — 3ª impressão
5.000 exemplares — janeiro 2016
Tiragem total: 13.000 exemplares

CIP-BRASIL. CATALOGAÇÃO-NA-FONTE
SINDICATO NACIONAL DOS EDITORES DE LIVROS, RJ

R367s

       Ribeiro, Amadeu, 1986-
       Segredos que a vida oculta / Amadeu Ribeiro. - 1. ed. -
       reimpr. - São Paulo : Vida e Consciência, 2015.

       ISBN 978-85-7722-447-0

       1. História de suspense. 2. Ficção brasileira. I. Título.

15-25387   CDD: 869.93
                             CDU: 821.134.3(81)-3

Todos os direitos reservados. Nenhuma parte desta edição pode ser utilizada ou reproduzida, por qualquer forma ou meio, seja ele mecânico ou eletrônico, fotocópia, gravação etc., tampouco apropriada ou estocada em sistema de banco de dados, sem a expressa autorização da editora (Lei nº 5.988, de 14/12/1973).

Este livro adota as regras do novo acordo ortográfico (2009).

Vida & Consciência Editora, Gráfica e Distribuidora Ltda.
Rua Agostinho Gomes, 2.312 — São Paulo — SP — Brasil
CEP 04206-001
editora@vidaeconsciencia.com.br
grafica@vidaeconsciencia.com.br
www.vidaeconsciencia.com.br

Grandes sucessos de
Zibia Gasparetto

Com 17 milhões de títulos vendidos, a autora tem contribuído para o fortalecimento da literatura espiritualista no mercado editorial e para a popularização da espiritualidade. Conheça os sucessos da escritora.

Romances
pelo espírito Lucius

A verdade de cada um
(nova edição)

A vida sabe o que faz

Ela confiou na vida

Entre o amor e a guerra

Esmeralda (nova edição)

Espinhos do tempo

Laços eternos

Nada é por acaso

Ninguém é de ninguém

O advogado de Deus

O amanhã a Deus pertence

O amor venceu

O encontro inesperado

O fio do destino (nova edição)

O poder da escolha

O matuto

O morro das ilusões

Onde está Teresa?

Pelas portas do coração
(nova edição)

Quando a vida escolhe
(nova edição)

Quando chega a hora

Quando é preciso voltar
(nova edição)

Se abrindo pra vida

Sem medo de viver

Só o amor consegue

Somos todos inocentes

Tudo tem seu preço

Tudo valeu a pena

Um amor de verdade

Vencendo o passado

Crônicas

A hora é agora!

Bate-papo com o Além

Contos do dia a dia

Pare de sofrer

Pedaços do cotidiano

O mundo em que eu vivo

O repórter do outro mundo

Coleção – Zibia Gasparetto no teatro

Esmeralda

Laços eternos

Ninguém é de ninguém

O advogado de Deus

O amor venceu

O matuto

Outras categorias

Conversando Contigo!

Eles continuam entre nós – vol. 1

Eles continuam entre nós – vol. 2

Eu comigo!

Momentos de inspiração

Pensamentos – vol. 1

Pensamentos – vol. 2

Recados de Zibia Gasparetto

Reflexões diárias

Conheça os Romances da
Editora Vida & Consciência

Marcelo Cezar
pelo espírito Marco Aurélio

Acorde pra vida! (crônicas)

A última chance

A vida sempre vence

Coragem para viver

Ela só queria casar...

Medo de amar

Nada é como parece

Nunca estamos sós

O amor é para os fortes

O preço da paz

O próximo passo

O que importa é o amor

Para sempre comigo

Só Deus sabe

Treze almas

Um sopro de ternura

Você faz o amanhã

Amadeu Ribeiro

A visita da verdade

O amor nunca diz adeus

O amor não tem limites

Reencontros

Juntos na eternidade

Mônica de Castro
pelo espírito Leonel

A atriz (nova edição)

Apesar de tudo...

Até que a vida os separe

Com o amor não se brinca

De frente com a verdade

De todo o meu ser

Desejo – Até onde ele pode te levar? (pelos espíritos Daniela e Leonel)

Gêmeas

Giselle – A amante do inquisidor (nova edição)

Greta (nova edição)

Impulsos do coração

Jurema das matas

Lembranças que o vento traz

O preço de ser diferente

Segredos da alma

Sentindo na própria pele

Só por amor

Uma história de ontem (nova edição)

Virando o jogo

Ana Cristina Vargas
pelos espíritos Layla e José Antônio

A morte é uma farsa

Em busca de uma nova vida

Em tempos de liberdade

Encontrando a paz

Intensa como o mar

O bispo (nova edição)

O quarto crescente (nova edição)

Sinfonia da alma

Além das palavras (crônicas)

Eduardo França

A escolha
A força do perdão
Enfim, a felicidade
Vestindo a verdade

Floriano Serra

A grande mudança
Nunca é tarde
O mistério do reencontro
A outra face

Lucimara Gallicia

pelo espírito Moacyr

O que faço de mim?
Sem medo do amanhã

Sérgio Chimatti

pelo espírito Anele

Apesar de parecer... Ele não está só
Ecos do passado
Lado a lado
Os protegidos

Flavio Lopes

pelo espírito Emanuel

A vida em duas cores
Uma outra história de amor

Leonardo Rásica
Luzes do passado
Celeste – no caminho da verdade

Rose Elizabeth Mello
Desafiando o destino
Verdadeiros Laços

Lúcio Morigi
O cientista de hoje

Evaldo Ribeiro
Eu creio em mim
O amor abre todas as portas

Gilvanize Balbino
pelos espíritos Ferdinando e Bernard

O símbolo da vida

Carlos Henrique de Oliveira
Ninguém foge da vida

André Ariel Filho
Surpresas da vida
Em um mar de emoções

Conheça mais sobre espiritualidade com outros sucessos.

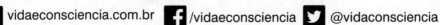
vidaeconsciencia.com.br   /vidaeconsciencia   @vidaconsciencia

COLEÇÃO
CALU

NGA

Nosso amigo Calunga presenteia-nos com uma cativante coleção de livros e mostra, por meio de sua maneira carinhosa, sábia e simples de abordar a vida, verdades profundas, que tocam nosso espírito, possibilitando uma transformação positiva de nossas realidades.

Baixe o aplicativo de QR Code em seu celular, leia o código ao lado e conheça mais sobre o Calunga

Rua Agostinho Gomes, 2.312 – SP
55 11 3577-3200

contato@vidaeconsciencia.com.br
www.vidaeconsciencia.com.br